이규준 평전

이규준 평전

존재하되 드러내지 않는 삶을 살았던 독립운동가

김창희 지음

이글루

● 일러두기

1 외래어 표기는 국립국어원 외래어 표기법에 따라 표기했다. 그러나 중국의 인명과 지명 등은 한자음으로 표기했다.
2 단행본·신문·잡지 등은 겹낫표(『 』), 신문과 잡지 기사·시·논문 등은 홑낫표(「 」)로 표기했다.

머리말

    이 책은 역사라는 거대한 나무 밑에서 세월이라는 낙엽에 뒤덮여 있던 한 독립운동가와 그 가족에 대한 기록이다.
    그의 이름은 이규준, 근래에 '노블레스 오블리주'의 표상으로 언론에 거론되는 영석 이석영의 맏아들이다. 이석영은 일제가 대한제국을 강제로 병합하자 일가 형제들과 함께 만주로 집단 망명해 신흥무관학교를 세운 주인공이다. 가만히 있어도 자자손손 호화롭게 영화를 누릴 수 있을 만큼 엄청난 부자였고, 정승과 판서를 대대로 배출한 최고 명문가의 후예였다. 이석영이 가산을 정리해 망명 때 가져온 독립 자금은 천문학적인 액수였다.
    그런 이석영의 맏아들이었으니, 이규준은 한마디로 명문대가의 귀공자이자 재벌급 거부의 후계자여야 했다. 그런데 그는 대단한 배경을 뒤로하고 '흙수저'의 삶을 살았다. 이유는 단 하나, 독립운동에 뛰어들었기 때문이다. 세상에 배부른 독립운동가는 결코 존재하지 않았으니까.

공교롭게도 맏아들 이규준은 아버지 이석영에게 큰 불효를 저질렀다. 나이 33세에 아버지보다 먼저 세상을 등졌다. 하지만 그 죽음은 불효이되 불효가 아니었다. 이규준이 선택한 길은 조국의 독립을 위해 자신의 모든 것, 목숨까지 내던져야 하는 의열 투쟁이었기 때문이다. 세상에는 결코 안전한 독립운동도 존재하지 않았다.

이석영의 마지막 또한 맏아들 이규준의 최후와 다르지 않았다. 이석영은 그 많던 재산을 독립투사를 키우는 데 모두 쏟아부었다. 노년에는 지극히 곤궁하게 지내다 중국 상해 뒷골목에서 굶주려 죽어갔다. 그 아버지에 그 아들, 그 아들에 그 아버지였다.

숫자로만 삶을 계산하는 이들에게는 참 바보 같은 생애였는지도 모르겠다. 세상에 어떤 부자가 굶주려 죽을 지경까지 조국과 민족을 위해 자신의 모든 것을 바치고, 또 세상 어떤 아비가 엄청난 거부를 아버지로 두고도 자신의 딸들을 헐벗고 주리게 키울까?

가슴이 뭉클했다, 이석영·이규준 부자의 삶을 돌아보면서. 그래서 함께 나누고 싶었다, 이들 부자가 걸어온 길에 대한 이야기를. 이 책이 탄생하게 된 배경이다.

또 하나, 절실했던 이유가 있다.

나의 어머니는 독립투사 이규준의 외손녀이자 이석영의 외증손녀다. 이규준의 둘째 딸 이숙온이 바로 내 어머니의 어머님이다. 이규준은 슬하에 세 딸을 두었으나, 오랜 세월 역사의 그늘에 파묻혀 있었다. 이석영이 생전에 두 동생 우당 이회영, 성재 이시영의 이름 뒤에 머물러 계셨던 것처럼, "존재하되 드러내지 않는 삶"을 추구하는 것이 집안의 가풍이기도 했다.

하지만, 수년 전 이석영의 삶이 재조명되면서 잘못된 이야기가 기정사실처럼 세상에 퍼지기 시작했다. 이석영·이규준 부자의 후손이 절손 혹은 멸절되었다는 내용이었다. '절손'이라는 단어는 어머니를 비롯해 살아 있는 후손들의 가슴에 날카로운 못이 되어 박혔다.

독립투사 이규준의 세 딸과 그 후손들의 존재는 그분이 험난한 시대를 살아낸 흔적이자 증거다. 절손을 기정사실화하는 행위는 두 분 할아버지가 남긴 삶의 자취를 부정하는 것과 다를 바 없었다. 왜곡과 오류를 바로잡아야 했다. 국가에 독립유공자 유족으로 등록해 달라는 신청을 해서 이석영·이규준 부자의 후손임을 공식적으로 인정받기로 했다.

아흔을 바라보는 나이에도 어머니의 열정 같은 사명감이 노구를 움직였다. 어머니의 어머님 이숙온이 이규준의 딸임을 옛 호적부 등 가족관계 문서로 입증해야 했다. 하지만 엄혹했던 시대에 독립운동가들과 그 가족들이 살아남기 위해 썼던 이명들이 광복의 조국에서는 도리어 그분들의 이름을 가리는 장막이 되고 말았다. 그만 포기하라는 이야기도 주위에서 많이 들었다.

그런데 고비 때마다 예기치 못했던 도움의 손길이 다가왔다. 그리고 기적처럼 길이 열렸다. 마침내 2022년 2월 23일 국가보훈부는 "독립유공자 이석영 선생, 사후 88년 만에 직계 후손 확인" 사실을 발표했다. 어머니를 비롯해 10명의 이종사촌이 이석영·이규준 부자의 후손이라는 사실을 공식적으로 인정받게 된 것이다. 우리 가족의 힘만으로는 해낼 수 없는 일이었다. 그간 규명 과정에서 도움과 용기를 주셨던 모든 관계자 분께 감사의 마음을 전한다. 그 선한 뜻이 하나둘 모여 하늘을 움직였을 것으로 생각된다. 이 모든 과정도 책의 한 모퉁이에 담았다.

끝으로 다짐할 한 가지가 있다. 이 책 한 권에 그간 집안에서 전해지는 이석영·이규준 부자의 여러 이야기를 담으려고 노력했다. 파편처럼 흩어져 있던 이규준에 대한 역사와 기억의 편린들을 모아 엮다 보니 여기저기 부족하고 모자란 부분도 있을 것이다. 이제 독립운동가 이규준에게 다가가는 첫 걸음을 떼었으니, 부족한 점들은 더 진중한 나중 걸음으로 채워나갈 것이다.

작은 바람이 있다면, 이 책이 이름 없이 스러져간 수많은 독립운동가와 그 후손들이 자신의 이름을 되찾아가는 또 하나의 계기가 되었으면 하는 것이다.

집안 어른으로서 이규준에 대한 책을 쓰도록 영감을 주시고 격려해주신 이종찬 광복회장께 감사의 말씀을 드린다. 이종걸 우당이회영기념사업회 이사장과 국가보훈부, 우당이회영기념사업회,

백범김구기념관의 관계자 분들을 비롯해 임병옥 대만한인회 전 회장, 청주한씨 종손 한태구 가족 분들, 독립운동가 안성녀·오항선 여사의 후손 분들과 그 외 도움을 주신 분들께도 고마운 마음을 전한다.

김창희

【 이규준 가계도 】

- 이항복李恒福 ― 이정남李井男 ― 이시술李時術 ― 이세필李世弼
  1556~1618   1585~1653   1606~1672   1642~1728
  영의정(선조)   우의정(인조)   이조참판(현종) 사헌부 집의(숙종)

  ├─ 이태좌李台佐 ― 이종성李宗城 ― 이경륜李敬倫 ― 이정규李廷奎 ― 이계선李啓善 ― 이유승李裕承*
  │ 1660~1739   1692~1759   1735~1789   1772~1815   1812~1854   1835~1906
  │ 좌의정(영조)   영의정(영조)   동지사(정조)   사헌부 대사간   사헌부 집의   좌찬성(고종)
  │   (순조)   (철종)
  │   │
  │   동래정씨東萊鄭氏
  │   1832~1899
  │
  └─ 이정좌李鼎佐 ― 이종주李宗周 ― 이경관李敬寬 ― 이석규李錫奎 ― 이계조李啓朝 ― 이유원李裕元
     1663~1726   1691~1710   1732~1758   1758~1839   1792~1855   1814~1888
                                                  관의금 부사   이조판서   영의정(고종)
                                                  (순조)   (철종)
                                                                                 │
                                                                                 동래정씨東萊鄭氏
                                                                                 1815~1882

- 경주이씨 백사공파 세보世譜에는 이유승의 사망연도가 1907년으로 기재되어 있다. 그러나 1906년 (광무 10) 5월 8일 대한제국 관보에는 이유승이 이해 음력 3월 12일에 세상을 떠난 것으로 기재되어 있어 이 책에서는 대한제국 관보 기록을 기준으로 삼았다.
- * 경주이씨 백사공파 세보에는 이유승의 아들이 7명으로 기재되어 있으나, 여섯째 이소영의 행적에 대한 기록이 거의 없어 이 책에서는 육형제로 했다.

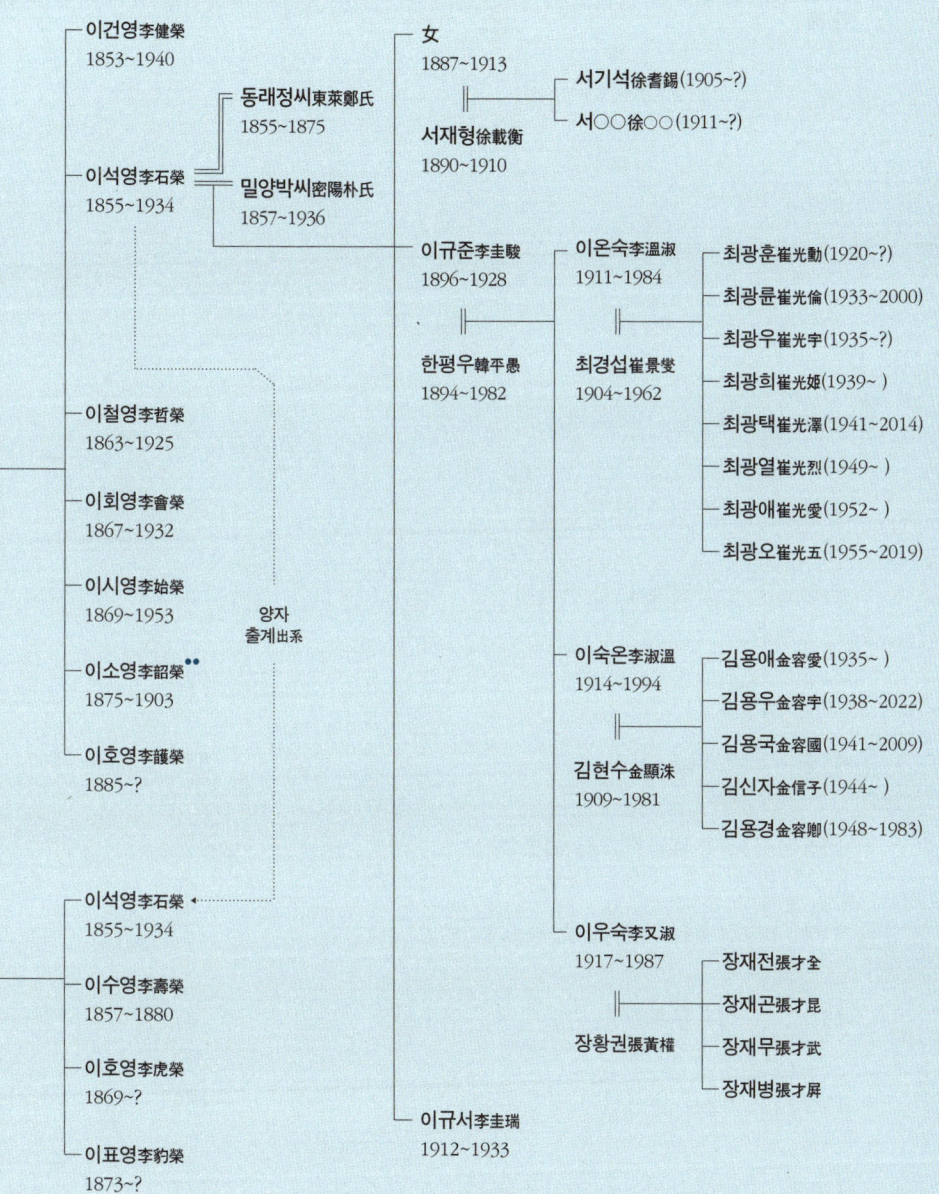

차 례

머리말 ··· 5

제1장	아무도 기억하지 못하는 마지막	··· 15
제2장	아버지 이석영	··· 21
제3장	반생의 반려를 만나다	··· 55
제4장	원대한 꿈을 향해	··· 69
제5장	또 다른 천명	··· 83
제6장	신흥무관학교를 세우다	··· 99
제7장	신흥교우단, 그 초석을 놓다	··· 127
제8장	신흥무관학교 생도에서 독립투사로	··· 147
제9장	2대가 불령선인 명단에 오르다	··· 159
제10장	상해임시정부 독립운동 자금 모집 사건	··· 171

제11장	은밀하게 위대하게	⋯ 187
제12장	일파만파 '민정식 망명 사건'	⋯ 195
제13장	다물단, 일어서다	⋯ 207
제14장	거물 밀정 김달하	⋯ 215
제15장	그 불꽃, 재가 되도록	⋯ 229
제16장	만점 운동가, 영점 아버지	⋯ 247
제17장	남겨진 이들의 삶	⋯ 263
제18장	역사의 뒤안길	⋯ 295
제19장	절손에서 직계 후손으로	⋯ 321

주 ⋯ 336

제1장

아무도
기억하지 못하는
마지막

독립운동가 이규준李圭駿은 일제의 탐욕이 빚어낸 야만과 혼란의 시대에 불꽃처럼 살다 간 사람이다. 조선 최고의 명문가이자 당대 최고의 부잣집에서 나고 자라 부귀영화가 예약된 '금수저' 중 금수저였다. 하지만 기울어가는 국운은 그의 운명마저도 극과 극으로 바꿔놓고 말았다.

아버지 영석潁石 이석영李石榮의 결단이 그 시작이었다. 이석영은 일본이 대한제국을 강제로 병합한 1910년, 천문학적 규모의 재산을 정리해 일가 형제들과 서간도로 집단 이주를 했다. 구국의 큰 뜻을 펼치기 위해서였다. 일제가 강점한 조국을 되찾으려면 역설적으로 우선 이 땅에서 벗어나야 했다. 이규준의 나이 15세 때 벌어진 일이었다.

이석영과 그 형제들은 다른 지사들과 함께 서간도에서 독립군을 키워내기 위한 학교를 세웠다. 항일투쟁가와 독립군의 산실이 되는 신흥무관학교였다. 땅을 구하고 교사校舍를 짓는 데 막대한 자금이 들어갔다. 학비는 받지 않고 숙식은 제공했다. 그 대부분의 비용은 이석영의 가산家産(집안의 재산)에서 나왔다. 이석영이 조국을 떠날 때 가져온 독립운동 자금은 그 시절 화폐로 약 40만 원, 지금의 화폐 가치로 환산하면 1조 5,000억 원이 넘는 엄청난 거금이었다(1969년 『신동아』는 집단 이주 당시 이석영 일가가 가져온 40만 원이 1969년 당시 화폐 가치로 600억 원에 이른다고 환산한 바 있다. 1969년의 600억 원을 '소비자 물가상승 배수'를 이용해 지금의 화폐 가치로 추산하면 1조 5,600억 원이 넘는다).[1]

수많은 젊은이가 압록강을 건너 신흥무관학교로 찾아왔다. 생도가 계속 늘면서 재정 문제가 불거졌다. 원래 국내에서 지원하기로 계획되어 있었지만, 일제의 탄압으로 무산되고 말았다. 그 많던 이석영의 재산도 어느새 바닥을 보이기 시작했다. 그러나 이석영과 그 형제들이 품은 독립의 열망은 정반대였다. 역경에 부닥칠수록 오히려 더 거대하게, 더 뜨겁게 타올랐다. 그런 아버지와 백부, 숙부들의 웅지雄志를 지켜보면서 어느새 이규준도 항일투쟁가의 길로 접어들었다.

이규준이 택한 길은 자신의 모든 것을 바쳐야 하는 의열 투쟁이었다. 일제에 혼을 판 이들이 가장 두려워했던 다물단이 바로 그가 이끌던 비밀결사였다. 그에게는 조국이 운명이었고, 겨레가 가족이었다. 그렇게 열혈의 길을 가다 자신의 목숨마저 독립의 제단에 바쳤다.

안타깝게도, 그 시절 수많은 무명의 독립운동가가 그러했듯이 이규준이 세상에 남긴 유흔遺痕은 그다지 많지 않다. 어쩌면 33세라는 너무 이른 나이에 치열했던 삶을 마감한 탓도 클 것이다. 독립운동가로서도, 또 자연인으로서도 그에 대한 서사가 짧은 이유다.

실제로, 대한민국 '독립유공자 공훈록'에 기재된 이규준의 공적은 채 네 줄을 넘지 않는다. 그나마도 100여 년 전 사건에 대한 신문 기사의 한 대목을 옮겨 놓은 것이 대부분이다.

이규준은 신흥무관학교를 졸업한 후 숙부인 대한민국임시정부 재무총장 이시영의 지시로 1920년 음력 8월 국내로 들어와 12월부터 충남 홍성군의 김용대金容大·최기崔璣 등을 대상으로 독립 자금을 모집하다 체포되어 공주지방법원에서 소위 제령制令 제7호 위반으로 징역 2년을 받고 함흥형무소에서 옥고를 치렀다.[2]

국가보훈부 공훈전자사료관 '독립유공자 공적조서'에는 이규준이 사망한 시기가 괄호 안에 '1928'이라 기재되어 있다. 이는 1928년으로 추정된다는 의미다. 그가 어디서 어떤 죽음을 맞았는지도 명확하게 밝혀지지 않았다. 자연히 시신조차 수습되지 못했다. 그가 영면하고 있는 장소도 여전히 알 수 없다. 지극히 쓸쓸한 최후였다.

이규준의 '마지막'에 대한 기록은 그의 삶의 흔적만큼이나 찾아보기 어렵다. 다물단과 의열단에서 활동했던 독립운동가 이우민 李愚民의 과거 진술에서 그 단초를 발견할 수 있을 뿐이다. 이우민이 1930년 7월 무렵 일제 경찰에 체포된 뒤 서대문경찰서에서 작성된 '이우민 신문조서訊問調書'(제2회)에는 이규준의 마지막이 이렇게 언급되어 있다.

> 동지 이규준李圭駿도 소화 3년(1928년) 여름에 석가장石街莊에서 병사하였다.³

석가장은 중국 북경에서 서남쪽으로 509리(약 200킬로미터) 떨어진 하북성河北省의 성도省都다. 한나라 시절의 지명은 상산常山, 『삼국지』속의 맹장 조자룡의 고향으로 전해지는 곳이다. 20세기 초부터 인근 지역에서 석탄 광산이 개발되고 철도역이 들어서면서 각지에서 사람들이 모여들었던 신흥 도시이기도 했다.

그렇다면 과연 이규준은 석가장에서 병마로 인해 생을 마감했던 것일까?

'이우민 신문조서'에 따르면, 석가장 지역에는 다물단의 비밀 거점이 있었다. 이우민은 천진天津에서 석탄과 백미 무역을 하는 한편 석가장에도 상점 지점을 두고 양쪽을 오가며 독립운동 자금을 조달했다. 이규준과 석가장은 다물단이라는 고리를 접점으로 이어진다.

그러나 한창 왕성하게 활동하던 나이에 그가 갑자기 병사했다는 주장을 액면 그대로 받아들이는 것도 쉽지는 않다. 당시 그가 병사했다면, 최소한 동지들이 시신을 모신 곳에 대한 소식이라도 아버지 이석영에게 전해오지 않았을까? 더욱이 다물단에는 그의 사촌 형제도 몸담고 있었다.

이석영 형제들의 후손 사이에서는 이규준이 석가장에서 일제의 함정에 빠져 사망했다는 이야기도 전해진다. 하지만 이러한 전언 역시 사료적 근거를 찾을 수 없는 추측 수준이다.

한 가지 분명한 것은, 1928년 이규준의 행방을 알 수 없게 되었고, 주변에 알려진 최종 행선지가 석가장이었다는 점뿐이다. 그렇다면 당시 이규준은 왜 석가장으로 가게 된 것일까? 대체 석가장에서 무슨 일이 있었던 걸까? 의문의 퍼즐을 맞추는 작업은 잠시 뒤로 미루고, 이제 독립투사 이규준, 자연인 이규준을 추억할 수 있는 흔적들을 따라가 보자.

제2장

아버지
이석영

역사에는 '가정'이 존재하지 않지만, 지금부터 110여 년 전 우리나라가 일본에 강제로 병합되는 불행한 사건이 벌어지지 않았다면, 아마도 이 땅에 뿌리내렸던 수많은 이의 삶은 천양지차로 달라졌을 것이다. 그 대표적인 인물을 꼽으라면 이규준과 그의 아버지 이석영을 결코 빼놓을 수 없을 듯하다.

이석영은 이 땅의 그 누구보다도 극적인 인생행로를 걸었던 사람이다. 그는 명문가에서 나고 자라 당대의 재상을 지낸 큰 부자에게 양자로 들어갔다. 지금 화폐 가치로 수조 원에 이르는 엄청난 재산을 물려받았고 높은 벼슬까지 올랐다. 한마디로 재력과 문벌에서 최고라 손꼽힐 만했다. 하지만 그는 조선이 망국의 길에 접어들자 전혀 예상치 못한 선택을 했다. 전 재산을 처분해 일가 형제들과 만주로 집단 이주를 한 것이다. 그곳에서 나라를 되찾겠다는 일념으로 재산을 모두 독립운동에 쏟아부었다. 그러면서도 자신의 공을 내세우거나 후회의 기색을 비친 적은 단 한 번도 없었다.

이석영이 부귀영화가 보장된 안락한 '오늘' 대신 망명 독립운동가로서 낯설고 험난한 '내일'을 택했을 때 그의 나이 56세. 그의 맏아들 이규준은 공자가 학문에 뜻을 두었던 나이라고 했던 '지학志學', 15세에 불과했다. 남부러울 것 없던 최상위층 자제에서 쫓기듯 살아가야 하는 망명객의 아들로, 하루아침에 달라진 자신의 처지를 과연 소년 규준은 어떻게 받아들였을까? 그 답에 다가가기 위해서는 먼저 그가 가까이서 지켜보았던 아버지 이석영의 삶을 돌아볼 필요가 있다.

두 아버지를 둔 이석영

이석영은 두 분의 아버지를 모셨던 특이한 이력의 소유자다. 한 분은 생부 이유승李裕承, 다른 한 분은 양부 이유원李裕元이다. 이유승과 이유원은 조선 중기의 명재상인 백사白沙 이항복李恒福의 9대손으로 12촌지간이었다. 두 사람의 집안은 대대로 정승과 판서를 여럿 배출한 삼한갑족三韓甲族(예부터 대대로 문벌이 높은 집안)으로 이름이 높았는데, 가풍家風과 재력은 사뭇 달랐다. 우찬성을 역임한 생부 이유승이 꿋꿋한 선비의 기질과 풍모를 이석영에게 물려주었다면, 영의정을 지냈던 양부 이유원은 원로대신의 후광과 함께 억만금의 재산을 그에게 남겼다. 두 아버지가 전해준 이러한 심적·물질적 유산은 훗날 그가 구국을 위한 결단을 내리고 실천하는 토대가 된다. 그렇다면 이석영은 어떻게 당대의 거부이자 경륜가였던 이유원의 양자로 들어가게 된 것일까?

소문난 저동 육형제

이석영은 1855년 음력 11월 3일 아버지 이유승과 어머니 동래 정씨 사이에서 둘째 아들로 태어났다. 그 위로 2년 연상인 맏형 건영이 있었고, 아래로 철영, 회영, 시영, 호영 등 남동생 4명이 더 태어나 번성한 가족을 이루었다(동생이 1명 더 있었으나 1903년에 세상을 떠났다). 후일 독립운동가로 역사에 큰 획을 그은 우당友堂 이회영李會榮과 성재省齋 이시영李始榮은 그의 둘째, 셋째 동생이다.

당시 이유승의 집은 한양 명례방 저동, 지금의 명동성당 건너편 YWCA 건물이 들어선 자리에 있었다. 그의 아들들인 '저동 육형제'는 주위의 부러움을 살 정도로 우애가 깊고 화목했다. 독립운동가 이정규·이관직은 『우당 이회영 약전』에서 "형제 모두가 화합하고 즐거워하여 그 우애가 마치 악기를 서로 맞춰 연주하듯 즐거웠고……형제간에 우애의 소문이 서울 시내에서 으뜸이었다"고 적었다.[1] 특히 맏이와 막내의 나이 차가 서른두 살에 이를 정도로 형제간 터울이 컸지만, 품성이 온후하고 영민한 둘째 아들 이석영이 여섯 형제가 화합하는 데 중심 역할을 했다고 한다.

생부 이유승은 셋째 아들 이철영이 태어난 이듬해인 1864년, 나이 30세에 과거에 급제했다. 그 뒤 벼슬길에 올라 문장가로서, 또한 강직한 관리로서 이름을 알리기 시작했다. 그는 사관의 일을 돕는 예문관 검열을 시작으로 홍문관 수찬과 승정원 승지 등을 거쳤고 한성부 판윤과 형조판서에 이어 이조판서와 우찬성 등 고위직을 차례로 지냈다.

『고종실록』과 『승정원일기』에 기록된 행적을 보면, 이유승은 지조 있고 행실이 바른 전형적인 선비였다. 평안도 암행어사 시절(1868년)에는 친소 관계를 떠나 공명정대한 일 처리로 명성을 쌓았다. 임금인 고종은 언행이 올곧은 그를 가리켜 "사람됨이 단정하다"고 평했을 정도였다(『승정원일기』 고종 11년[1874] 1월 20일). 아마도 이석영 형제들에게 아버지 이유승은 선비로서 하나의 표상表象이 되었을 것이다.

하늘이 정해준 또 다른 인연

평탄해 보이던 이석영 형제들의 삶에 커다란 변화가 찾아온 것은 1885년, 생부 이유승이 이조참판을 지내다 잠시 물러나 있던 때였다. 고종이 의지하던 당대의 총신寵臣(임금의 총애를 받는 신하) 이유원이 12촌 아우인 이유승의 둘째 아들 이석영을 양자로 들이

게 된 것이다. 이유원은 흥선대원군에게 맞서 개항을 주장했던 정계의 거물이었다. 구한말의 우국지사 매천梅泉 황현黃玹은 자신의 저서 『매천야록』에서 "이유원이 권세를 이용해 이유승의 아들을 빼앗은" 것으로 기록했지만, 사정은 그리 간단치 않았다.

당시 이유원은 왕이 아끼고 배려하는 조정의 원로였다. 또한 장안에서 손꼽히는 큰 부자이기도 했다. 지금의 경기도 양주, 남양주, 평택 등지에 많은 전답을 소유해 한 해의 소출이 1만 석을 넘을 정도였다. 『매천야록』에는 이유원이 소유한 엄청난 토지에 대해 이렇게 묘사되어 있다.

> 이유원의 호는 귤산橘山이다. 그의 별장은 양주楊州 가오곡嘉梧谷에 있으며 한양에서 80리 거리이다. 그때 사람들은 그곳 80리 거리를 왕래하는 길이 모두 이유원의 밭두렁이었으므로, (그가 한양을 오갈 때) 다른 사람의 땅은 단 한 평도 밟지 않고 다녔다고 한다. 심하게 말해서 (그만큼) 이유원의 밭이 많다는 표현이다.[2]

당대의 큰 정치가로 막대한 부를 손에 쥔 이유원이었지만, 자기 마음대로 되지 않는 일이 하나 있었다. 바로 집안의 후사後嗣 문제였다.

이유원은 어렵사리 얻은 자식을 가슴에 묻는 아픔을 겪었다. 이른 나이에 과거에 급제해 촉망받던 아들이 고질병으로 24세 (1880년)에 요절했던 것이다. 그 뒤 양자를 들였으나 과부인 며느리와 추문에 휩싸이자 파양하고 말았다. 그에게는 서자 둘이 있었지만 적서 차별이 당연시되던 시대라 후사로는 적절치 않았다. 그래서 자기 집안의 큰집 장손인 이유승의 아들 중 하나를 양자로 삼고자 했는데, 그가 낙점한 대상이 바로 둘째 아들인 이석영이었다.

왕이 인정한 후사

『고종실록』과 『승정원일기』에는 이유원이 이석영을 양자로 들이면서 고종의 허락을 구하는 상소가 이렇게 기록되어 있다.

> 신은 운수가 두텁지 못하여 아직 제사를 맡길 만한 아들이 없는데 나이는 문득 80세가 가까워오고 있으니 통절한 마음을 금할 수 없습니다. 그래서 12촌 아우인 전前 참판參判 이유승의 둘째 아들 이석영을 데려다가 아들로 삼아 뒷일을 맡길 수 있게 되었는데, 이것은 인륜의 대사입니다.……신의 선조인 문경공文敬公 신 이세필李世弼의 『예론禮論』에, '아들이 있었으나 일찍 죽어서 다시 같은 항렬에서 양자를 취하였을 때에는 나이가 많은 사람으로 형을 삼고 종손宗孫을 삼으며, 아들의 선후는 중하게 여길 필요가 없다'라고 하였습니다.……삼가 바라건대 성상께서는 특별히 불쌍하게 여기는 은택을 베푸시어 자식이 없는 신으로 하여금 자식을 두게 하고 대가 끊어진 것을 이어서 망하지 않게 하여줄 것을 바라마지 않습니다. (『고종실록』 고종 22년[1885] 1월 10일)

고종은 이유원의 바람대로 이석영을 후사로 세우도록 허락했다. 이로써 이석영은 이유원의 사회적 지위와 재산을 모두 승계하는 장자로서 왕의 공인을 받게 되었다. 당시 이유원이 저동 육형제 중 둘째 이석영을 양자로 택한 데에는 나름의 연유가 있었던 것으로 보인다. 우선, 예법에 따르면, 양자를 장자로 삼으려면 자신의 죽은 아들보다 나이가 많아야 했다. 또한 현실적으로는 집안을 능히 지켜낼 만한 능력과 품성을 지녀야 했다. 학식學識이 깊고 성품이 중후한 이석영이 이례적으로 31세의 늦은 나이에 입양되었던 배경이다.

두 아버지의 서신 교환

이석영의 생부 이유승(1835년생)에게 이유원(1814년생)은 같은 항렬의 형님뻘이었지만, 나이가 스물한 살이나 위인 집안 어른이기도 했다. 이유승은 집안일, 특히 관혼상제의 예법에 대해 이유원에게 서신으로 자문을 하기도 했다. 이유원이 남긴 시문집『가오고략嘉梧藁略』에는 두 사람 간에 오고간 서신의 일부 내용이 담겼는데, 이석영과 관련된 대목도 눈에 띈다.

그중 하나는 1875년 이석영과 사별한 첫째 부인 동래정씨의 무덤을 이장하는 문제로 상의한 것이고, 또 하나는 양자로 들인 이석영이 자신의 '장자'라는 점을 생부 이유승에게 분명히 확인시켜주는 내용이다. 이유원은 이 서신에서 자신의 후사가 된 이석영이 사망한 친아들보다 나이가 많기 때문에 형이 되는 것은 너무도 당연하다고 밝혔다. 이로 미루어 보아 생부 이유승이 이석영을 양자로 보내면서 집안의 적장자嫡長子로 삼아야 한다는 단서를 내걸었던 것으로 보인다.

이렇듯 왕실과 가문 양측에서 장자의 지위를 확고히 인정받았기에, 훗날 이석영은 이유원의 막대한 전장田莊(집과 토지)을 별 탈 없이 물려받게 되었고, 이 재산을 처분해 독립투쟁의 종잣돈으로 활용할 수 있었다. 이유원의 엄청난 재산이 이석영에게 이어지지 않았다면, 한국의 독립운동사는 지금과 결이 다른 암울한 단어들로 채워졌을지도 모른다. 가히 앞날에 대비해 하늘이 정해준 양자의 인연이라 해도 과언이 아닐 듯하다.

효심이 가득한 아들

양부 이유원에게 출계出系(양자로 들어가 그 집안의 대를 이음)한 이석영은 양주 가오곡(현재 남양주시 화도읍 가곡리)과 한양의 거처를 오가며 수년간 아들로서 도리를 다했다. 『고종실록』에는 고종이 거둥했을 때 길거리에서 이석영이 노구의 이유원을 부축해 임금의 행렬을 맞은 일화가 기록되어 있다. 양자로 든 해에는 과거(증광시)에도 급제해 벼슬길에 올랐다. 동생 이시영도 이때 17세의 나이에 생진과生進科(생원과 진사를 뽑는 시험)에 합격해 진사가 되었다. 모처럼 집안을 들썩이게 한 겹경사였다.

이석영은 승정원에서 일하는 가주서를 시작으로 선전관, 이조참의, 동부승지, 형조참의, 좌부승지, 우부승지, 승지 등의 주요 직책을 이어갔다. 그가 별겸춘추別兼春秋를 맡은 시기에는 병든 '아버지' 이유원을 돌볼 수 있도록 사직을 간곡히 청하는 상소를 올려 고종의 윤허를 받기도 했다. 별겸춘추란 고을의 문관 수령이 춘추관의 수찬관(정3품) 이하의 관직을 아울러 맡는 경우에 이르는 말이다.

> 신은 벼슬길에 오른 지 얼마 되지 않아 외람되이……가까이에서 성상을 모셨으니, 영광이 이미 지극하고 분수에 이미 가득 찼습니다.……다만 신의 개인적인 사정상 매우 부득이한 점이 있어 송구함을 무릅쓰고 효도로 다스리는 성상께 다 아뢰니, 굽어살펴주소서. 신의 아비가 병이 든 지 6년째인데, 음식을 대하면 매양 구역질을 하고 거동할 때에는 남에게 의지해야 하며, 비록 날씨가 화창할 때라도 문을 닫고 드러누워 있는 형편입니다. 몸은 바싹 여위었고 목이 쉬어 소리가 나오지 않으며, 현기증이 간간이 발작하고 수족은 마비되었습니다. 수발하고 부축하기 위해 신이 곁에 있어야만 하니, 이런 때에 잠시라도 곁을 떠나는 것은 자식 된 입장에서 감히 못 할 바입니다.……지금 신의 아비는 나이 70세를 훨씬 넘어 80세에 가까우니, 신의 실정實情을 돌아보건대 이에 이르러 다급하기 짝이 없습니다. 수직守直하는 중에는 소식이 올까봐 더욱 겁나고 잠자는 사이에도 잠꼬대에 놀라 꿈에서 깨어나곤 합니다. 그렇지만 직책의 수행

에 관한 규정이 매우 엄격한 만큼 고향으로 곧바로 가기란 자주 하기 어렵습니다. 옛사람이 이르기를, '임금 섬길 날은 많고 어버이 섬길 날은 적다' 하였는데, 바로 신의 지금의 경우를 두고 한 말입니다. 이에 땅에 엎드려 울며 감히 숨김없이 다 말씀드립니다. 삼가 바라건대, 성상께서는 신을 불쌍하고 가련하게 여기셔서 신이 현재 띠고 있는 별겸춘추의 직함을 빨리 체차遞差(관리를 다른 사람으로 바꾸는 일)하시고 특별히 긴 말미를 허락해주셔서 간호에 전념할 수 있도록 해주소서.(『승정원일기』 고종 24년[1887] 윤4월 13일)

그러나 노환으로 시름시름 앓던 양부 이유원은 결국 자리에서 다시 일어나지 못했다. 1888년 9월 75세의 나이로 세상을 등졌는데, 이석영을 양자로 들인 지 3년 만이었다. 고종은 교지를 내려 이유원의 죽음을 깊이 애도했다. 자신이 직접 제문을 짓겠다고 나설 정도였다. 이 교지에서 고종은 '의주견권倚注繾綣'이라는 네 글자로 마음을 표현했다. '마음을 두어 의지하고 생각하는 정이 두터워 잊지 못한다'는 뜻이다. 군신君臣 관계를 떠나 이유원을 얼마나 각별히 여겼는지를 단적으로 보여주는 대목이다.

꼬장꼬장한 신하

양부의 삼년상을 치른 뒤 이석영은 다시 고종의 부름을 받아 형조참의로 임명된다. 그 후 국왕의 비서실인 승정원에서 좌부승지, 우부승지, 승지 등을 두루 지내며 지근거리에서 고종을 보좌했다. 고종이 그를 가까이 두려 했던 데에는 어쩌면 이유원에 대한 그리움과 배려심이 작용했을지도 모른다. 하지만 무엇보다도 이석영이 진중하면서도 올곧은 처신으로 고종의 신뢰를 얻지 못했다면 이런 인사는 불가능한 일이기도 했다.

이석영의 꼿꼿한 일면을 보여주는 사례 중 하나가 춘추관 기사관記事官(역사의 기록과 편찬을 담당하는 사관)을 겸하고 있던 시절 이석영이 올린 체직遞職(벼슬을 교체함) 상소였다(『승정원일기』 고종 23년[1886] 12월 2일).

당시 생부 이유승이 춘추관의 높은 관직인 동지춘추관사를 겸하게 되자 이석영은 '상피相避'의 혐의가 있으므로 자신이 기사관에서 물러나야 한다는 상소문을 올렸다. 상피란 인정에 이끌린 권력 행사나 권력의 집중을 막기 위해, 친족 또는 기타 관계 있는 이들이 같은 곳에서 벼슬하는 일을 피하도록 하는 것이다. 오늘날의 이해충돌방지 제도와도 일면 흡사한 구석이 있던 관행이다. '관료 이석영'은 지위와 권한을 누리기보다는 먼저 자신에게 엄격한 잣대를 들이대던 사람이었다. 실제로 이석영은 사간원 정언과 홍문관 수찬 등을 지내기도 했는데, 이러한 관직은 이른바 '청요직淸要職'으로 인품이 강직하고 학문의 성취도 높아야 하는 자리이기도 했다.

그런데 1894년 갑오개혁 이후 이석영의 이름은 한동안 『고종실록』이나 『승정원일기』에서 발견되지 않는다. 그해 7월 새로 승지에 제수되었지만, 이석영이 숙배肅拜(임금 앞에 나와 절함)를 하지 않았다는 기록만 남아 있다. 한마디로 왕이 내린 관직을 거부한 것이다.

이즈음은 조선에 대한 열강의 이권침탈이 본격화되던 시기였다. 청일전쟁에서 승리한 일본은 노골적으로 조선의 내정을 간섭하기 시작했다. 민비(명성황후) 일족 등이 러시아의 힘을 빌려 일본의 위세에서 벗어나고자 하자 일본은 1895년 10월 8일 밤 경복궁을 습격해 명성황후를 살해하는 극악한 만행까지 자행했다. 마침내 그 이듬해 2월에는 고종이 러시아공사관으로 피신하는 '아관파천俄館播遷'이 일어나 친러 보수파 정부가 수립된다. 일제의 외압에 굴복하던 조정, 그리고 일제의 간섭에서 벗어나려고 왕궁을 떠나 또 다른 외세에 의탁하던 국왕의 모습이 과연 이석영의 눈에는 어떻게 비쳤을까?

맏아들 규준을 얻다

혼란한 정국 속에서 관직을 멀리하고 두문불출하던 이 무렵, 이석영은 간절히 바라던 후사를 얻게 된다. 1896년 5월 14일 두 번째 부인 밀양박씨와의 사이에서 맏아들 이규준이 태어난 것이다(이석영은 이미 오래전에 첫 번째 부인 동래정씨와 사별했다). 그의 나이 42세에 얻은 천금 같은 아들이었다. 9년 전 밀양박씨가 첫딸을 낳은 뒤로 오랫동안 2세 소식이 없던 터라 기쁨은 배가 되었을 것이다.

양부 이유원의 집안에는 손이 귀해 후대를 잇는 것만큼 중요한 일은 없었다. 비록 양부 이유원은 영면한 상태였지만, 아마도 이때에야 비로소 이석영은 아들의 도리를 다하게 되었다며 안도의 숨을 내쉬었을 것이다.

이석영의 아내이자 이규준의 어머니 밀양박씨는 조선 말의 학자인 박인진朴麟鎭의 딸이다. 박인진은 그의 시문집인 『우인당유고愚忍堂遺稿』를 남겼는데, 그 내용을 보면 은거隱居한 선비의 풍모가 엿보인다.

이 책의 「언지言志」에서 박인진은 "세상에 나가 명예와 이익을 추구하지 않고 친구들과 산림에 묻혀 사는 것이 제일 떳떳하다"는 자신의 취향을 읊었다. 언지란 '자기 뜻을 말한다'는 의미로, 시를 달리 이르는 말이다. 또한 그는 "어버이에게 효도하는 길은 오직 독서하는 데 있다"고 강조할 만큼 책을 가까이하라고 권고했다. 이렇듯 격조 있고 엄격한 유교적 가풍에서 자라난 딸 박씨 또한 당시 여인의 덕목으로 꼽히던 부창부수의 삶을 그대로 받아들였을 것이다.

한 가지 흥미로운 부분은 이석영의 장인인 박인진 주변의 인맥이다. 그의 시문집 『우인당유고』의 서문을 쓴 이는 유학자이자 호남의 의병장이던 기우만奇宇萬이다. 두 사람은 동갑내기 친구로 학문은 물론 집안일도 함께 의논하던 사이였다. 그런데 기우만은 조선 말의 학자 이종봉李鍾鳳과도 인연이 깊었다. 이종봉의 시문집 『졸헌유고拙軒遺稿』에는 가까운 문사들에게 보낸 서신이 담겨 있는데, 그 대상에는 기우만과 이석영의 생부 이유승도 포함되어 있었다. 연배로 보아 한 살 터울인 이종봉과 이유승은 친구로, 기우만은 후배 학자로 학문적 교류를 했을 것이다. 지연地緣(지역에 따라 연결된 인연)과 족연族緣(친척의 인연) 등 교집합이 없어 보이는 이석영과 밀양박씨의 혼사가 이루어진 배경에는 생부 이유승과 기우만의 '학연學緣'도 한몫했던 것으로 여겨진다.

이뿐만이 아니다. 이종봉의 종손 이상록李相祿이 1940년 『졸헌유고』를 책으로 펴냈을 때 서문을 쓴 이는 다름 아닌 학자이자 독립운동가인 위당爲堂 정인보鄭寅普였다. 나중에 이석영 집안은 딸의 혼사를 통해 정인보의 가문과도 연결되는데(딸의 남편 서재형徐載衡의 고종사촌이 바로 정인보다), 이렇듯 세월의 수레바퀴는 또 다른 인연을 이으며 미래로 굴러가고 있었다.

마지막 면직 상소

1897년 경운궁(현재 덕수궁)으로 환궁한 이후 고종은 왕권을 강화하기 위해 승부수를 던졌다. 왕을 황제로 승격하고 국호를 대한제국으로 바꾸면서 대외적으로 자주독립을 다시 선언했던 것이다. 이와 함께 초기 의회적인 성격을 지녔던 기구인 중추원을 새로 구성했다. 이때 고종은 이석영을 중추원 이등의관으로 임용했다.

하지만 이석영은 황제의 부름에 좀처럼 응하지 않았다. 이후에도 고종이 이석영을 비서원 승(승지)에 임용했다가 이를 따르지 않아 의원면직依願免職(본인의 청원에 의해 직위나 직무를 해면함)하는 식의 인사가 몇 차례 되풀이된다. 대체 왜 이석영은 벼슬을 마다했던 것일까? 아마도 이석영은 조정이 외세의 각축장이 되어버린 상황에서 굳이 출사出仕해야 할 이유를 찾지 못했을 것이다.

국운이 기울어가던 1904년 고종은 이석영을 다시 곁에 불러들이려 했다. "종2품 이석영을 장례원 소경少卿에 제수하라"는 조령朝令(조정의 명령)을 내린 것이다. 장례원 소경은 궁중 의식과 제사, 왕실과 귀족에 대한 사무를 관장하는 자리였는데, 이것이 실록에 기록된 이석영의 마지막 관직이었다. 이번에도 이석영은 불과 일주일 만에, 신병身病이 있다면서 면직해주기를 청하는 상소를 올렸다(『승정원일기』 고종 41년[1904] 3월 22일). 그 내용을 살펴보면, 그가 관직을 맡지 않으려 했던 속내를 미루어 짐작할 수 있다.

이 상소에서 이석영은 자신에 대해 "재주가 졸렬하고 학식이 천박하여 맑은 조정에서 임용하는 반열의 말석에 낄 정도가 아니었다"고 평했다. 눈여겨볼 부분은 '맑은 조정'이라는 역설적인 표현이다. 일본이 좌지우지하는 혼탁한 조정에 결코 출사할 수 없다는 그의 강한 의지를 읽을 수 있는 대목이다. 그 후 이석영은 일본인들이 저지른 '인삼 강탈 사건'을 겪으면서 일본의 이권침탈에 대한 반감도 더욱 커졌을 것이다.

이석영이 또 하나의 사직 명분으로 내세운 것은 건강이었다.

> 체질 역시 약하여 늘상 병치례하였습니다. 근자에 조섭調攝을 잘못

하여 숙병宿病(오래 앓은 병)이 더욱 심해져 가까운 시일 안에는 몸도 제대로 움직일 길이 없습니다.

실제로 이석영은 젊은 시절부터 병치레가 심한 편이었다. 『승정원일기』에는 이석영이 탈이 나거나, 신병이 있어 사직을 청했던 기록들, 사진仕進(벼슬아치가 규정된 시간에 근무지로 출근하는 것)을 하지 못해 '패초牌招'되었던 사례가 자주 눈에 띈다. 패초란 임금이 급히 만나야 할 신하를 패를 써서 입궐하도록 하던 제도다.

'기려자騎驢子' 송상도宋相燾는 대한제국 말기부터 8·15광복까지 활동한 애국지사들의 사적을 모아 엮은 책 『기려수필騎驢隨筆』에서 이 무렵의 이석영에 대해 "공이 벼슬에 크게 나아갈 뜻이 없어 그만두었다公無意進就 遂辭歸不出世"고 적었다.[3] 이후 이석영의 이름이 조정에서 거론된 것은 1908년 규장각 제학提學 조정희趙定熙의 장례에 호상인護喪人(장례위원)으로 이름을 올렸을 때뿐이다(『황성신문』, 1908년 1월 8일).

저동 육형제와 항일 DNA

1905년 11월 17일은 대한제국이 사실상 일본의 식민지로 전락한 날이었다. 일본이 대한제국을 강압하여 '외교권 박탈과 조선통감부 설치'를 골자로 하는 을사늑약을 체결했기 때문이다. 그로부터 3일 후 『황성신문』 주필이었던 장지연張志淵이 「시일야방성대곡是日也放聲大哭」, 즉 "이날 목 놓아 통곡하노라"는 논설을 신문지상에 발표해 한반도를 울분으로 들끓게 했다. 그는 이 글을 통해 굴욕적인 조약의 내용을 폭로하고 일본의 흉계와 을사늑약에 서명한 을사 5적(외부대신 박제순, 내부대신 이지용, 군부대신 이근택, 학부대신 이완용, 농상공부대신 권중현)을 통렬하게 공박했다.

항일의 필봉을 휘두른 것은 비단 장지연만이 아니었다. 수많은 우국지사가 을사늑약에 반대해 저항에 나섰고, 전국 각지에서 일본에 항거하는 의병이 일어났다. 이석영의 생부 이유승도 이 대열에 함께 있었다. 이유승은 그해 11월 25일 피를 토하는 심정으로 상소를 올렸다. 고종이 결단을 내려 을사늑약을 맺은 '역적들'을 법으로 다스리고 조약을 물리칠 것을 호소하는 내용이었다.

> 지금 일본과의 조약에 대한 말을 듣고 머리카락이 곤두서고 가슴이 떨려서 자리에 누워 눈물만 흘리는데 죽을 곳을 찾으려 해도 찾을 수가 없습니다.……원컨대, 폐하는 여러 신하들의 의견을 따라, '가피' 자를 쓴 역적들을 나라의 법으로 다스리고 일을 해낼 만한 사람을 다시 선발하여 준엄한 말로 조약을 물리친다면 나라의 권위가 보존되고 나라의 법이 시행될 것입니다.(『고종실록』 고종 42년[1905] 11월 25일)

아마도 이러한 아버지 이유승의 결연한 모습은 훗날 저동 육형제가 함께 일본의 침탈에 맞서 집단 망명이라는 결단을 내리는 데

적잖은 영향을 끼쳤을 것이다. 아버지 이유승에게 내재되어 있던 구국과 항일의 DNA는 이석영 형제들의 핏줄에 그대로 이어져 움트고 있었다.

실제로 이석영의 셋째 동생 이시영은 이유승이 상소한 지 이틀 뒤 늑약을 폐지하도록 결연히 대처할 것을 요청하는 상소문을 고종에게 올렸다. 또한 동지들과 연명으로 작성한 '대소위對所謂 신조약新條約 변명서'라는 제목의 격문을 인쇄해 한양 사람들에게 배포했다.

당시 이시영이 경운궁 대안문(현재 덕수궁 대한문) 앞에서 동지들과 함께 고종의 하명을 기다리던 중 일본 경찰과 충돌하는 사건도 빚어졌다. 같은 날 경무부 고문이 주한 특명전권공사에게 보낸 '시국에 관한 상소자 체포의 건'에 따르면, 이시영 등이 배포한 격문에는 이런 내용이 담겨 있었다.

> 황제 폐하께서 거절하시고 수상 대신이 물리치고 날인하지 아니하였으니 우리 국법에서 이것을 어찌 성약成約된 것이라고 하리요.…… 매국 간적奸賊들을 극형에 처하고, 이토 히로부미伊藤博文의 죄를 논하는 한편 각국 공관에 알려 소위 신조약을 폐기한다는 것을 공포함으로써 대한제국의 독립을 영원히 확보할 수 있도록 해야 한다.[4]

구국을 꿈꾸는 이들의 후원자

양부 이유원이 세상을 뜬 이후 이석영과 형제들은 더욱 긴밀하게 교류한 것으로 보인다. 특히 이석영은 각별하게 여기던 둘째 동생 이회영과 셋째 동생 이시영이 뜻을 펼 수 있도록 물심양면으로 지원을 아끼지 않았는데, 그 중심 무대가 된 곳은 서울 남산 기슭의 '홍엽정紅葉亭'이었다.

홍엽정은 이유원이 이석영에게 물려준 한양의 가산 중 하나였다. 선조인 백사 이항복의 옛집 앞에 지어진 정자로, 원래 이름은 '쌍회정雙檜亭'이었다. 수려한 자연경관을 배경으로 이항복이 심은 전나무檜 두 그루가 멋들어지게 자리해 그렇게 불렸다. 그런데 빈한한 후손들이 이 유서 깊은 정자를 남에게 넘기고 만다. 새 주인이 여기에 전나무 대신 단풍나무紅葉를 심으면서 홍엽정이란 새 이름을 얻게 되었다. 철종 말에 이르러 이유원이 이 정자를 사들여 전나무를 심고 쌍회정으로 개명했지만, 여전히 한양 사람들은 홍엽정이라 불렀다고 한다.

이석영이 물려받은 이후, 홍엽정은 두 동생인 이회영과 이시영을 비롯한 젊은 개혁가들이 신학문을 논의하고 새로운 국정 방안을 모색하는 장소로 이용되었다. 이정규·이관직이 쓴 『우당 이회영 약전』과 이회영의 아내 이은숙이 지은 『서간도 시종기』에는 홍엽정 모임에 대한 일화가 이렇게 소개되어 있다.

1898년 중추中秋 (우당) 선생은 보재 이상설, 여준, 이강연 등 여러 벗과 함께 남산 홍엽정에 모여 대내외의 정치적 여러 정세를 검토 비판하면서, 백성들은 우매하고, 무식 무치無恥한 정부 당국자들은 준민고택浚民膏澤(백성의 고혈을 뽑아냄)하고 국가 재산을 탕진하는 세상인데, 이러한 난국에 열강의 독이빨이 번갈아 핍박하니 내치·외교에 그 (대처) 방안이 무엇이냐를 장시간 논의하던 끝에, 첫째 백성의 계몽, 둘째 신진 정치가의 결합, 셋째 내치·외교의 확고한 정책 수립 등이 급하다는 결론을 얻었다.[5]

그런데 홍엽정은 당시 조선 선비들의 핫 플레이스이기도 했다. 백사 이항복의 자취가 깃들어 있는 데다 주변 풍광이 매우 아름다워 한양에 온 이들이 한 번쯤 들르길 원하는 명소였다. 여러 문인이 홍엽정에 관한 시나 글을 남겼는데, 조선 후기의 문신 김형규金衡圭는 자신의 일기 『청우일록靑又日錄』에서 "주변에 꽃과 나무가 우거지고 샘과 바위가 그윽해서, 참으로 도심 속 자연"이라고 경탄하기도 했다.

이렇듯 인기 높은 홍엽정이었지만, 정작 집주인인 이유원은 그 절경을 즐겨 구경하진 못했다고 한다. 그의 저서 『임하필기林下筆記』에는 「홍엽정」이라는 7언 절구의 한시가 수록되었는데, 그 내용은 이러하다.

옛 모양 본떠 조그마한 정자 지어

홍엽정은 깨어 있는 청년들의 토의 공간이 되었고, 젊은 개혁가들이 개화와 혁신을 도모하는 공간이 되었다.

> 잎사귀 이름 따서 홍엽정이라 하니 소동파의 일 생각나네.
> 예부터 이름난 동산은 임자 따로 없는 법
> 주인은 자주 안 오고 나그네들만 많이 모이는구나.[6]

이유원이 생전에 지은 시의 마지막 구절처럼, 공교롭게도 훗날 홍엽정의 새 주인이 된 이석영 또한 이 정자를 애용하지는 못했다. 자신보다는 두 동생 회영·시영과 그 동지들이 이곳에 모여 시국을 논의할 수 있도록 배려했기 때문이다. 이석영은 홍엽정을 깨어 있는 청년들의 토의 공간으로 제공했고, 동생 이회영과 이시영, 그 동지들은 이곳을 무대로 개화와 혁신을 도모했다. 이석영은 이들을 굳건히 지원하면서도 자신을 내세우지 않았으니, 구국과 개혁을 꿈꾸던 열혈 동생들과 신진 개혁가들의 '진정한 후원자'였다.

홍엽정의 기구한 운명

19세기 말 홍엽정은 개화의 상징과도 같은 장소였다. 젊은 개혁가들의 회합 장소로 이용되었을 뿐만 아니라 1899년 초에는 중등 수준의 학교도 들어섰다. 박기양朴箕陽, 서상면徐相勉, 신해영申海永 등의 전·현직 관료들이 세운 실업학교인 광성학교光成學校가 그것이다. 『황성신문』(1899년 5월 3일)에는 「학교 확장」이라는 제목으로 "학생과 교사가 다달이 늘고 학업이 일취하여 홍엽정에 설립했던 광성학교를 확대 이전한다"는 소식이 실렸다.[7]

그해 11월에는 향연香煙합자회사라는 담배회사가 홍엽정에 설립되었고, 그 이듬해 2월에는 대한제국인공양잠합자회사라는 양잠 전문 회사도 들어섰다. 이 회사는 "인공적으로 양잠 횟수를 늘리는 신기술로 누에를 키운다"면서 "투자하면 이익을 공동으로 나눌 것"이라고 신문에 광고했다(『황성신문』에는 1900년 2월 20일부터 3월 17일까지 모두 22차례에 걸쳐 '대한제국인공양잠합자회사' 명의로 투자 모집 광고가 실렸다).[8]

당시 이 두 근대 회사의 설립에 참여했던 인사들은 광성학교를 세웠던 박기양, 서상면을 비롯해 김가진金嘉鎭, 서병숙徐丙肅 등 거의 개화파 관료였다. 아마도 왕의 비서실인 승정원에서 오래 근무했던 이석영과도 친분이 있는 인사들이 대부분이었을 것이다. 또한 담배는 인삼과 함께 내장원內藏院(왕실 재정 담당 관청)에서 납품받는 전매 품목이요, 양잠은 국가에서 적극 장려하던 민간 산업이었다.

이석영이 백사 이항복의 기상이 깃든 홍엽정을 학교와 회사로 활용하도록 기꺼이 내어준 사실은 두 가지 측면에서 해석해볼 수 있다. 하나는 일각에서 알려졌던 것과는 달리, 이석영이 새로운 학문과 기술과 문화에 대해 배타적이지 않았다는 점, 또 하나는 그가 학교로 미래세대를 일깨우고, 회사로는 민간 산업과 자본을 확충하려는 개화파 인사들의 뜻에 동조하고 있었다는 점이다.

그런데 홍엽정이 지닌 상징성은 그리 오래지 않아 흐려지고 만다. 매국노 이완용이 이 정자를 인수한 뒤 터무니없는 고가에 되팔아 정부를 등치려 했기 때문이다. 『해조신문海朝新聞』에 실린 사건의 개요는 이러했다(『해조신문』은 러시아 블라디보스토크에서 간행된 교민 신문으로 국내 각지로도 배급되었다. 장지연이 주필을 맡았다).

총리대신 이완용이 남산 홍엽정을 당오當五(구한말의 화폐) 3만 냥에 사들인 후 부정한 이득을 꾀할 계책을 꾸몄다. 정자를 관택官宅(관청에서 관리에게 빌려주어 살도록 지은 집)이라 칭하고 정가를 13만 원으로 책정하여 재무를 담당하는 탁지 대신에게 정부가 집값을 내도록 강요한 것이다. 탁지 대신이 부득이하여 6만 원에 사는 것으로 결정

하였다니 국고금은 결국 이 총리의 사사로운 전대纏帶(돈을 넣는 자루)로 다 들어가리라 한다.⁹

이보다 앞서 홍엽정 거래 소식을 전한 『대한매일신보』 기사에는 이완용이 당오전當五錢 13만 냥에 홍엽정을 사들인 것으로 기재되어 있다.¹⁰ 매입가가 3만 냥이든 13만 냥이든, 홍엽정 정가로 13만 원을 책정한 것은 사기와 다를 바 없었다. 당시 당오전은 화폐 가치가 떨어져 약 5.4냥이 1원에 해당되었다고 하니, 최소 5배 이상으로 가격을 뻥튀기한 것이다.

이완용이 되팔기로 폭리를 취한 이후 실제로 홍엽정이 정부 재산으로 귀속되었는지는 확인되지 않는다. 경술국치 이후 홍엽정은 일본인 무역상에게 넘어가게 되었고,¹¹ 6·25전쟁을 거치면서 역사의 뒤안길로 사라진 것으로 보인다. 지금의 서울 회현동 일신교회 정문 옆 담장에 '쌍회정 터'라는 표지석이 자리하고 있다.

인삼 강탈 사건

이즈음 이석영은 동생 이회영에게 집안의 인삼밭을 활용해 산업 활동을 하라고 권면勸勉(권하여 격려하고 힘쓰게 함)하고 이를 지원했다. 구국개혁 운동을 하려면 재정적 기반이 있어야 한다는 이유에서였다. 이회영은 경기도 풍덕군(현재 개성시 개풍군 대성면)에 인삼밭을 운영하는 삼포蔘圃농장을 열었고(1896년), 이석영은 투자를 아끼지 않았다.[12] 이렇게 이회영은 개성 인근에서 인삼 농장과 제재소를 운영하면서 구국의 꿈을 키우게 되었다. 하지만 오래지 않아, 일본인의 계획적인 강탈로 인해 커다란 난관에 봉착하고 만다.

조선 침탈을 진행하던 일본은 대한제국의 재정적 기반을 허물어뜨리는 전략을 병행했다. 당시 일본이 노리던 대표적인 품목은 인삼과 담배였다. 두 상품이 국가 전매 품목으로 내탕고內帑庫(조선시대에 왕실의 재물을 넣어두던 창고)를 채우는 주요 수입원인 데다 토착 자본을 형성하는 토대 중 하나였기 때문이다. 이 무렵 전국의 인삼밭에는 도적이 들끓어 원성이 빗발쳤는데, 그 배후에 일본인이 있는 경우가 허다했다. 이회영의 농장에서 벌어진 '인삼 강탈 사건'도 그중 하나였다.

이회영이 도난당한 인삼의 행방을 추적한 결과 놀랍게도 농장 관할 경찰서의 일본인 고문이 사건에 관여한 사실이 드러난다. 그 배후는 주한 일본 영사까지 이어져 있었다. 당시 사건을 보도한 신문 기사를 보자.

> 이회영이 운영하던 풍덕군 인삼 농장에 신상을 알 수 없는 수십 명이 각기 무기를 들고 삼밭에 돌입하여 단주를 결박하며 동민을 난타하고 인삼을 빼앗아가는 사건이 벌어졌다. 그런데 이 삼들은 당초 내장원이 관장하던 관삼官蔘에 해당되므로 이회영은 내장원 칙임관을 맡고 있던 이용익李容翊에게 이 소식을 알리고 탐문을 시작했다.

마침 수상한 삼포(수출용 홍삼) 거래가 포착되어 이용익이 이를 모아 압류하게 되었다. 이회영이 일본 영사에게 해당 삼을 매수한 일본인을 밝힐 것을 요구하니 웬 일본 여자를 내세우며 오리발을 내밀었다. 이에 이회영은 일본에서 유학해 법대를 나온 광성학교 교사 이면우李冕宇를 대리인으로 청하여 일본 영사와 해당 공관에서 예의 일본 여성과 대질 재판을 하였다. 그 결과 몰래 거래한 정적情迹(행적)이 드러나 해당 인삼 12척을 몰수하여 내장원으로 수송하였다 한다.[13]

이석영은 고군분투하는 이회영을 돕기 위해 백방으로 힘을 보탰을 것이다. 평소 동생 일이라면 발 벗고 나섰던 데다 인삼 사업의 가장 큰 후원자이기도 했기 때문이다. 홍엽정에 설립되었던 광성학교의 교사 이면우가 법률대리를 맡은 것도 이석영과의 인연 때문이었을 것으로 보인다.

하지만 사건의 결말은 해피 엔딩이 아니었다. 재판이 불리해지자 일본 측은 온갖 방법으로 판을 흔들었다. 주한 일본 공사까지 나서서 내장원 수장인 이용익을 압박해 재판을 중단시키고 만다. 결국 일본 측이 적당한 가격을 내고 인삼을 돌려받는 것으로 사건은 일단락되었다. 이회영은 끝까지 법적 투쟁을 하려 했지만, 동생의 안위를 걱정한 이석영이 이를 만류한 것으로 전해진다.

임시정부 외교부장을 지냈던 조소앙趙素昻은 독립운동가 82인의 열전을 담은 『유방집遺芳集』에서 당시 인삼 강탈 사건에 대해 이렇게 적고 있다.

일본의 낭인浪人이 인삼을 도적질해 캐 가는데 서울 주재 일본 영사가 막후에서 몰래 후원을 하였기에 도적놈들이 거리낌없이 제멋대로 행한 적이 있었다. 우당(이회영)은 분노가 치밀어 올라 일본 영사와 사리를 따지며 논쟁을 벌여 원래의 물건을 다시 뺏어왔다. 개성과 풍덕 인근에서 피해를 입은 것이 셀 수 없이 많았는데 소유물을 회수한 사람은 우당뿐이었으니, 당시의 여론이 이를 통쾌하게 여겼다.[14]

공교롭게도 이 사건을 계기로 이회영은 조정에 발탁된다. 훗날 소식을 전해 들은 고종 황제가 그를 정부 재정 담당인 탁지부 주사에 전격 임명했던 것이다(『승정원일기』 고종 39년[1902] 7월 27일). 일본의 노골적인 이권침탈에 노심초사하던 고종에게 이회영의 활약상은 가뭄 속 단비와 같았을 것이다. 더욱이 이회영은 고종이 가까이 두려 했던 이석영의 동생이기도 했다. 훗날 그가 고종 황제의 연해주 망명 시도를 주도한 것을 보면, 이 시기에 이회영은 짧으나마 관직에 몸담으며 고종의 신뢰를 얻었던 것으로 여겨진다(일부 자료에는 당시 이회영이 취임하지 않은 것으로 나오지만, 『승정원일기』 고종 41년[1904] 10월 29일의 기록에 따르면, 고종이 탁지부 주사에서 이회영을 면직한 것은 그로부터 2년여 뒤였다).

신민회의 구국 구상

　남산 홍엽정이 이회영·이시영과 그 동지들의 구국의 꿈이 태동한 곳이라면, 남대문 근처 상동교회는 그 꿈이 구체화된 장소였다. 1888년 의료 선교사인 목사 윌리엄 스크랜턴William B. Scranton이 세운 이 교회는 대한제국 말기에 일본의 침략에 대항하는 애국지사들의 주요 활동 무대였다. 민족운동가인 전덕기全德基가 담임목사를 맡으면서 상동교회 청년 조직인 '상동청년회'는 급격히 성장했다. 이동녕李東寧, 이준李儁, 이동휘李東輝 등 독립협회에서 그와 교분이 있던 동지들이 협회 해산 이후 청년회로 모여들었다.
　이 무렵 일본 측은 상동청년회를 독립협회 후에 나타난 대표적인 배일排日 단체로 규정하고 그 행보를 예의주시하고 있었다. 상동청년회가 벌인 본격적인 첫 사업은 교육 사업이었다. 조선인을 위한 중등교육기관인 상동청년학원을 설립한 것이다. 1904년 이회영은 전덕기의 권유로 상동청년학원 학감으로 취임한다. 일제의 야욕에 맞서려면 청년들을 일깨우고 힘을 결집해야 한다는 절박함 때문이었다.
　1905년 11월 일제에 의해 을사늑약이 강제로 체결되자 각지에서 늑약 무효화 투쟁이 일어났다. 상동청년회는 격렬한 저항운동의 구심점 중 하나였다. 상동청년회의 전국적인 조직을 통해 을사늑약에 반대하는 움직임이 들불처럼 번졌다. 이른바 '도끼 상소 운동'으로 알려진, 목숨을 건 을사늑약 반대 투쟁도 벌어졌다. 상동교

윌리엄 스크랜턴 목사가 세운 상동교회는 구한말에 독립운동의 요람이었다. 특히 이회영, 이동녕, 양기탁 등 애국지사들이 이곳에서 항일비밀조직인 신민회를 결성했다.

회에 전덕기, 정순만鄭淳萬, 이준, 이동녕, 최재학崔在學, 김구金九 등이 모여 "도끼를 메고 연명으로 상소하여 죽든지 잡혀 가든지 몇 번이고 반복"하기로 작정했던 것이다.[15]

설상가상으로 을사늑약 이듬해에는 생부 이유승이 세상을 등져 이석영과 저동 형제들은 깊은 슬픔에 잠기게 된다. 그러나 국운이 위태로운 상황에서 마냥 애도의 시간만을 보내고 있을 수는 없었다. 이회영은 상동교회 뒷방에서 전덕기, 이동녕 등 동지들과 함께 비밀결사를 만든다. 전통적인 계몽운동과 상소 운동만으로는 국권 회복이 어렵다고 보고 새로운 구국운동을 모색하려 한 것이다. 고위 관직에 있던 이시영도 상동청년학원 회합에 참여해 뜻을 같이했다. 이회영의 아내 이은숙은 『서간도 시종기』에서 당시 상황을 이렇게 기록했다.

> 우당장(이회영)은 남대문 상동청년학원 학감으로 근무하시니 그 학교 선생은 전덕기, 이동녕, 이용태, 김진호 씨 등 다섯 분이다. 이들은 비밀 독립운동 최초의 발기인이시니, 팔도의 운동자들에게는 상동학교가 기관소가 되었다 해도 과언이 아닐지라.[16]

마침내 1907년 서울에서 독립운동을 위한 비밀결사인 신민회가 결성된다. 안창호安昌浩의 발기로 양기탁梁起鐸, 전덕기, 이동녕 등 7명이 창건 위원이 되고 노백린盧伯麟, 이승훈李昇薰, 이회영, 이시영, 김구, 신채호申采浩 등이 중심이 되어 전국 규모의 구국 단체를 만든 것이다. 신민회의 궁극적 목적은 국권을 회복해 공화정체제의 자유독립국가를 세우는 것이었다.

국외 독립군 기지의 꿈

신민회는 을사늑약 체결 이후 사실상 국내에서 민족운동이 어려워지자 구국운동의 거점을 국외에 두려는 원대한 계획을 세운다. 1909년에는 국외에 적당한 후보지를 골라 무관학교를 세우고 독립군 기지를 만들어 현대전에서 일본군을 이길 수 있는 강력한 독립군을 양성하기로 뜻을 모았다. 향후 일제가 중국, 미국, 러시아 등과 전쟁을 벌이는 등 기회가 오면 대한의 이름으로 싸우기 위한 복안이었다. 그 이듬해에는 긴급간부회의를 열고 '독립전쟁 전략'을 채택했다. 이때 결정된 독립군 기지 창건 사업의 골자 중 일부는 이러했다.

독립군 기지는 일제의 통치력이 미치지 않는 청국령 만주 일대에 설치하되, 후일 독립군의 국내 진입이 가장 편리한 지대를 최적지로 선정한다. 최적지가 선정되면 자금을 모아 일정 면적의 토지를 구입, 이에 필요한 자금은 국내에서 신민회 조직을 통해 비밀리에 모금한다.

1910년 신민회는 이동녕, 주진수朱鎭壽 등을 파견해 만주 일대를 비밀리에 답사하며 무관학교와 독립군 기지 후보지를 물색한다. 이회영도 이들과 함께 종이장수로 위장해 서간도를 둘러보았다. 그 결과 압록강 북쪽 지역에 있는 류하현柳河縣 삼원보三源堡에 기지를 건설하기로 결정된다. 이때는 이미 한일병합으로 국권을 상실한 후인지라 신민회는 동지들의 집단 이주를 서두를 수밖에 없었다. 그해 12월에 선발대로 삼원보를 향해 단체 이주에 나선 이들이 이석영을 비롯한 이회영, 이시영 등 저동 형제들과 이동녕 일가였다.

이규준, 신학문을 배우다

당대의 명문가이자 부호의 집안에서 이른바 '황금수저'로 태어난 이규준은 어떤 교육을 받았을까? 할아버지 이유원은 학문과 글에 능해 『임하필기』・『가오고략』 등을 저술했고, 아버지 이석영도 한학에 밝아 과거에 급제했으니, 아마도 이규준은 어릴 때부터 사서삼경을 차례로 익히며 한학을 깨쳤을 것이다.

그런데 이석영은 이규준을 신식 학교에 보내 새로운 학문도 접하게 했다. 이회영의 아내인 이은숙은 『서간도 시종기』에서 이규준이 신식 학교에 가게 된 사연을 이렇게 회고했다.

> 무신년(1908년)은 지금으로부터 60여 년 전이 되니 얼마나 완고하리오. 학교도 희소하고, 남자 아동은 한문이나 가르치고 재력이 넉넉한 가정은 선생이나 두고 글을 가르치는 시대라. 우당장이 규룡, 규학, 규봉, 규면, 규훈 다섯 종형제를 삭발해 입학시켰더니 둘째 영감(이석영)께서 아우님을 꾸짖으셨다.
> 우당장은 웃으시면서 말했다. '형님, 시대가 시시로 변천하니 규준도 입학시켜서 바삐 가르쳐서 우리나라도 남의 나라처럼 부강해야지요.' 영감께서는 아우님 말씀을 신용을 잘하는지라, 모든 친구들에게도 권하여 자녀들을 입학시키는 사람이 다수이더라.[17]

이 내용을 요약하면, 이석영이 처음에는 아들 이규준이 신학문

배우는 것에 반대하다가 동생 이회영의 설득으로 곧바로 이를 수용했다는 것이다.

그러나 다른 한편으로는 이런 의문도 든다. 이미 10여 년 전에 선조의 유산인 홍엽정에 광성학교와 근대 회사가 들어서도록 배려했던 이석영이 과연 신학문을 거부할 정도로 고리타분하고 보수적인 사고방식의 소유자였을까? 아마도 이석영이 동생 이회영의 뜻을 존중하고 배려해주는 모습을 강조한 대목 정도로 받아들이는 것이 타당할 듯하다.

이규준을 포함한 저동 형제의 아들들이 들어간 학교에 대해서도 궁금증이 남는다. 당시 이규준이 13세였던 점을 감안하면, 중등 수준의 교육을 하는 학교에 들어갔을 것이다. 그런데 을사늑약에 따라 설치된 조선통감부는 1906년 이른바 '보통학교령'을 공포해 보통학교(소학교, 현재 초등학교) 때부터 일본어를 가르치게 했다. 일본의 노골적인 침탈에 분노하던 저동 육형제가 자식들을 과연 이런 유형의 학교에 입학시켰을까?

아마도 이석영이 아들 이규준을 흔쾌히 보냈던 학교는 우국지사들이 민족교육을 하는 곳이었을 것이다. 그런 측면에서 보자면 이규준이 숙부 이회영이 학감을 맡고 있던 상동청년학원에 다녔을 가능성도 배제할 수 없다. 당시 상동청년학원에서는 중등교육을 실시했는데, 주시경周時經, 이상재李商在, 신채호 등 다수의 민족운동가가 교사로 참여하고 있었다. 이들은 다양한 강습소를 설치해 국어와 수학을 비롯해 각종 실용적인 학문과 인문학 분야의 학문을 가르쳤다.[18] 어쩌면 이 시절부터 이규준은 위대한 민족운동가들과 사제의 연을 맺게 되었는지도 모른다. 실제로 역사학자이자 독립운동가인 단재丹齋 신채호는 훗날 이규준의 독립사상에 적잖은 영향을 끼친다.

제3장

반생의
반려를
만나다

　이석영은 저동 형제들과 서간도로 집단 망명에 오르기 전에 맏아들 이규준의 혼사를 치렀다. 양부 이유원의 가문을 이을 유일한 적통인 이규준의 나이가 10대 중반에 접어들자 만 14세가 채 되기도 전에 짝을 찾아 맺어주었던 것이다. 이석영의 나이 55세 무렵이었다.
　당시 『경국대전』에 성문화된 혼인 가능 연령은 남자 15세, 여자 14세 이상이었다. 예외적으로 양가 부모 중 한 사람이 병이 있거나 50세가 되었는데 자녀가 12세 이상이면 관에 신고를 하고 혼인을 할 수 있도록 했다.
　연이 닿는 여러 가문 중에서 이석영이 며느릿감으로 낙점한 이는 청주한씨 집안의 규수 한평우韓平愚였다. 궁내부 특진관 등을 지낸 한기동韓耆東의 셋째 딸로 아들 규준보다 두 살 연상이었다. 두 사람의 혼사는 한평우의 아버지 한기동이 별세한 이후 이루어졌다. 1902년 한기동이 세상을 떠났을 때, 이규준과 한평우의 나이는 각각 7세, 9세에 불과했기 때문이다.

그렇다면 이석영은 왜 한기동의 여식을 아들의 반려자로 택했던 것일까? 당시는 혼사를 개인이 아닌 가문의 결합으로 받아들이던 시대였다. 아마도 이유원, 이석영으로 이어지는 가문의 명망과 재력으로 보아 장안의 수많은 사대부 집안에서 사돈의 연을 맺으려 줄을 댔을 것이다. 그럼에도 한평우가 부친을 여읜 상태에서 이규준에게 시집 온 것이라면 여기에는 나름의 사연이 있었을 듯싶다.

선대에서 현세로 이어진 인연

우선, 이석영 집안과 청주한씨 가문의 인연을 살펴보자. 이석영의 생외조부(생모의 아버지)는 조선 말기의 문인인 정순조鄭順朝다. '청요직'인 사헌부 대사헌에 7차례, 사간원 대사간에 6차례나 임명될 정도로 청렴했던 인물이다. 그런 정순조를 훌륭히 키워낸 어머니, 즉 이석영의 생외증조모가 바로 청주한씨였다. 아마도 이석영 집안에서 청주한씨 가문의 규수는 전형적인 현모양처로 받아들여졌을 것이다.

또한 이석영과 한평우의 아버지 한기동은 몇 가지 공통점이 있었다. 둘 다 형제 중 둘째로 나고 자라 성년이 된 이후 양자로 출계했고, 벼슬길에 오른 뒤에는 왕의 비서실인 승정원 등에서 고종을 가까이서 보좌했다(이석영은 양부의 삼년상을 치른 후 1891년 동부승지로 제수되었는데, 그에 앞서 동부승지를 맡았던 이가 한기동이었다). 또한 일본의 침탈이 거세지던 1894년 갑오개혁 이후 관직과 거리를 두고 은인자중하는 행보를 보인 점도 흡사하다.

선대의 인연도 상당했다. 이석영의 양부 이유원과 한기동의 친부 한계원韓啓源은 동갑으로 헌종 때부터 함께 관료 생활을 했고, 이유원이 약방 도제조를 맡고 있던 시기에 한기동의 양부 한경원韓敬源은 부제조로 일하며 교분을 맺기도 했다.

다만 이석영의 양부 이유원과 한기동의 양부 한경원은 정치적 노선을 달리했는데, 이유원이 흥선대원군 이하응李昰應과 반목했던 쪽이라면, 한경원은 이하응의 발탁으로 중용된 경우였다.

파격 인사의 대명사

그렇다면 이석영이 한기동 집안과 사돈의 연을 맺게 된 까닭은 무엇일까? 혹시 한기동이라는 인물에게서 그 단초를 찾을 수 있지 않을까? 먼저 한기동에 대해서 살펴보자.

한기동은 조선 말기에 활동한 학자이자 문신이었다. 1871년(고종 8) 과거에 급제해 규장각 대교로 관직을 시작했다. 그 후 동부승지를 거쳐 공조참의, 검교대교 등을 지냈다. '대교'는 임금의 측근에서 군신의 대화와 거동을 기록하는 청요직의 하나다. 출사한 초기부터 역사를 기록하는 사관의 자리를 맡긴 것으로 보아 그의 인품이 곧고 학문이 출중했음을 짐작할 수 있다.

1894년 여름, 한기동은 조정에서 파격 인사의 대명사가 된다. 고종은 종4품 부호군이던 한기동을 동지경연사로 임명해 주위를 놀라게 했다. '동지경연사'란 왕과 학자들이 학문을 강론하던 경연청에 소속된 종2품 관직이니 무려 네 계단이나 뛰어넘은 파격적인 인사였다. 당시 고종의 인사 명령을 받아 의정부에 전한 승지가 바로 이석영의 셋째 동생 이시영이었다(『승정원일기』 고종 31년 [1894] 6월 25일).

그로부터 보름여가 지난 7월 12일 한기동은 역시 종2품인 공조참판으로 임명된다. 사흘 뒤 갑오개혁으로 관제가 바뀌면서 새로 내각이 구성되었는데, 이때 한기동은 공무아문工務衙門(공조의 기능을 확대 개편한 중앙관청)의 협판協辦(종2품)으로, 이석영의 생부 이유승은 우찬성右贊成(의정부의 종1품 관직)으로 제수되었다. '제수除授'란 추천의 절차를 밟지 않고 임금이 직접 벼슬을 내리는 것이니, 고종이 이들을 꼭 집어 발탁한 셈이었다.

놀라운 인사는 여기서 멈추지 않았다. 불과 나흘 후 고종은 공무아문 협판 한기동에게 법무아문法務衙門 대신(장관, 정1품)의 대리를 맡긴 데 이어 같은 날 아예 대신으로 임명했다(『승정원일기』 고종 31년 7월 19일). 사법과 경찰행정 등을 관장하는 힘 있는 부서 법무아문의 수장으로 발탁한 것이다.

고종의 속사정

고종이 한기동의 지위를 높이고 중임을 맡기려 한 데에는 절박한 이유가 있었다. 그해 봄 동학농민군의 봉기를 계기로 청나라와 일본은 우리나라에 군대를 보내 지배권 쟁탈전을 벌였다. 먼저 기민하게 움직인 쪽은 일본이었다. 6월 하순 일본은 청일전쟁을 앞두고 경복궁을 기습 점령해, 흥선대원군을 앞세워 청나라에 우호적인 민씨 척족 정권을 몰아내고 친일 정권을 수립했다. 이후 새 정권에서 단행한 내정개혁이 이른바 갑오개혁의 시작이었다.

일본의 내정간섭이 점점 노골화되던 때라 고종에게는 중대사를 믿고 맡길 만한 이가 절실히 필요했다. 올곧고 충직한 성품의 한기동은 아마도 신하들 중 영순위로 꼽혔을 것이다. 하지만 고종이 발탁한 '대신 한기동'의 임기는 불과 한 달여를 넘지 못했다. 실권을 쥔 친일 관료들이 크게 반발했고, 무엇보다도 한기동 자신이 벼슬에 뜻을 두지 않았다.

실제로 한기동은 어머니 병 구완 등을 이유로 계속 상소를 올려 사직의 뜻을 간곡히 밝히기도 했다. 그런데 이때마다 고종이 내린 비답批答(임금이 상소문의 말미에 적는 가부의 대답)은 '부不'였다.

이러한 때 이러한 직임을 맡긴 것이 어찌 별생각 없이 한 것이겠는가.

즉시 숙배한 다음 편한 대로 왕래하라.(『승정원일기』 고종 31년 8월 3일)

고향 강원도 원주에 있는 병든 어머니를 돌볼 수 있게 해달라는 한기동의 간곡한 사직 요청은 받아들여지지 않았다. 그 대신 고종은 마음대로 한양과 원주를 오가되 새 관직은 유지하라는 타협안을 제시했다. 주변에 자기 사람이 없던 고종에게는 그만큼 한기동 같은 믿음직한 신하가 곁에 필요했던 것이다. 고종이 내린 이 비답에서도 그 절실한 심정을 읽을 수 있다. 하지만 한기동은 사은숙배謝恩肅拜(관직 등을 맡게 되었을 때 감사의 절을 올리는 것)를 하지 않음으로써 자신의 뜻을 분명히 했다.

일본이 경계한 청백리

3개월 뒤인 11월 1일, 고종은 5개 아문衙門(관청)의 협판을 교체하면서 또다시 한기동에게 중책을 맡기려 했다. 이번에는 예·결산, 조세 출납, 국채, 화폐 등 국가 재무를 총괄하던 요직인 탁지아문度支衙門의 협판 자리였다. 그러나 한기동의 발탁은 처음부터 일본 측의 거센 반발에 부딪히고 만다. 주한 특명전권공사가 고종의 협판 인사를 두고 "청천벽력 같은 것"이라고 성토할 정도였다.

같은 생각을 가진 사람들을 모두 대신·협판으로 임명할 것을 바란다는 취지로 협의하게 하였던바, 그날 갑자기 탁지 협판에 한기동, 법무 협판에 이건창, 공무 협판에 이용식, 농상 협판에 고영희가 임명되었습니다. 위의 4협판의 임명은 실로 청천벽력 같은 것으로…….[1]

그해 12월 28일 일본의 주한 특명전권공사 이노우에 가오루井上馨가 외무대신 무쓰 무네미쓰陸奧宗光에게 보낸 보고서의 일부 내용이다. 일본 측은 당시 협판 인사에 재기를 노리던 민씨 일족 등의 '불순한 의도'가 반영된 것으로 여기고 거세게 반발한다. "같은 생각을 가진 사람들"이라고 보고서에서 서술한 것처럼, 한마디로 친일 인사들로 정부 요직을 채우려다 뜻밖의 장애물을 만났던 것이다. 특히 일본 측이 경계했던 대상은 탁지아문 협판 한기동과 법무아문 협판 이건창, 두 사람이었다. 더 용이하게 이권을 침탈하기 위해서는 탁지와 법무 쪽의 '긴밀한 협조'가 필요한데, 두 사람은 회유나 협박이 통하지 않는 지조와 결기를 지녔기 때문이다.

이 보고서 내용 중에는 이노우에 가오루 공사가 의정부와 내각을 움직여 협판 임명을 철회하도록 고종을 압박한 정황이 담겨 있다. 결국 고종은 보름여 만에 한기동과 이건창 두 사람을 협판에서 개차改差(벼슬아치를 바꾸는 것)하고 만다. 그러나 이러한 인사 철회는 사실상 불필요한 일이기도 했다. 한기동과 이건창이 각각 고향에 머물며 협판의 자리에 부임하지 않았기 때문이다.

공교롭게도 한기동과 이건창은 구한말 관료 집단에 비판적이었던 우국지사 황현이 "청렴하다"고 평했던 몇 안 되는 인물들이었다. 『매천야록』에는 협판 임명을 받은 뒤 "한기동은 사양하는 상소를 보내왔고, 이건창은 강력히 사양하여 부임하지 않았다"고 기록되어 있다. 이는 실세인 박영효朴泳孝 등의 집 앞에 높은 벼슬을 탐하는 사대부들이 몰려들어 문전을 저자(시장)처럼 요란하게 했던 것과는 상반된 모습이었다.[2] 한기동의 관직 거부는 갑오개혁을 전후한 무렵부터 벼슬과 거리를 두었던 이석영의 행보와 궤를 같이 하는 것이기도 했다.

상중에도 부르다

이후에도 고종은 한기동을 곁에 두려 수차례 벼슬을 내렸다. 그러나 한기동은 번번이 사직 상소로 버텼다. 심지어 고종은 한기동이 어머니 상喪을 치르는 중에도 고위 관직(의정부 찬정[종1품])에 임명해 한기동에게서 사실상 '질책'을 듣기도 했다. 신하가 왕에게 요즘 말로 '사이다 발언'을 한 셈이었다.

> 신은 현재 수백 리 밖의 먼 고향에서 거상居喪하고 있는데, 성상께서 설마 이 점을 통촉하지 못하시어 그러는 것입니까? 만약 신의 실상이 이미 성상께 알려졌는데도 상중에 있는 신을 딱하게 여기지 않으시고 갑자기 이런 명을 내리신 것이라면, 성상의 조정에서 지금까지 효孝로 다스리던 정치에 입각할 때 어찌 이러실 수 있단 말입니까?(『승정원일기』 고종 35년[1898] 11월 8일)

결국 고종은 한기동의 상소를 윤허할 수밖에 없었다. 그러면서 "이렇게 어렵고 근심스러운 때에 경에게 이 직임職任을 제수한 것은 짐에게 생각이 있어서였다"며 아쉬움을 토로하기도 했다(『승정원일기』 고종 35년 12월 20일).

이 소식은 '초토신草土臣 한기동 찬정贊政 사직소'라는 제목으로 대한제국 관보(1898년 12월 21일)와 『매일신문』(1898년 12월 22일)에 실렸다.[3] '초토신'이란 부모의 상중에 있는 신하를 지칭하는 말이다. 고종은 대체 얼마나 다급했기에, 아니 대체 한기동을 얼마나 신뢰했기에 상중임에도 그를 곁에 부르려 했던 걸까?

3년여 뒤, 고종의 잇단 러브콜은 어쩔 수 없이 중단될 수밖에 없었다. 1902년 봄 한기동이 58세의 나이로 세상을 등졌기 때문이다. 당시 황현은 『매천야록』에서 그에 대한 평판을 이렇게 남겼다.

> 3월, 전 참판 한기동이 사망했다. 한기동은 갑오경장(고종 31) 이후 집에 들어앉아 모든 일을 사절하고 청명淸名을 떨친 채 작고하여, 세상 사람들은 그를 고상하게 여기었다.[4]

앞서 밝혔듯이, 이석영과 한기동의 선대는 정치적 입장이 크게 엇갈렸다. 두 사람의 양부들은 흥선대원군을 중심으로 서로 반대의 위치에 있었고, 이에 따라 조정에서 심한 부침을 겪기도 했다. 그러나 당대에는 양상이 달랐다. 이석영과 한기동은 정국을 보는 시선이 비슷했고, 무엇보다도 대의大義를 중시하고 지키려 노력했다. 벼슬이나 지위를 이용해 이익을 추구하거나 다른 이를 억누르지도 않았다. 왕의 부름을 받을지라도 자신의 신념이나 신의에 어긋나면 굽히지 않는 꿋꿋한 면모도 닮았다. 어쩌면 두 사람은 배경과 나이를 떠나 서로에게서 선비로서 동질감을 느끼고 상대를 존중하게 되었던 것이 아니었을까? 그렇기에 "이석영의 자제라면", "한기동의 여식이라면" 하며 기꺼이 사돈의 언약까지 맺게 되었던 것이 아닐까 싶다.

당시 사대부가의 혼사는 집안끼리 일찌감치 정혼定婚하는 경우가 많았다. 아마도 이규준과 한평우의 혼약도 한기동 생전에 맺어졌을 것이다. 그렇다면 한기동이 별세한 뒤에도 해묵은 혼약은 그대로 지켜진 것인데, 여기서 이석영의 남다른 면모를 엿볼 수 있다.

혼맥으로 가문의 아성을 두터이 하는 것은 그 시절 권문세가의 관행이자 상례였다. 그러나 이석영은 상대 가문의 위세가 아니라 가풍과 사람됨을 보았다. 그리고 한기동과의 신의를 초지일관 지켜냈던 것이다.

이규준과 한평우의 혼례

양자로 출계한 이석영과 마찬가지로, 아마 생전에 한기동도 후사를 이어야 한다는 부담감이 매우 컸을 것이다. 하지만 그는 내리 딸만 셋을 얻게 되는데, 그중 막내딸이 바로 이규준의 반려 한평우였다(한기동은 후에 가까운 조카 한경우韓畊愚를 양자로 들여 대를

이었다).

청주한씨 집안에서 전해지는 바에 따르면, 한평우는 영민하고 활달한 성격의 여성이었던 것 같다. 어른들 어깨 너머로 글을 익혀 어려서부터 한문을 읽고 쓰는 데 불편함이 없었고, 아버지의 간절한 바람을 곁에서 보았기 때문인지 그 자신도 "내가 아들로 태어났으면" 하며 주위에 아쉬움을 토로하기도 했다고 한다.

갑오개혁 당시의 사직 상소에도 서술되어 있듯이, 한기동의 고향은 강원도 원주다. 집안이 오랜 기간 뿌리내린 원주시 부론면에는 청주한씨 집성촌이 형성되어 있었고, 그 일대가 한기동을 포함한 한씨 일가의 소유지였다.

대대로 상속받은 논밭 등 재산이 상당했는데, 그중에는 99칸짜리 한옥도 포함되어 있었다. 이 한옥은 한기동의 10대조인 실학자 한백겸韓百謙 대에 지어진 것으로, 원주 지역에서는 '어장군의 전설'이 깃든 장소로도 알려져 왔다(한백겸이 어장군 부부의 방치된 시신을 수습해주자 어장군이 집터를 잡아주었는데, 여기에 99칸짜리 집이 들어서게 되었다는 게 전설의 내용이다).

한씨 가문의 99칸짜리 한옥은 6·25전쟁 때 미군부대의 본부로 쓰이기도 했으나 결국 포화 속에서 소실되고 말았다. 현재는 그 터에 밭이 들어서 있다.

원주시 부론면 일대에서 전해지는 99칸짜리 한옥 이야기는 한기동 일가 또한 상당히 부유한 집안이었다는 것을 알려준다. 한평우의 어머니 기계유씨는 아버지 없이 여식을, 그것도 막내딸을 삼

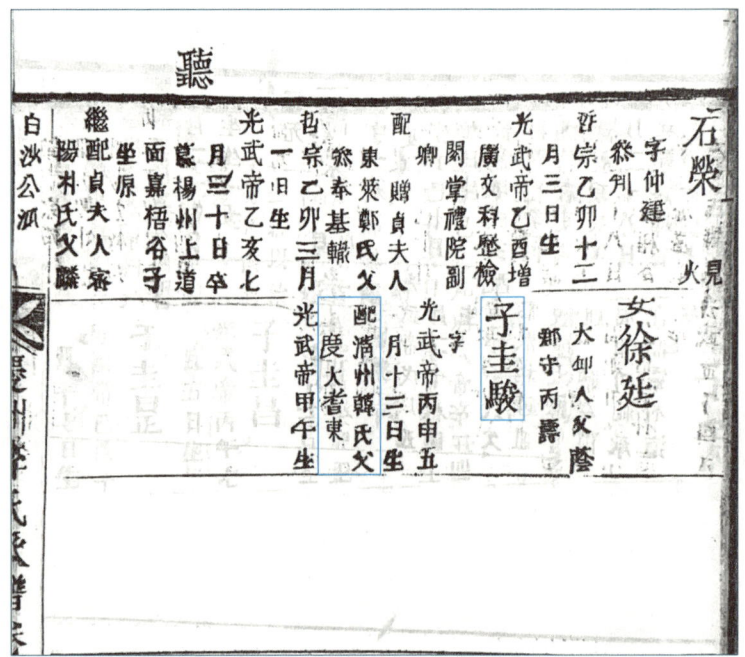

1910년 봄에 발행된 '경주이씨 세보'에는 이규준의 배우자가 청주한씨이며, 그 아버지가 탁지대신度大 한기동이라고 기록되어 있다. 이 기록으로 보아 이규준은 만 14세가 채 되기도 전에 한평우와 혼인했다. (국립중앙도서관 소장)

한갑족의 명문가에 시집보내는 터라 혼수에 갖은 정성을 다했다. 양자로 들어와 대를 이은 한경우도 마찬가지였다. 동생 한평우가 혹시 시댁에 책잡힐까봐 염려해 집안의 여느 혼사보다도 예물에 세심하게 신경을 썼다고 한다. 당시 신랑집으로 보내는 혼수 예물 행렬을 지켜보았던 한씨 집성촌의 종가 맏며느리는 "예물을 담은 수레 마차가 끝이 안 보일 정도로 이어졌다"고 생전에 술회한 바 있다.

한평우는 여성이 "아무 가문의 딸", 즉 성씨로만 기재되던 근대와 "아무개"라는 이름으로 불리게 된 현대, 두 시대의 경계에 살았던 사람이다. 아마도 그녀가 청주한씨 집안의 "평우"라는 이름을 비교적 일찍 사용할 수 있었던 것도 이러한 시대적 배경과 함께 시댁이 '깨어 있는 선비' 이석영의 집안이기에 가능했을 것으로 보인다.

훗날 이석영과 맏아들 이규준이 꿈꾸던 새로운 조국은 과거와 같은 왕정 국가가 아니었다. 주권이 국민에게 있는 공화국이었다. 이들이 머나먼 이국땅에 이주해 나라를 되찾으려 투쟁하고 헌신한 이유도 여기에 있었다. 적서와 남녀의 차별이 없는 평등한 세상으로 향하는 이 길을 한평우도 기꺼이 함께 걸었을 것이다.

집안에서 전해지는 이야기에 따르면, 중국 망명 중에 한평우는 수차례 국내에 들어와 이석영가家에서 미처 받지 못했던 토지 매각 미수금 등을 받아오는 역할을 했다고 한다. 남성에 비해 여성이 상대적으로 일제 경찰의 주목을 덜 받았기 때문에, 실제로 망명가 집안에서 여성들이 독립운동 자금을 지니고 국경을 넘는 경우가 적지 않았다.

하지만 이규준과 한평우의 인연은 평생으로 이어지지 못했다. 자세한 곡절을 알 수는 없으나, 훗날 두 사람은 세 딸을 남겨두고 결별해 각자의 길을 가게 된다. 그러므로 '반생半生의 반려伴侶'라는 표현이 적당할 듯하다.

제4장

원대한
꿈을
향해

경술국치의 해가 저물어가던 1910년 12월 어느 날, 이석영과 저동 형제들은 식솔들을 이끌고 머나먼 이국땅을 향해 길을 나섰다. 목적지는 압록강 너머 서간도의 험지. 언제 돌아온다는 기약 하나 없는 쓸쓸하고 숙연한 여정이었다. 선조들이 수백 년간 뿌리내린 조국을 떠나는 일이, 그것도 명망 높은 사대부 집안의 형제들이 다 함께 기반을 포기하고 망명에 나서는 것이 결코 쉬울 리 없었다. 저동 육형제는 대체 어떻게 용단을 내릴 수 있었을까?

우선, 형제들 사이에는 빼앗긴 나라를 되찾아야 한다는 절실한 공감대가 형성되어 있었을 것으로 보인다. 멀리는 임진왜란 때 국난 극복 과정에서 선조 이항복이 보여주었던 의와 충절의 정신이, 가까이는 을사늑약 당시 아버지 이유승이 드러냈던 항일의 결기가 저동 육형제의 생각에 적잖이 영향을 미쳤을 것이다. 여기에 구국운동을 벌이던 이회영과 이시영의 열정과 포부도 형제들의 마음을 움직였을 것이다.

하지만 더 현실적으로는, 저동 육형제의 실질적인 리더이자 막대한 재력가였던 이석영의 결단이 중요한 동인動因으로 작용했을 것으로 보인다. 무엇보다도 그의 재정적 뒷받침 없이는 국외 이주를 감행하기가 쉽지 않았을 것이기 때문이다. 중국 상해에서 발간되던 『한민韓民』에 실린 「서간도 초기 이주와 신흥학교시대 회고기」에는 당시 상황이 이렇게 서술되어 있다(『한민』은 김구 등이 중국 절강성浙江省 항주杭州에서 창당한 민족주의 정당인 한국국민당의 기관지다).

신민회의 간부회의 결과로 서간도의 한 지방을 선택하여 거기에 동지들을 이주시키고 무관학교를 설립하여 무관을 양성하기로 결정하였다. 그래서 이동녕 씨를 서간도로 보내어 지점地點을 선택하게 하였는데, 이 사명을 맡은 이씨는 경술년 7월(바로 합병되기 직전)에 떠나 서간도 환인현桓仁縣 등지를 시찰하고 돌아와 보고하였다.

이때는 벌써 합병이 된 뒤이므로 급급히 동지를 이주시키기로 결정하고 우선 근거지 설정에 필요한 자금을 내놓을 사람을 구하였는데, 동지 중 이회영 씨와 그의 계씨(아우) 이시영 씨의 소개와 권고로 그의 중씨(둘째 형) 이석영 씨의 동의를 얻었다.

그네 형제들 중에는 이석영 씨가 재산이 있었는데 그는 일찍이 과거에 합격하고 벼슬길에 올랐다가 국사가 글러짐을 보고 괘관掛冠(벼슬을 내놓고 물러남) 은퇴하여 울분으로 지내던 터이므로 곧 응낙하고 전 재산을 쏟아부어 7형제의 전 가족을 데리고 서간도로 이주하기로 결정하였다.[1]

망명을 준비하다

이동녕의 서간도 답사에는 이회영도 동행했다. 국내로 돌아온 이회영은 1910년 8월(음력) 어느 날 저동 형제들과 회합을 가졌다고 한다. 이 자리는 답사 보고 등 그간 진척된 상황에 대한 설명을 듣고 가문의 진로를 최종 결정하는 중대한 논의의 장이었을 것이다. 이미 강제로 한일병합 조약이 발효된 터라 저동 육형제의 마음은 격앙되고 심사는 복잡했을 것이다.

이정규·이관직의 『우당 이회영 약전』에는 이날 회합에서 이회영이 형제들을 설득해 서간도 이주가 결정된 것으로 기록되어 있다. 하지만 저동 육형제, 특히 이석영과 이회영·이시영은 사실상 그 이전부터 망명에 대한 교감을 나누고 이주를 준비해왔다고 보는 것이 타당할 듯하다. 이석영이 오랜 기간 두 동생과 신진 개혁 인사들의 후견인 역할을 해온 데다 '형제 회합' 훨씬 이전부터 자신이 소유한 부동산을 점검하고 일부를 매매하는 등 재산 정리에 나선 정황이 있기 때문이다.

더욱이 이석영의 동생 이회영·이시영이 어린 시절부터 뜻을 같이한 이상설·이동녕 등과 망명, 국외 독립군 기지 등에 대한 논의를 시작한 것은 을사늑약 이듬해, 조선통감부가 설치된 직후부터였다. 저동 형제들과 특별한 관계였던 이상설·이동녕 등이 1906년 만주에 한국 최초의 신학문 민족교육기관인 '서전서숙瑞甸書塾'을 개소한 것으로 보아, 이 시기에 국외 항일민족교육기관의 설립 문제도 논의되었을 것으로 여겨진다. 물론 이석영도 구국 인재를 키우려는 이러한 움직임을 익히 알고 있었을 것이다.

1907년 4월 30일 『대한매일신보』에는 이례적인 내용의 광고가 실렸다.

> 전 참판(종2품의 관직) 이석영 씨의 황해도 재령군 천일촌, 국화촌, 구량촌 소재 장토莊土(개인 소유 논밭)를 난류배(불법한 짓을 마구 하는 무리)가 문권文券(땅이나 집 등의 권리를 증명하는 문서)을 위조해 3,000원에 팔겠다 운운하니 내외국인은 일체 사기당하지 마시오. 집안사람 김진국 고함.[2]

이 무렵 이석영은 여러 곳에 산재되어 있는 집안의 땅들을 하나씩 점검하고 있었던 듯하다. 그러다 재령군 소재 논밭을 둘러싼 사기 행각을 파악하고 급히 단속에 나섰던 것이다. 피해자가 발생하고 법적 분쟁이 벌어질 경우 자칫 오랜 기간 재산이 묶일 수도 있는 상황이었다. 이석영이 자기 돈까지 들여 신문에 광고를 냈던 까닭은 무엇일까? 심지어 이 광고는 7차례나 『대한매일신보』에 실렸다. 단순히 사기를 막으려 했던 것일 수도 있다. 그게 아니라면, 재산 정리를 염두에 두고 사전에 문제의 소지를 없애려 했던 것이 아니었을까?

공교롭게도 그 이듬해에 이석영은 자기 자신이 사기 사건에 휘말리고 만다. 상속 재산 중 하나인 한강가의 정자 천일정天一亭을 집안의 종손에게 빌려주었는데, 종손이 들인 세입자가 매입을 했다며 정자를 점거하는 사태가 벌어진 것이다. 재산을 점검하던 중 뒤늦게 정황을 파악한 이석영이 가옥 반환 소송을 제기하니, 이것이 '천일정 반환 소송'이다.

이석영은 경술국치의 해인 1910년 '저동 육형제의 회합'이 있기 두 달 전에도 상당 규모의 땅을 처분했다. 그해 6월 초 양주군 화도읍 가곡리 임야 577정보(약 173만 평 규모)와 대지 35만 6,000여 평을 서둘러 매각한 것이다.³ 매수자를 물색해 실제 계약이 이루어지는 데까지 걸리는 기간을 감안하면, 이석영은 서간도 답사 훨씬 이전부터 이미 재산 정리에 나섰던 것으로 보인다. 이는 그간 알려진 바와는 달리, 이석영이 상당히 적극적으로 망명을 준비해 왔다는 사실을 시사하는 대목이기도 하다.

친일파에게 빼앗긴 '이항복' 정자

'천일정'은 이석영이 홍엽정과 함께 양부 이유원에게서 물려받은 한양의 대표적인 정자였다. 지금의 한남동과 옥수동 사이 한강가에 자리 잡아 강과 산(남산)을 아우르는 아름다운 풍광으로 시인 묵객들의 발길이 끊이지 않았던 곳이기도 하다. 조선의 명재상 황희의 손자사위인 김국광金國光이 처음 이곳에 정자를 지었고, 그 뒤 백사 이항복이 소유하여 그의 사랑채가 이 자리에 있었다고 전해진다. 이유원은 시문집 『가오고략』의 「천일정기天一亭記」에서 자신이 이항복의 자취가 깃든 한강변 남산 응봉의 아랫마을에 있는 작은 집을 구입해서 증축해 정자를 세웠다고 술회한 바 있다.

그런데 1908년 천일정은 뜨거운 쟁송爭訟(서로 다투어 송사함)의 대상이 된다. 이석영이 당시 천일정을 점유하고 있던 친일 인사 민영휘閔泳徽를 상대로 '가옥 반환 청구 소송'을 제기한 것이다. 대체 어떤 사연 때문이었을까?

양부 이유원에게서 천일정을 상속받은 후 이석영은 본가의 종손인 이조영李曺榮에게 이 정자와 부속 가옥을 무상으로 빌려준다. 자신은 양주 가오곡에 있는 집에 살고 있기에 집안사람을 배려한 것이었다. 그런데 민영휘가 이 정자에 눈독을 들이면서 사달이 나고 만다. 민영휘는 천일정을 임차한 뒤 교묘한 계책을 냈다. 먼저 사람을 시켜 2만 냥짜리 어음을 이조영에게 보냈다. 이조영이 받을 이유가 없다고 돌려보내자, 이번에는 액수를 줄여 '호의에서 주는 증여금'이라며 7,000냥을 다시 보내왔다. 결국 이 돈을 끝까지 거절하지 못한 게 화근이 되었다. 이를 기화로 민영휘가 정당한 거래로 매입했다고 주장하며 천일정을 점거한 것이다.

뒤늦게 사정을 파악한 이석영은 민영휘에게 천일정의 반환을 요구했다. 그러나 민영휘가 이를 거부하자 마침내 송사를 제기하게 되었던 것이다. 천일정 소송 예심(1심) 판결은 1908년 12월에, 복심(항소심) 판결은 1909년 4월에 내려졌다. 결론은 두 번 모두 이석영의 패소였다.[4]

이석영 측은 천일정이 자리 잡은 곳은 한양 근방에서 제일 좋은 경승지景勝地로 겨우 7,000냥에 매도할 이유가 없다는 점, 거래 당사자라는 이조영은 임차인에 불과해 매도 자체가 성립하지 않는다는 점 등을 반환 사유로 들었다. 하지만 예심·복심을 맡은 일본인 재판장들은 가짜 증인들까지 내세운 친일파 민영휘의 손을 들어주었다. 복심 재판장 야마구치 사다마사山口貞昌는 훗날 '일왕 투탄投彈 의거 사건' 재판에서 이봉창李奉昌 의사의 관선 변호를 맡았던 인물이기도 했다.

이 무렵은 이석영이 후일을 기약하며 집안 재산을 정리하기 시작했던 시기로 보인다. 이조영에게 빌려준 뒤 십수 년간 소유권을 행사하지 않다가 1909년을 전후해 천일정 송사를 제기한 배경도 여기서 찾는 게 타당할 듯하다. 이석영에게는 천일정 반환 소송의 패소가 무척 뼈아팠을 것이다. 왜란을 극복했던 선조 이항복의 자취가 깃든 유산을 친일파에게 빼앗긴 것도 그러하고, 무엇보다도 구국 투쟁에 적잖이 도움이 될 자산을 잃게 된 것도 그러했을 것이다.

민영휘는 1907년 헤이그 밀사 사건 때 고종에게 그 책임을 지고 왕위에서 물러나라고 압박했던 장본인이다. 일본 세력을 등에 업고 천일정 송사에서 승리한 후 그는 친일 행각을 더욱 노골화했다. 국권 피탈에 앞장선 대가로 강제 한일병합 직후인 1910년 10월 일본 정부에서 자작 작위를, 그 이듬해 초에는 은사금 5만 원을 받았다. 그리고 이 돈과 권력을 이용해 각지에서 토지를 사들여 막대한 부를 축적했다. 억만금의 재산을 독립운동에 쏟아부어 기꺼이 빈털터리가 되었던 이석영과는 정반대의 행보였다.

집단 이주 작전

이석영과 형제들의 서간도 이주는 긴박한 첩보 작전을 방불케 했다. 먼저 비밀리에 망명 자금을 마련하는 일이 급선무였다. 저동 육형제는 한양과 경기도 일대에 있는 토지와 가옥을 일제의 눈을 피해 서둘러 매각했다.

이른바 '급매물'로, 그것도 비공식적으로 부동산을 내놓으니 제값을 받을 리 없었다. 비교적 일찍부터 재산 정리를 시작했던 이석영에게도 사정은 마찬가지였다. 지금의 남양주, 평택 등지에 산재된 전답이 워낙 방대해 매각하는 데 애를 먹었다. 산출이 많은 알짜 논밭을 시세보다 헐값에 파니 일부 지역에서는 "경주이씨(이석영) 집안이 망했다"는 소문까지 나돌았다.

비밀리에 전답과 가옥, 부동산을 방매放賣(내놓고 팖)하는데, 여러 집이 일시에 방매를 하느라 이 얼마나 극난하리오. 그때만 해도 여러 형제 집이 예전 대가의 범절로 남종, 여비가 무수하고 군신좌석君臣座席(군주와 신하의 자리)이 분명한 시대였다. 한 집안의 부동산 가옥을 방매해도 소문이 자자하고 하속下屬의 입을 막을 수 없는 데다 한편 조사는 심했다.[5]

육형제가 거처하던 명동(저동)의 집들과 토지는 한양에서도 손꼽히는 노른자위 부동산이었다. 하지만 그중 상당 부분은 매각을 포기하고 떠날 수밖에 없었다. 자칫하면 매각 사실이 금세 들통나 망명 계획을 망칠 우려가 있었기 때문이다. 그럼에도 저동 육형제가 재산을 처분해 마련한 자금은 당시 화폐로 40만 원에 달했다. 그중 대부분은 이석영이 물려받은 전답과 가옥을 팔아 마련한 것이기도 했다(이석영과 형제들이 남겨놓은 명동의 부동산은 불과 1~2년 뒤 조선총독부에 귀속된다).

망명 전야

저동 육형제는 만주로 떠나기 전에 노비 문서를 불태워 집안의 노비들에게 자유를 주었다. 그러나 이들 중 20명 정도는 육형제를 따라 만주로 가겠다고 자청했다. 이석영이 이끈 이주 집단이 형제들의 가족과 가솔 등을 포함해 60여 명에 이르게 된 배경이다.
1894년 갑오개혁 이후 신분제가 철폐되면서 노비는 법제상으로는 사라진 상태였다. 하지만 사대부 집안에서는 여전히 노비를 재산의 일부로 취급하는 게 관행이었다. 저동 형제들이 삼한갑족의 기득권을 포기하고 꿈꾸었던 새로운 나라는 차별로 가득 찼던 조선이 아니었다. 모든 사람이 자유를 누리고 평등하게 대우받는 세상이었다. 저동 형제들이 '어제 노비라 칭해졌던 이들'에게 기꺼이 곁을 내준 이유도 여기에 있었다.

60여 명에 이르는 '대가족'이 비밀리에 이동하기 위해서는 치밀한 준비가 필요했다. 무엇보다도 재산 처분과 이주 계획에 대한 '보안'을 유지하는 게 관건이었다. 이시영의 측근으로 대종교 활동도 함께했던 박창화朴昌和의 회고다.

> 우선 철모르는 아동들로부터 형제자매가 서로 만나도 남에게 수상한 눈치를 띠지 않도록 특히 지휘指揮를 시켜가며, 또는 큰 집은 작은 집으로, 작은 집은 사글세로 매매 교환을 한 것이다. 그리고 지친골육至親骨肉(가까운 혈족)이라도 동행 못할 사람에게는 일절 예정 행방을 널리 알리지 않고 가족 50~60명을 6~7대로 편성하여 12월 13일경 남대문 용산과 장단長湍, 여러 역에서 차제次第(차례)로 차를 타게 한 것이다.[6]

이주 작전은 은밀히 진행되었다. 대가족을 여섯 또는 일곱 집단으로 나눠 서로 다른 역에서 기차를 타고 신의주까지 도착하도록 했다. 신의주에는 주막으로 위장한 연락사무소가 마련되어 있었다. 일행들은 이곳에서 대기하다 일본 경찰의 감시가 뜸한 새벽 3시쯤에 중국인 안내자가 모는 썰매를 타고 얼어붙은 압록강을 건넜다.

칼바람이 몰아치는 어두컴컴한 새벽에 가슴 졸이며 국경을 넘는 일을 사대부가의 사람들이 언제 상상이라도 해보았을까? 썰매가 삐거덕거리며 얼어붙은 돌과 부딪히기만 해도 소스라치며 주위를 둘러보았을 것이다.

> 아해를 데리고 떠나서 신의주 도착하여 몇 시간 머물다가 새벽에 안동현에 도착하니 영석장(이석영의 호 '영석'의 높임말)께서 마중 나오셔서 반기시며 무사히 넘어 다행이라 하시던 말씀 지금도 상상이 되도다.[7]

서간도로 가는 여정 중에 이석영은 일행보다 앞서 행선지에 도달하기도 했다. 초로의 나이에도 스스로 선발대의 역할을 한 것인데, 이는 자신이 이끄는 대가족의 안위에 대한 책임감 때문이었을 것이다. 이석영은 이들 대가족이 국경을 넘을 때에도 앞에 있었다. 형제들보다 먼저 강을 건너가 신의주 맞은편에 있는 안동安東에서 일행이 무사히 오기만을 기다렸다. 아마도 아들 이규준과 며느리 한평우도 그의 곁에서 발을 구르며 이국땅에서 맞는 망명의 첫날을 보내고 있었을 것이다.

당시 이석영의 셋째 동생 이시영은 형제들 중 가장 마지막으로 남대문에서 기차에 오르며 이렇게 다짐했다고 한다. 아마 다른 형제들의 각오도 이와 다르지 않았을 것이다.

> 내가 이 문으로 다시 들어올 날이 없다면 자자손손이라도 들어올 날은 있으리라. 그리고 내가 이 문을 나설 이 시간으로부터는 별별 고초와 역경을 당하더라도 하늘을 원망하고 남을 탓하지 아니하리라.[8]

공교롭게도 먼 훗날 조국이 광복을 맞았을 때, 저동 육형제 중 남대문 앞에 다시 설 수 있었던 이는 이시영뿐이었다. 이석영과 형제들, 이규준과 한평우 앞에는 그만큼 가혹한 미래가 기다리고 있었다.

그 많은 책에 일일이 인장을 찍은 까닭

이석영이 물려받은 재산 중에는 수많은 책도 포함되어 있었다. 양부 이유원의 집안은 조부 이석규李錫奎 때부터 장서가로 이름을 알렸는데, 이유원의 대에 이르러서는 그간 수집한 책이 수천 권에 이를 정도였다. 이유원이 은거하기 위해 경기도 양주 가오곡에 지은 별장(가오별업嘉梧別業) 장서고에는 그 많은 책이 고스란히 보관되어 있었다.

이석영은 망명 전 재산을 처분하는 과정에서 당시 소장하던 서적을 모두 육당六堂 최남선崔南善에게 헐값에 넘긴 것으로 전해진다. 아마도 선비의 마음으로는 전답을 파는 것보다 책을 처분하기가 더 어려웠을 것이다. 대대로 내려오던 소중한 고서를 타인에게 넘겨주는 것이 아쉬웠기 때문일까? 이석영은 책마다 급히 날인한 것으로 보이는 '李印/石榮(이인/석영)'을 빠짐없이 찍어 그 자취를 남겨 놓았다. 현재 육당문고에는 1만 2,000여 권의 고서가 남아 있는데, 그중 상당량의 서적에 이석영의 인장印章이 날인되어 있는 것으로 확인되었다. 이석영은 모두 네 종류의 인장을 사용했는데, 이 가운데 원형의 인장에는 '信行如言(신행여언, 말한 바와 같이 성실히 행함)'이라는 글자가 새겨져 있었다.[9]

이석영의 장서 처분과 관련해 한 가지 짚어볼 부분이 있다. 소장하던 책을 헐값으로 넘겨준 대상이 왜 육당 최남선이었을까? 당시 최남선은 도산 안창호와 함께 '청년학우회' 활동에 깊이 관여하고 있었다. 1909년 설립된 이 단체는 순수 수양 단체를 표방했지만, 사실상 신민회의 합법적인 외곽 단체 역할을 했다. 최남선이 주관하는 잡지 『소년』을 발간한 곳도 청년학우회였다.

이석영은 신민회 몇몇 인사를 물밑에서 후원하면서 안창호와 최남선과도 알게 되었을 것이고, 이런 인연으로 소장 서적을 최남선에게 처분했을 것이다. 더욱이 최남선은 1910년 박은식朴殷植 등과 조선광문회朝鮮光文會를 설립해, 고전을 간행하고 귀중한 문서를 수집·보존하는 활동에 나서고 있었다.

책을 넘기기 전, 수많은 서적에 일일이 인장을 찍고 있었을 이석영의 모습을 떠올려보면 만감이 교차한다. 아마도 그는 살아서 조국에 돌아온다면 책을 반드시 회수하려는 마음이 있었을 것이다. 선대의 손때가 묻은 고서들을 자신 또한 후대인 아들 규준에게 물려주고 싶기도 했을 것이다.

이유원은 시문집 『가오고략』에서 「가오실장서기嘉梧室藏書記」라는 제목으로 이런 취지의 글을 남겼다.

책을 모으는 일보다 그 책을 읽는 일이 더 중요하고, 책을 읽는 일보다 책을 통해 얻은 지식을 행동으로 옮기는 것이 더 중요하다.

결국 이석영은 수많은 장서를 되찾을 수 없었지만, 훗날 하늘나라에서 마주했을 양부 이유원은 그를 결코 꾸짖지 않았을 것 같다. 누구보다도 책에서 얻은 지식을 잘 실천해, 물려준 책들을 더 가치 있게 만들어준 사람이 바로 아들 이석영이었기 때문이다.

제5장

또
다른
천명

　이석영과 형제들의 비밀 이주 작전은 성공적이었다. 일제는 저동 육형제의 서간도 망명을 한동안 눈치채지 못했다.

　경술국치일(8월 29일) 한 달여 뒤인 10월 1일, 일제는 제1대 총독을 비롯해 정무총감, 사법부 장관 등 조선총독부 주요 관직에 대한 대대적인 인사를 단행했다. 친일파 고위 인사들의 집결체인 중추원 관료 임용도 이날 함께 이루어졌다. 그런데 공교롭게 중추원 부찬의 명단에 종2품 이시영의 이름이 올랐다. 또한 이시영은 1911년 1월에는 조선총독부 취조국 위원으로도 임명되었다. '거사'를 성공시키기 위해 그가 얼마나 철두철미하게 처신했는지 짐작할 수 있는 대목이다. 일제가 뒤늦게 사태를 파악한 것은 그해 입춘이 지나서였다. 이시영에 대한 면관免官(관리의 직책에서 물러나게 함) 인사는 그해 3월 3일『관보』에 발표되었다.[1]

이 무렵, 저동 육형제와 가솔들은 목적지인 류하현 삼원보 추가가鄒家街에 이미 도착해 있었다. 안동현에서 마차로 500리(약 196킬로미터) 길을 달려 임시 거처인 횡도천橫道川까지 간 뒤, 그곳에서 10여 일 체류하다 최종적으로 진입한 곳이 바로 삼원보였다. 삼원보는 횡도천에서 600리(약 235킬로미터) 더 들어가야 하는 험지였고, 추가가는 이보다 외진 곳에 있었다. 당시에도 이석영은 이회영·이시영 두 동생과 함께 먼저 삼원보로 가서 주변 입지를 살펴보고 일행이 머물 거처를 구했다. 이석영이 움직여야 하나씩 일이 성사되는 구조였다. 이은숙의『서간도 시종기』에는 이때 이석영이 가족과 동행했다고 하니, 아들 규준 부부를 함께 데려갔을 것이다.[2] 이들 부자는 눈앞에 펼쳐진 드넓고 황량한 산야를 바라보며 과연 무엇을 떠올렸을까? 풍요롭고 안락했던 과거였을까, 아니면 막막하지만 가슴 벅찬 미래였을까?

추가가에서 생긴 일

그로부터 한 달여에 걸쳐 삼원보에 애국 망명객들이 속속 합류했다. 신민회에서 국외 독립운동 기지를 삼원보 추가가에 세우기로 결정한 후 각지의 명망가들에게 이주를 권했기 때문이다. 경북 안동 지역 유림 등 대가족을 이끌고 삼원보로 이주해온 석주石洲

이상룡李相龍과 일송一松 김동삼金東三이 대표적이었다.

이상룡은 신민회 회원인 주진수와 황만영黃萬英에게서 독립운동 기지에 대한 계획을 듣고 서간도 망명을 감행했다. 구한말 의병 항쟁과 계몽운동을 벌였던 그는 훗날 임시정부 초대 국무령을 지내기도 한다. 당시 함께 망명한 안동 '혁신유림의 대부' 백하白下 김대락金大洛은 그의 처남이기도 했다. 안동에서 민족 계몽운동을 하던 김동삼은 만주로 망명한 뒤 신흥무관학교와 사실상의 독립군 병영인 백서농장 건립에 깊이 관여했다. 그 후 서로군정서의 참모장 등을 맡으며 서간도에서 항일독립투쟁 활동을 이어간다. 이들 외에도 나라가 일제에 강점되자 평안도와 황해도 일대에서 국경을 건너온 망명자도 적지 않았다.

인생 후반기의 천명

당장 해야 할 일들이 산적해 있었지만, 가장 시급한 일은 항일독립군 기지를 건설하고 재만在滿 한인들의 민족의식을 고취하는 것이었다. 삼원보에 모인 망명 지사들은 지속적으로 이 일을 추진하기 위해서는 재만 한인들의 구심점 역할을 할 자치기구가 필요하다는 데 뜻을 같이했다. 이러한 배경 아래서 그해 4월 류하현 삼원보 고산자孤山子에서 민주적 집회의 성격을 띤 노천 군중대회가 열리게 된다.

이 대회에서는 300여 명의 이주 한인이 모인 가운데 이동녕을 임시의장으로 선출해 당면한 현안과 향후 과제에 대해 열띤 논의를 벌였다. 그 결과 다음과 같은 5개 조항이 의결된다.

첫째, 민단적 자치기관의 성격을 띤 경학사耕學社를 조직한다.

둘째, 전투적인 도의道義에 입각한 질서와 풍기를 확립한다.

셋째, 개농주의皆農主義에 입각한 생계 방도를 세운다.

넷째, 학교를 설립해 주경야독의 신념을 고취한다.

다섯째, 기성 군인과 군관을 재훈련해 기간 간부로 삼고, 애국 청년을 수용해 국가의 동량棟梁 인재를 육성한다.

이에 따라 경학사의 주요 직위에 대한 인선人選도 이루어졌다. 경학사 사장으로는 이철영李哲榮, 부사장에 이상룡, 서무에 김동삼·이원일李源一, 학무에 이광李光·여준呂準, 조직에 주진수·김창무金昌武 등이 선임되었다. 여기서 눈여겨볼 인물은 사장 이철영이다. 이철영은 저동 육형제 중 셋째로, 이석영의 바로 아래 동생이다. 두드러진 행적 없이 형제 중 무난한 편이었던 그가 경학사의 사장으로 선임된 까닭은 무엇이었을까?

이석영 형제 대가족이 삼원보의 한인 사회에서 차지하던 위상과 비중을 감안하면, 이철영은 저동 육형제를 대표하는 것으로 인정받아 사장에 선임되었다고 보는 게 타당하다. 그렇다면 왜 이철영이었을까?

당시 첫째 이건영李健榮은 환갑을 앞둔 나이로 바깥일에서 손을 떼던 시기였다. 순리적으로 보자면, 둘째이자 실질적으로 형제들을 이끌던 이석영이 사장 물망에 올랐을 것이다. 그러나 이석영은 전면에 나서는 것을 사양했고, 자연스레 셋째 이철영에게 중책을 맡기게 된 것으로 보인다. 이석영은 경학사 발기인 명단에 이름을 올릴 때에도 이상룡에게 맨 앞자리를 양보했다. 그가 이상룡보다 세 살 위이고 이주 망명객들 중 가장 영향력이 컸던 것을 감안하면, 이석영의 품성을 미루어 짐작할 수 있다.

사실, 이석영은 갑오개혁 이후부터 은인자중隱忍自重(자신을 드러내지 않고 참으며 신중하게 행동함)하는 생활을 해왔다. 고종이 높은 관직을 연이어 내렸지만 부름에 응하지 않았다. 자신을 내세우지 않고 두 동생을 비롯해 신진 개혁가들을 뒤에서 돕고, 육영 사업으로 나라의 동량을 키우는 것을 인생 후반기 자신의 천명으로 여겼을 뿐이다.

감투와 명예에 초연했던 그의 행적으로 보아 경학사 설립 때 전면에 나서지 않은 것은 너무나 '이석영다운' 처신이 아니었을까 생각된다. 묵묵히 지사들의 뒤를 받쳐주고 나라를 구할 인재를 키우는 그의 과업은 후에 신흥무관학교의 설립으로 이어진다. 그때에도 이석영을 대신해 교장을 맡았던 이는 이철영이었다(1914년). 또한 훗날 이석영은 이재理財에 밝고 심성이 바른 막냇동생 이호영李護榮에게는 신흥무관학교 재무 업무를 전담하도록 맡겼다. 동생들이 잘할 수 있는 일을 찾아 맡기고, 변함없는 믿음으로 뒤를 받쳐주는 것, 그것이 바로 이석영식 리더십이기도 했다.

논밭을 갈며 항일무장투쟁을 준비하다

경학사는 무엇보다도 재만 한인들의 민생과 민족교육에 주안점을 두었다. 경학耕學이라는 뜻 그대로, 낮에는 일하고 밤에는 공부하며 민족의식을 고취해 항일독립투쟁의 국외 기반을 마련하려 했던 것이다.

이석영 형제들과 함께 경학사 설립을 주도했던 이상룡은 그의 시문집 『석주유고石洲遺稿』의 '경학사 취지문'에서 당시 망명 지사들이 품었을 뜨거운 결기를 이렇게 전했다.

차라리 칼을 빼어 자결하고 싶어도 그러면 내 몸을 죽여 적을 기쁘게 할 염려가 있다. 음식을 끊어 굶어죽을지언정 어찌 차마 나라를 팔고 이름을 팔겠는가. 다시 힘을 길러 끝내 결과를 보아야 한다.

경학사는 군사와 농사를 병행하는 '병농제兵農制'를 채택했다. 황무지를 개간해 농사를 짓고 부설기관으로 신흥강습소를 설립해 구국 인재를 키우는 데 주력했다. 이를 통해 독립군 기지를 마련하고 무장항일투쟁에 나서는 것이 최종 목표였다.

신흥강습소는 1911년 6월 10일 류하현 삼원보 추가가 마을의 한 허름한 옥수수 창고에서 역사적인 개교식을 열었다. 거적때기 바닥 위에서 가르침과 배움이 시작되었다. 초대 교장은 신민회의 창건 위원인 이동녕이 맡았다. 신흥新興이란 이름은 신민회의 '신'

자와 다시 일어나는 구국 투쟁이라는 의미로 '흥' 자를 붙인 것이었다. 현지 토착민들의 의심과 일제의 시선을 피하기 위해 비록 '강습소'라는 평범한 용어를 사용했지만, 실상은 신민회가 국외에 세우려 했던 독립군 양성을 위한 무관학교였다. 신흥강습소를 신흥무관학교의 출발점으로 보는 이유도 여기에 있다. 실제로 신흥강습소에 중등교육 과정뿐만 아니라 군사과를 두어 처음부터 항일 독립군을 길러내려는 의도를 명확히 했다.

얽히는 실타래

경학사가 세워진 추가가는 추씨들이 집성촌을 이룬 보수적인 농촌이었다. 현지의 토착민들은 '의심스러운 이방인'인 한인 이주민들에게 냉담하고 비협조적이었다. 이전에도 한인들이 2~4명씩 이주해오는 경우가 있었지만, 이번처럼 수백 명의 한인이 집단을 이루어 진출한 것은 처음 있는 일이었다. 게다가 삼삼오오 추가가로 찾아오는 한인 장정들의 발길도 끊이지 않았다. 토착민들은 한인들이 일본을 등에 업고 자신들을 치러 온 것으로 오해하고 배척하며 불매운동을 벌였다. 거처할 집은 물론, 식량까지도 한인들에게는 팔지 않은 것이다.

말은 통하지 않고 서로의 풍속이 생소하니 상황은 악화되었다. 2~3배의 웃돈을 주고 구한 6~7년 된 좁쌀로 연명하고 토굴에서 자는 일도 비일비재했다. 이주 한인들은 거처를 구할 수 없으니 직접 집을 지으려 산에서 벌목에 나섰다. 그런데 이 모습이 토착민들을 더욱 자극했다. 위기감을 느낀 토착민들은 추씨 종회宗會까지 열어 이주 한인들에 대한 강제 축출을 결정했다. 마차 100여 대에 한인 전부를 실어서 경계 밖으로 몰아내기로 한 것이다.

그곳서는 순경 위 지서장을 노야라고 하는데, 추가의 어른인 순경 노야가 류하현에 고발하기를, 이전에 조선인이 혹 왔어도……산전 박토나 일궈 감자나 심어 연명하여 입을 부지하는데, 이번 오는 조선인은 살림 차가 수십 대씩, 짐차로 군기軍器(전쟁 도구)를 얼마씩 실어오니 필경 일본과 합하여 우리 중국을 치려고 온 게 분명하니 빨리 '꺼우리(옛부터 중국에서 고려와 고려인을 지칭하던 말)'를 몰아내 달라고 말하니 이해는 신해년(1911년) 3월 초생이라.
대문 밖에 요란한 말소리가 나더니 난데없이 중국 군인과 순경 수삼백 명이 들어와서 우리의 세간을 조사하니 망명객에 세간이 무엇이 중하리요. 고리(상자같이 만든 물건) 몇 개씩을 일일이 조사하고 그중에 대장 5~6명이 같이 와서 말을 하나 피차 불통이라, 피차 필담으로 서로 통하여 '너희 나라로 도로 나가라' 하는 걸, 우리 말이 '우리는 왜놈의 노예 노릇을 하기 과연 어려워서 마치 아우가 형에 집 찾아오듯 하였거늘, 조선과 중국은 형제지국으로 생명을 의지하려고 불원천리하고 왔는데 도로 가라 하니 어느 곳으로 가리요' 하며 필담으로 나누거늘 그제야 대장들이 악수를 하며 쾌히 유지하라 하고 허락을 하고 간 후부터는 동정을 하나 가옥과 전장을 매매치 아니하니

어찌 하리오.³

이은숙의 회고에 따르면, 당시 이석영과 형제들의 대가족은 3칸 정도의 거처에서 수십 명이 함께 머물렀다고 한다. 그런데 토착민들의 고발로 인해 중국 군경이 거처에 들이닥쳐 내쫓길 위기에 처했던 것이다. 불행 중 다행으로 저동 형제들은 모두 한학에 능해, 필담筆談으로 어느 정도 오해를 풀 수 있었다.

우선 급한 불은 껐지만, 문제가 해결된 것은 아니었다. 그나마 다행스럽게, 현지에서는 하얼빈哈爾濱에서 침략의 원흉 이토 히로부미伊藤博文를 사살하고 순국한 안중근에 대한 존경심이 대단했다고 한다. 어려운 가운데서도 아이들을 가르치려 애쓰는 신흥강습소 한인들의 모습도 토착민들의 마음을 누그러뜨렸다. 추가가 주민들의 '반일' 정서는 차츰 이주 한인들에 대한 동정으로 이어졌다.

발목 잡는 토지 문제

하지만, 집과 농토의 매매는 여전히 막혀 있었다. 중국 지방정부가 중국인이 아닌 경우, 즉 귀화하지 않은 한인에게는 토지 소유권을 인정하지 않는 이주 정책을 시행했기 때문이다. 장백부長白府 지방정부처럼, 한인들이 개간해 경작하던 토지마저 몰수해 자국 농민들에게 불하하는 일도 왕왕 벌어졌다. 땅을 개간해도 이주 한인들은 결국 소작농으로 전락할 수밖에 없는 구조였다.⁴

경학사는 이러한 난관 속에서 어렵게 첫발을 떼었다. 집도 땅도 살 수 없으니, 신흥강습소도 옥수수 창고로 쓰던 허름한 초막을 빌려 문을 열 수밖에 없었다. 토지 문제가 해결되지 않으면 이주 한인들의 민생과 민족교육은 공염불이 될 공산이 컸다. 저동 형제들을 비롯한 망명 지사들은 류하현 지방정부를 접촉해 설득에 나섰지만 요지부동이었다. 이회영 등이 청원서를 내고 동북 3성(길림성吉林省, 요령성遼寧省, 흑룡강성黑龍江省) 총독부가 있는 봉천奉天까지 찾아갔으나 총독을 만나기도 어려웠다. 당시 망명 지사들이 이회영을 봉천으로 파견하고 동북 3성 총독에게 청원한 상황은 일제 봉천 총영사가 외무대신에게 보낸 '불령不逞 조선인에 관한 건'(1912년 8월 29일)에서도 거론된다.[5]

원세개를 움직이다

이때 난국의 실타래를 풀 단초를 제공한 사람은 다름 아닌 이석영이었다. 이석영은 당시 중국의 실력자였던 총리대신 원세개袁世凱와 인연이 있었다. 구한말 원세개가 청나라 군대를 이끌고 수년간 조선에 체류하던 시절, 중국통이던 양부 이유원을 통해 안면을 익힌 사이였다.

집안에서 전해지는 이야기에 따르면, 이석영은 원세개에게 보내는 서신을 적어 동생 이회영에게 주었고, 이 서신 덕분에 이회영은 원세개를 만나 협조를 구할 수 있었다. 원세개는 자신의 비서 호명신胡明臣을 봉천까지 이회영과 동행시켜 이주 한인들이 정착하는 데 편의를 봐주도록 했다.

> 우당장이 독군(군사 장관)을 면회하려고 봉천을 갔다가 북경까지 가서 원 대총통(원세개)을 만나 공사 간 의논도 있던 듯하다. 원 대총통은 비서 호명신이라는 분을 우당장과 같이 봉천으로 보냈다. 함께 독군을 면회하고 우리 동포가 만주로 온 사정을 자세히 말하니 독군 역시 '배일'이라 기뻐하며 그 시간으로 3성 지부에게 훈령을 서리같이 지어 내려보내니.[6]

이은숙의 회고에 따르면, 호명신은 이석영을 비롯한 저동 형제들과 만나 사정을 듣고 대안을 제시했다고 한다. 대대로 그 땅에 뿌리내려온 추씨들이 토지를 팔려 하지 않을 테니 추가가 대신 다른 지역에 정착할 것을 권했다는 것이다. 그 결과 새로운 이주지로 물망에 오른 곳이 길림성 통화현通化縣 합니하哈泥河였다.

이석영의 양부 이유원과 청나라 말기의 권력가 이홍장李鴻章은 교분이 두터운 사이였다. 이유원이 1876년 세자 책봉 문제로 청나라에 사신으로 갔을 때 북양대신 이홍장과 인연을 맺었고, 그 후 오랫동안 서신을 교환하며 교류해왔다. 6년간 두 사람 사이에 오간 서신이 17통에 이를 정도였다.[7] 대부분은 조선의 현안에 대해 상의하고 조언하는 내용이 담긴 비공식 외교 서찰에 가까웠다. 그중에는 이홍장이 일본의 위협과 러시아의 남하에 맞서기 위해

서양 여러 나라와 통상 조약을 맺으라고 권고하는 내용도 포함되어 있었다.

이른바 밀함密函(비밀 편지) 외교를 벌이던 이홍장은 임오군란 (1882년) 때 일본 세력을 견제하기 위해 실력 행사에 나선다. 당시 청나라 군대를 조선으로 보냈는데, 이때 참모로 부임해온 인물이 바로 원세개였다. 원세개는 이홍장의 명에 따라 흥선대원군을 포로로 삼고 군란을 진압한 뒤 수년간 국내에 체류했다. 자연히 원세개는 이홍장의 '서신 친구'인 이유원과 교류하게 되었고, 이 과정에서 비슷한 연배(정확히는 네 살 연상)인 이석영과도 알게 되었을 것이다. 더욱이 이 시기에 동부승지, 우부승지 등을 지내던 이석영은 고종을 알현하기 위해 궁궐을 드나들던 원세개와 마주칠 일도 적지 않았을 것이다.

머나먼 이국땅에 망명했으나, 정착조차 하기 힘든 곤란한 상황에 놓였을 때, 이석영의 뇌리에 떠오른 생각은 무엇이었을까? 중국에서 당대의 권력자가 된 원세개와의 옛 인연이 아니었을까? 사실 이석영의 기억에 남은 원세개의 이미지는 그다지 달갑지 않은 모습일 수도 있었다. 조선에 체류하던 시기에 점령군처럼 오만한 태도를 보였기 때문이다. 하지만 추가가의 망명 지사들은 지푸라기라도 잡아봐야 하는 절박한 상황이었다. 이석영은 그저 얽히고설킨 실타래를 풀 수 있기만을 바라며 원세개에게 서신을 썼을 것이다. 오래전 양부 이유원이 북양대신 이홍장에게 그리했던 것처럼.

오랜 인연을 품은 서찰, 결국 이것이 망국의 일개 망명객이 중국 최고의 실력자와 만날 수 있었던 비결이자 배경이 되었을 것이다. 돌아보면, 양부 이유원이 이석영에게 물려준 것은 억만금의 재산뿐만이 아니었다. 선대에서 이어진 인연의 끈들은 잘 짜인 그물처럼 촘촘했다. 이석영이 이유원의 양자가 된 것은 어쩌면 먼 훗날을 대비한 하늘의 안배가 아니었을까?[8]

사면초가

당시 삼원보 추가가에서 저동 형제들과 우국 망명객들이 처한 상황은 사면초가에 가까웠다. 험준한 고개를 하나 넘으니 더 큰 고산준령高山峻嶺이 길을 가로막는 형국이었다.

당초 신민회는 각지의 애국지사들을 서간도로 이주시켜, 이들이 국외 독립군 기지를 창설해 운영할 수 있도록 국내에서 자금을 지원할 계획이었다. 그러나 1911년 조선총독부가 민족해방운동을 탄압하기 위해 '105인 사건' 등을 일으키면서 치명적인 타격을 입게 된다. '105인 사건'은 데라우치 마사타케寺內正毅 총독 암살 미수 사건을 조작해 신민회원 600여 명을 검거하고 이 가운데 105인의 대표적 민족운동가에게 유죄 판결을 내린 사건이다. 이 사건을 계기로 신민회는 해체에 이르게 된다. 자연히 신민회의 서간도 지원 계획도 무산될 수밖에 없었다. 당시의 절박한 상황에 대해 『한민』은 이렇게 전한 바 있다.

일본은 데라우치 마사타케 총독 암살 미수 사건을 조작해 신민회원 600여 명을 검거하고 105인의 대표적 민족운동가에게 유죄 판결을 내린 '105인 사건'을 일으켰다.

국내로부터는 망국의 한을 품고 서간도를 유일한 활로活路로 알고 찾아오는 사람이 매일 5인, 10여 인씩 이어졌는데, 그들은 물론 수중에 푼돈 한 푼이 없는 빈털터리들이라 믿을 만한가를 가릴 여지도 없이 일체로 수용하지 않을 수 없었다.

본래 약속하기는 신민회의 신표信標가 있는 사람만 살림살이 등 살아갈 방도를 세워주기로 하고, 또 자금도 끊임없이 조달하여 주기로 하였다. 그러나 국내에 있던 신민회 간부는 물론이요 회원까지 전부가 적에게 잡혔으니 그 약속을 시행할 수 없게 되었으므로 그 모든 책임을 먼저 이주한 이가 홀로 짊어지게 되었다.[9]

『한민』 기사에서 거론된 '모든 책임을 홀로 짊어지게 된 이'는 바로 이석영을 가리키는 말이었다. 당시 서간도로 이주한 망명객들 중에서 나날이 늘어나는 이주민들의 생계를 감당할 만한 재력을 지닌 사람은 이석영밖에 없었다. 그의 성정상 동생 이철영이 사장을 맡은 이후 아마도 경학사의 가장 큰 후원자가 되었을 것이다. 하지만 이석영의 재산도 화수분은 아니었다. 신민회의 지원 없이 독립군 기지를 세우고 운영하려면 먼저 스스로 살아갈 근본적인 방도를 마련해야 했다. 이석영과 저동 형제들, 망명 동지들의 어깨는 점점 무거워질 수밖에 없었다.

"희망을 양식으로 삼으라"

경학사의 황무지 개간 사업은 이런 절박한 상황에서 진행되었다. 경학사는 이주 한인들에게 벼농사를 보급해 생계를 안정시키려 했다. 한인들은 변변한 도구도 없이 언 땅을 갈아 씨를 뿌리고 물길을 내었다. 모두가 토착민들이 거들떠보지 않던 척박한 땅이었다. 피땀 어린 노력으로 이삭이 하나둘 나오면서 이주 한인들의 꿈도 조금씩 영글어갔다.

하지만 이번에는 천재지변이 앞길을 가로막았다. 첫해에는 예기치 않게 서리가 내려 애써 가꿔놓은 농작물이 큰 피해를 입었고, 그 뒤 2년 연속 대흉년을 만나 농사를 망치고 말았다. 농업이라는 생산 기반이 무너지면서 경학사는 심각한 재정적 어려움에 봉착하게 되었다. 게다가 심한 풍토병까지 번져 많은 이가 희생되기에 이른다. 신흥무관학교를 나와 교관을 지냈던 원병상은 자신의 회고록 『신흥무관학교』에서 "시련이 너무도 가혹하였다"고 당시를 술회했다.

> 이해의 이주 동포들의 시련은 너무도 가혹하였다. 하늘도 무심하게, 고국에서는 볼 수 없었던 지난겨울의 폭한이 던져준 소위 수토병水土病이란 괴질이 이역의 개척 문턱에 접어든 우리에게 가공 가경할 상처를 남겼다. 이 외에도, 임자(1912년)·계축(1913년) 양년은 가뭄과 서리의 천재天災까지 겹쳤다. 동포들의 사활死活 문제인 농사의 치명적 실패는 학교(신흥강습소) 운영에도 직접적인 영향을 주어 심각한 재정난에 허덕이어 주로 이석영 선생의 사재에 의존하지 않을 수 없었다.[10]

하늘이 원망스러울 정도로 하루하루가 힘들고 괴로운 나날이었다. 망명 지사들의 눈에는 굶주리고 병든 동포들의 모습이 자꾸 밟혔을 것이다. 그러나 이석영 형제들과 지사들은 결코 좌절하지 않았다. "희망을 양식으로 삼으라"는 경학사 취지문의 한 대목처럼, 다시 용기를 내어 원대한 꿈을 향해 걸음을 내딛었다. 동력을 잃어가던 경학사는 그 후 새로운 재만 한인 자치기관인 부민단扶民團으로 재편되어 구국 정신과 사업을 이어가게 되었고, 신흥강습소는 새 터전인 합니하로 확대 이전해 명실상부한 '독립군의 요람' 신흥무관학교 시대를 열게 된다. 연이은 악재 속에서도 구국의 열망이 피워내는 희망의 싹은 계속 움트고 있었다.

제6장

신흥무관학교를 세우다

신흥무관학교는 우리 민족이 나라를 빼앗긴 그날부터 한시도 국권 회복을 게을리하지 않고 광복에 매진했음을 보여주는 역사의 증인이다. 그것도 우리의 노력과 힘으로 국권을 되찾겠다는 강인한 자주독립정신의 영원한 기념비이다.[1]

이석영이 가솔들과 삼원보 추가가를 떠난 것은 1912년 봄이었다. 최종 행선지는 추가가에서 동남쪽으로 90리(약 35킬로미터) 떨어진 통화현 합니하. 경학사를 이끄는 망명 지사들이 뜻을 모아 신흥강습소의 새로운 터전으로 선정한 장소였다. 원세개의 비서 호명신의 협조로 이석영이 어렵사리 구한 땅이 바로 그곳에 있었다.

추가가도 외진 지역이었지만, 합니하는 말 그대로 산간벽지이자 오지였다. 이처럼 교통이 어렵고 인적이 드문 곳에 새로운 독립운동 기지를 지으려 한 데에는 분명한 이유가 있었다. 주변이 산과 깊은 삼림, 강으로 둘러싸인 분지인지라 일제의 감시의 눈길을 피할 수 있고, 토착민이 적어 마찰도 줄어들 것으로 판단했기 때문이다.

신흥무관학교 생도반장(1912~1914년)을 지냈던 원병상은 『신흥무관학교』에서 합니하 거점의 입지에 대해 "일부당관 만부막개 一夫當關 萬夫莫開"라고 평하기도 했다.[2] 1명의 군사가 관문을 지키고 있으면 1만 명의 군사가 이를 열지 못하는(이백李白의 악부「촉도난蜀道難」에 나오는 구절) 요충지라는 의미이니, 얼마나 주변 산세가 험하고 접근하기 어려운 곳인지 미루어 짐작할 수 있다.

합니하 남쪽으로는 압록강을 향해 혼강渾江이 흐르고 있었는데, 바로 이 강 북쪽 언덕 위에서 대역사가 시작되었다. 천혜의 요새처럼 자리한 분지 위에 신흥강습소, 즉 신흥무관학교 본관을 짓는 공사였다. 그리고 이 역사적인 현장의 한가운데에는 노년에 접어든 이석영이 있었다.

> 둘좌 영감(이석영)께서는 항상 학교가 없어 청년들의 공부를 염려하시다가 토지를 사신 후에 급한 게 학교라, 춘분 후에는 학교 건설을 착수하게 선언을 하시고 지단地段(땅을 일정하게 나누어 가른 한 부분) 여러 천 평을 내놓으시고 시량柴糧(땔나무와 먹을 양식)까지 부담하시

고······.³

피땀으로 세운 학교

그런데 "학교가 없다, 급한 게 학교"라는 이야기는 대체 무슨 뜻일까? 1912년 신흥강습소 교사로 쓰던 옥수수 창고가 화재로 소실되어 '강습'이 중단되었던 상황을 가리키는 것이다. 경학사를 이끌던 망명 지사들은 신흥강습소를 다시 정상화시키기 위해 '학교 유지회'를 꾸려 백방으로 노력했다. 그러나 별달리 뾰족한 수가 없어 고심하던 차에 이석영의 토지 희사喜捨와 지원으로 돌파구가 열리게 되었던 것이다. '교육 구국', 즉 교육으로 구국의 꿈을 이루는 것은 이석영의 소신이자 신념이기도 했다. 그해 7월 마침내 교사 8동을 합니하 분지에 신축하면서 신흥강습소는 '추가가 시대'를 마감하고 '합니하 시대'를 열게 되었다.

그로부터 얼마 뒤 또 한 번의 큰 공사가 시작되었다. 학교 건물 내부에 수십 칸의 내무실과 강당 등을 짓고, 그 앞에 연병장을 만드는 대공사였다. 한마디로 학교를 군사훈련이 가능한 병영사兵營 숲로 탈바꿈시키는 작업이었다. 혹한의 땅은 얼어붙어 있었지만, 병영을 마련하려는 열망은 뜨거웠다. 생도들과 교사들이 너나 할 것 없이 현장에 뛰어들었다. 삽과 괭이로 고원 지대를 평지로 만들고, 돌산을 파헤쳐 석재를 짊어지고 날라야 했다. 멀고 험한 산길을 수없이 오가는 중노역이었지만, 누구 하나 불평하는 이가 없었다. 원병상은 『신흥무관학교』에서 오히려 생도들이 원기왕성하게 노래를 부르며 기백을 높여 일했다고 그때를 회상했다.

아마도 이석영의 맏아들 이규준도 이들과 함께 돌짐을 지고 좁고 가파른 산길을 오르내렸을 것이다. 이석영과 저동 형제들은 적령기의 아들들을 예외 없이 신흥강습소에 입교시켰다. 구국, 새 나라 건립의 꿈을 2세들이 이루어주기를 그 누구보다도 염원했기 때문이다. 저동 형제들과 함께하는 망명 지사들의 마음도 마찬가지였다. 낯선 땅, 혹독한 환경에서 하루하루 살아남는 것이 숙명인 시절이었다. 그럼에도 경학사에서는 이주 한인들에게 자식들을 신흥강습소로 보내도록 설득했다. 배우고 깨우치지 않는다면 망국의 과거를 되풀이할 수밖에 없기 때문이었다. 나이를 되돌릴 수 있었다면, 망명 지사들 자신이 먼저 강습소에 나와 책과 칼을 쥐었을 것이다. 그런 마당에 자신들의 2세와 이주 한인들의 자제들을 다르게 대우하는 것은 '결코 있을 수 없는 일'이었다.

'합니하 시대'의 개막

마침내 합니하 언덕에 무관학교 병영이 모습을 드러냈다. 산허리에 우뚝 솟아 있는 고량대하高樑大廈(기둥이 높고 큰 건물) 앞으로는 수만 평에 이르는 드넓은 연병장이 펼쳐져 있었다. 신흥강습소 교직원과 학생들이 그토록 꿈꾸던 제대로 된 병영사가 마련된 것이었다.

각 학년별로 널찍한 강당과 교무실이 갖춰졌다. 아울러 내무반에는 사무실·편집실·숙직실·나팔실喇叭室·식당·취사장·비품실 등이 들어섰다. 복도에는 생도들의 성명이 부착된 총가銃架가 별도로 설치되었다. 추가가의 옥수수 창고와 비교하면 격세지감이 들 정도였다. 신민회의 구국 인사들이 본래 꿈꾸었던 국외 독립운동 기지가 바로 이런 모습이었을 것이다.

신흥학교 병영사를 짓는 모든 건설 과정은 생도들의 손으로 이루어졌다(당시 신흥강습소는 내부에서 신흥학교로 불리고 있었다). 무엇보다도 이들을 가슴 벅차게 만들었던 것은 스스로 해냈다는 자신감과 자존감이었을 것이다.

마침내 1913년 봄, 망명 지사들을 비롯해 교사와 생도 모두가 열망하던 신흥학교 병영 건물의 낙성식이 열렸다(낙성식 시기는 원병상의 『신흥무관학교』와 박창화의 『성재 이시영 소전』에 기록된 내용을 따랐다). 원병상은 "우리 겨레의 일대 경사였고 독립운동 사업의 일보 전진이었다"고 당시의 감격을 술회했다. 신흥강습소도 신흥무관학교로 승격되어 명실상부한 독립군 양성의 요람으로 자리 잡게 되었다.

이석영의 동생 이회영은 현장에서 신흥학교 공사를 진두지휘했지만, 당시 낙성식에는 참석하지 못했다. 독립운동 자금을 마련하기 위해 은밀히 귀국했기 때문이다. 이은숙의 『서간도 시종기』에는 이회영이 1913년(계축년) 1월 초순에 떠나 조선에 무사히 도착한 것으로 적혀 있다(이회영은 그 후 수년간 국내에 체류했는데, 훗날 이석영의 맏아들 이규준 또한 국내로 잠입해 이회영과 연락을 주고받으며 활동한다).

이은숙은 『서간도 시종기』에서 합니하 신흥군관학교(신흥무관학교)의 발기인은 우당 이회영, 석오石吾 이동녕, 해관海觀 이관직李觀稙, 석주 이상룡, 완운蜿雲 윤기섭尹琦燮 등 5명이었다고 회고했다. 또한 이석영을 지금의 학교재단 이사장 격인 '교주校主'라고 칭했다. 이는 하나의 공식 직책이라기보다는, 크나큰 공헌에도 아무런 명예를 바라지 않던 이석영을 예우해 주위에서 붙인 직함 정도로 봐야 할 듯하다.

지극히 크고 높은 뜻

신흥무관학교는 4년제 본과를 비롯해 6개월, 3개월 속성반(특별과)을 함께 개설해 생도들을 교육했다. 저마다 처지와 여건이 다른 한인 청년들을 가능한 한 전부 수용하기 위한 일종의 방편이었다.

군사 관련 학과 교육은 보병, 기병, 포병, 공병, 치병(군수보급병) 등 각 병과의 교범에 따라 이루어졌다. 구급 의료, 총검술, 유술柔術, 격검술擊劍術 등은 기본이었고, 측도학測圖學, 축성학築城學, 편제학編制學은 물론 육군 형법과 전략·전술까지 가르쳤다. 또한 넓은 연병장에서는 각개교련과 기초군사훈련이 진행되었다. 이 산, 저 산을 오르내리며 고지 점령·방어 훈련도 벌이고 엄동설한 야간에 파저강婆瀦江 줄기를 따라 70리(약 27킬로미터) 강행군을 하기도 했다.

강인한 신체 단련 못지않게 마음과 정신을 단련하는 교육도 실시했다. 매일 아침 애국가 제창으로 하루를 시작하며 민족혼을 일깨웠고, 우리말과 역사 교육도 빼놓지 않았다. 학비는 모두 무료였다. 숙식도 교내에서 공동으로 제공했다. 신흥무관학교 소식이 만주 너머까지 퍼지면서 합니하로 찾아오는 젊은이들이 하루하루 늘어났다. 쪼들리는 학교 살림이었지만, 당시 이석영을 비롯한 망명 지사들은 어떻게든 이들을 신흥무관학교의 품 안으로 받아들이려 했다. 한 사람이라도 더 독립투사로 키워내면, 광복의 그날도 한 걸음 더 가까워질 것이라는 믿음 때문이었다.

> 학교 교사 앞 45도로 기울어진 경사 언덕 아래 인접되어 있는 이석영 선생 댁에서는 고국에서 단신 탈주해 나오는 돈 없는 생도들에게 다년간 침식 제공도 아끼지 않았고, 학교를 유지하는 데도 정신적·물질적으로 그 뜻이 지극히 크고 높았었다.[4]

이석영이 마음 쓰며 배려한 대상은 생도들만이 아니었다. 상당수 망명 지사들에게도 거처와 양식 등을 지원해 이들이 저마다 뜻을 펼칠 수 있도록 뒤에서 도왔다. 이관직은 『우당 이회영 선생 실기』에서 이석영에 대해 "그는 만주에 살게 된 뒤에도 많은 지사들의 여비를 지급하였고, 이동녕에게는 집과 땅을 사서 기부함으로써 만주 생활을 전담하였다"고 적었다.[5] 이 책에서는 이동녕 한 사람만 예로 들었지만, 이석영이 주위의 망명 지사들에게 어떤 존재였는지를 단적으로 보여주는 일화라 할 것이다. 이석영은 독립투쟁이라는 힘들고 험한 오르막길에서 동지들이 힘겨워 쓰러지지 않도록 묵묵히 등을 내어주던 사람이었다.

이관직의 회고에서 한 번쯤 되짚어볼 대목은 바로 "만주에 살게 된 뒤에도"라는 구절이다. 이는 만주로 이주하기 전부터 이석영이 주위의 젊은 우국지사들을 조용히 후원해왔음을 시사하는 대목이다. 이석영의 구국을 위한 '투자'는 이미 오래전부터 이어지고 있었다.

신흥무관학교 '생도 이규준'

신흥무관학교에서 이규준은 어떻게 생활했을까? 이석영의 품성으로 보아, '교주'의 아들이라고 해서 특별대우를 받게 하지는 않았을 듯하다. 아마도 다른 생도들과 똑같이 입고 함께 뛰며 독립운동의 동량으로 성장해갔을 것이다. 신흥무관학교는 다 함께 일하면서 배우는 병영식 생활공동체로 운영되었다. 원병상이『신흥무관학교』에서 술회한 생도들의 하루는 이러했다.

새벽 6시에 기상나팔 소리가 '또-또-따-' 잠든 생도들의 귓전을 울리면 각 내무반의 생도들은 일제히 일어나 신변 환경을 정리하고 3분 이내에 복장을 단정히 하고, 각반 차고 검사장에 뛰어나가 인원 검사를 받은 다음 보건 체조를 한다.

눈바람이 살을 도리는 듯한 혹한에 아침마다 윤기섭 교감이 초모자草帽子를 쓰고 홑옷 입고 나와서 점검하고 체조를 시키면서도 그 활기찬 목소리에 그 늠름한 기상과 뜨거운 정성이 아직도 잊히지 않는다. ……식사가 끝나면 집합 나팔 소리에 조례가 엄숙하게 시작된다. 조례식에는 교직원 전원이 배석하고 점명點名(명부의 이름을 차례로 점을 찍어가며 부름)을 한다.……생도들은 젊은 그 시절 앞산 뒷산이 마주 울리도록 우렁차게 교가를 부르며 조국 광복의 맹세를 거듭 다짐했다.

……밤중에 비상 검사가 있을 때는 캄캄한 밤이라도 각반을 차고 복장의 단추 한 개까지 낱낱이 검사하는 엄정한 군기에는 규제規制(규칙으로 정함) 일체가 어긋나지 않아야 했고, 총가에서는 암흑 칠야에도 자기 이름이 붙은 소지 총을 찾아 휴대하여야 하는 등 항상 임전 태세를 갖추어야 했다.[6]

원병상의 회고에 따르면, 매일 아침 조례식에서는 생도 한 명 한 명의 이름이 호명되었다. 단순한 출석 점검을 넘어서 사제 간에, 동료 간에 서로를 확인시키고 운명공동체임을 되새기게 하는 의식과 다르지 않았다. 이규준을 비롯해 이규훈李圭勛, 이규학李圭鶴 등 저동 사촌 형제들도 저마다 이름이 불릴 때마다 혈연을 넘어 동지로서 서로를 바라보게 되었을 것이다.

신흥무관학교 생도들과 교직원은 각각 제복을 갖추고 교육과

훈련에 임했다. 저마다 다른 환경, 다른 처지의 젊은이들이 모여 동질감을 공유하는 방법 중 하나는 같은 옷을 입는 것이었다. 생도와 교직원의 제복은 '상의에 단추 5개가 달리고, 하의는 통으로 된' 동일한 양식이었다. 하지만 색상과 재질이 달랐다. 교직원들은 백색 무명으로 된 제복을 사계절 입었고, 생도들은 '다치푸'라는 현지의 천을 황토색으로 염색해 만든 제복을 입고 모자를 썼다. 교직원들의 백의는 백의민족을, 생도들의 황토색 제복은 농사를 짓는 대지를 상징했을 것이다. 신흥무관학교가 학교를 지속적으로 유지하기 위해 내부적으로 둔전병屯田兵 편제를 택했던 점을 감안하면 취지에 딱 맞는 제복의 색상이었던 셈이다.

보이지 않는 헌신

청소와 세면을 마치면 각 내무반 별로 취식 나팔 소리에 따라 식탁에 나가 둘러앉는다. 주식물이라고는 부유층 토인들이 이삼십 년씩 창고 안에 저장해 두어 자체의 열도에 뜨고 좀먹은 좁쌀……부식이라고는 콩기름에 절인 콩장 한 가지뿐이었다. 썩은 좁쌀밥 한 숟가락에 콩장 두어 개를 입에 집어넣으면 그만이다. 그나마 우리는 배부르게 먹을 수는 없었다. 굶지 않는 것만도 다행으로 알면서 교직원이나 생도들은 함께 모여 항상 화기애애한 가운데 식사 시간을 보냈다.[7]

당시 '좀먹은 좁쌀'이 식탁에 올랐던 데에는 절박한 사정이 있었다. 통화현의 토착민들은 오래 묵어 내버리게 된 양곡을 매일 격증激增하는 이주 한인들을 상대로 팔아치우기 위해 혈안이 되어 있었다. 제대로 된 양곡은 구하기도 힘들고 가격을 너무 올려놓아 사려야 살 수 없었다. 식량도 돈도 떨어졌던 이주 한인들로서는 울며 겨자 먹기로 가축이나 줄 양곡이라도 사먹지 않을 수 없었다. 운영 자금이 말라가던 신흥무관학교로서도 나날이 느는 생도들을 1명이라도 더 감당해 내려면 달리 방도가 없었을 것이다.

원병상은 '조의조식粗衣粗食(거친 옷을 입고 소박한 음식을 먹음)' 하는 가운데서도, 교직원들은 보수도 없이 삭풍朔風 한설寒雪에 단의單衣(한 겹으로 지은 옷)에 초모草帽(풀모자)를 쓰고, 생도들은 허리띠를 졸라매면서 매일 맹훈련을 계속했다고 회고했다(이런 생도들의 모습이 안타까워 이석영은 교내 행사가 있을 때면 돼지를 잡고 특식을 내놓기도 했다고 한다. 하지만 너무 오랜만에 기름진 음식을 먹은 터라 많은 생도가 배탈로 고생했다는 일화도 전해진다).

그 어려운 시절에도 생도들이 조의조식이나마 할 수 있던 것은 망명 지사들의 아내와 며느리 등 이주 한인 여성들의 조용한 헌신 덕분이었다. 남들이 차려준 밥상을 받고 남들이 지어준 옷을 입었을 대갓집 마님과 아기씨들이 생도들을 위해 호미와 바늘을 쥐었다. 언 땅 위에 옥수수와 조를 심고 거친 천 위에 한 땀 한 땀 바느질을 했다. 산에 올라 더덕과 고사리를 캐오는 것도 여성들의 몫이었다. 부녀자들이 한 알 한 알 뜯어낸 옥수수는 생도들의 한 끼

식사가 되었고, 부르튼 손가락으로 꿰맨 옷들은 생도들의 제복이 되었다. 그것이 망명 지사들의 곁을 지키던 여성들이 독립운동을 하는 방식이었다.

『한민』에는 그 시절 이석영의 아내 밀양박씨의 헌신에 대해 "서간도에 와서 지체 높고 귀한 몸으로서 손수 독립군의 밥을 지어 먹이고 옷을 지어 입혔다"고 전했다.[8] 이규준의 아내 한평우도 조밥을 안치고 바늘귀에 실을 넣으면서 시어머니 박씨를 곁에서 도왔을 것이다.

이규준, 아버지가 되다

저동 형제들과 망명 지사들의 서간도 이주 첫 해(1911년)는 궂은 일이 끊이지 않는 간난고초艱難苦楚(몹시 힘들고 괴로움)의 시기였다. 하지만 이석영·이규준 부자에게는 처음으로 친혈육을 품에 안는 기쁨의 순간도 있었다. 그해 9월 24일 삼원보 추가가에서 이규준과 한평우 사이에 맏딸 이온숙李溫淑이 태어난 것이다. 같은 항렬의 남아였다면 종鍾 자가 돌림자로 쓰였겠지만, 여아이기에 숙淑 자를 돌림자로 삼았다.

아마도 이석영과 부인 밀양박씨는 칭얼대다 잠든 손녀 온숙을 들여다보면서 이국에서 겪던 망명객의 시름을 잠시나마 잊었을 것이다. 10대 중반의 나이에 아버지가 되는 생경한 경험을 한 이규준은 심정과 각오가 더 남달랐을 것이다. 온숙의 작디작은 손을 슬며시 쥐어보며 딸아이만큼은 광복의 땅에서 자라날 수 있기를 소망했을지도 모르겠다.

국내 호적이 없던 독립운동가 2세들

당시 국내에서는 민적법이 시행되고 있었다. 민적법은 1909년 조선통감부의 주도로 공포된 법(법률 제8호)으로, 호주를 중심으로 친족관계를 민적에 기재하는 신분등록제도였다. 이 법에 따르면 가족 구성원의 출생, 사망, 호주 변경, 혼인, 이혼 등 15개 항목에 해당하는 일이 발생할 경우 10일 안에 신고를 해야 했다.

하지만 이석영·이규준 부자를 비롯해 일제의 강점을 피해 국외 이주를 한 망명객들이 이 법을 따를 리 없었다. 게다가 당시는 일제가 헌병을 동원해 강제로 민적을 조사하고 경찰관서에서 민적부民籍簿를 관장하던 시기였다. 1915년 4월에 이르러서야 면장이 민적부를 관장하게 된다. 하지만 신원 정보가 조선총독부에 고스란히 전달된다는 점에서는 이전과 다를 바가 없었다.

그런 까닭에 일제강점기에 망명 지사들은 2세들을 호적이 없는 '무적無籍' 상태로 두는 경우가 많았다. 국외로 이주한 것은 아니었지만, 만해萬海 한용운韓龍雲이 일제의 호적에 이름을 올릴 수 없다며 자신은 물론 딸까지 호적 없이 지낸 일화는 유명하다.

북경, 상해 등 중국 각지에서 활동하던 상당수 독립운동가들은 현지에서 최소한의 보호라도 받기 위해 임시방편으로 중국 국적을 취득하기도 했다. 일제가 이주 한인들도 '자국민'이라는 이유로 영사권을 마음대로 행사해 체포하고 강제 송환하는 사태를 막기 위해서였다. 만에 하나 피치 못할 사정으로 국내에 호적을 만들게 되더라도 실제 이름 대신 가명을 쓰는 게 상례였다. 실명을 사용할 경우 신원이 노출되어 가족과 친인척들이 모진 감시와 핍박을 받을 게 뻔했기 때문이다.

그렇다면 이규준의 맏딸 이온숙은 어땠을까? 이온숙 역시 일제강점기 동안 '무적' 상태로 국외에서 지내다 해방 이후에 대한민국 호적에 이름을 올렸다.

호적부 기록에 따르면, 이온숙은 남편 최경섭崔景燮이 '군정 법령 제179호'에 따라 1958년 2월 취적就籍 신고를 함으로써 한국 호적을 취득했다. 이 법령은 이북에 본적을 두고 이남에 거주하는 자 등이 일정 요건을 갖추면 임시 호적을 취득할 수 있도록 조치하는 내용을 담았다. 신원을 입증할 서류가 없더라도 성인 남자 2명이 보증을 서면 임시 호적 등록을 받아주었다.[9]

표면적으로 이 법은, 본적이 이북 지역이지만 이남 지역에 살고 있던 거주자들, 즉 남북 분단 상황으로 인해 이북의 호적 서류를 뗄 길이 없는 이남 거주자들에게 적용되는 조치였다. 하지만 실질적으로는(해방 이후 호적 업무가 정비되지 않은 상태에서) 예전 조선총독부의 호적부로 신원을 확인하기 어려운 국외 귀환자, 무적자 등을 행정 체계로 흡수하는 역할도 했다. 실제로 일제강점기 동안 미등재나 말소 등 여러 사정으로 호적이 없던 많은 사람이

법령 제179호는 이북에 본적을 두고 이남에 거주하는 자 등이 일정 요건을 갖추면 임시 호적을 취득할 수 있도록 했다. (『경향신문』, 1948년 4월 11일)

이 법을 통해(주로 성인 남성 2명의 보증서를 첨부하는 방식으로) 임시 호적에 이름을 올렸다.

    다시 이온숙의 호적부 기록으로 가보자. 이온숙의 본적은 황해도 연백군 연역면 연역리로 기재되어 있다. 이는 법령 제179호의 '수혜'를 받으려면 어쩔 수 없이 본적지를 이북에 두어야 했기 때문으로 추정된다. 최경섭은 이온숙과의 사이에서 낳은 아들 최광륜崔光倫에 대해서도 같은 날 연백군 은천면을 본적으로 삼아 취적 신고를 했다(두 사람 사이에 아들 2명이 더 있었으나, 6·25전쟁 때 납

북되어 이들에 대해서는 따로 취적 신고를 하지 않은 것으로 보인다). 국외에서 귀환한 무적자들은 이 법의 적용을 받지 못하면 당시 남한에서 호적을 취득하기가 쉽지 않았다. 게다가 6·25전쟁통에 서류 파손과 멸실이 빚어져 호적 사무도 한동안 마비되다시피 했다.

단지 임시 호적을 취득하기 위한 형식적인 절차라고 여겼기 때문일까? 최경섭은 아내 이온숙, 아들 최광륜의 취적 신고를 할 때 실제와 다른 생년월일 등을 기입했다(최광륜은 나중에 법원에 개서改書 신청을 해서 나이를 정정했다). 1911년생인 아내 이온숙을 1903년생으로, 아내의 아버지(장인) 이름은 이선열李先烈로 기재했다. 일반적으로 이름에 거의 쓰이지 않는 '선열先烈'은 나라를 위해 싸우다가 죽은 열사를 뜻하는 단어다.

이온숙이 최경섭과 결혼한 것은 1929년 12월 상해에서였다. 이때는 이미 아버지 이규준이 의열 투쟁을 하다 세상을 떠난 지 한 해가 지난 뒤였다. 아마도 사위 최경섭은 생전에 만나지 못했던 장인을 '순국한 독립운동가', 즉 '선열'로만 기억하고 있었던 것은 아닐까?

정인보가 이석영을 두 번 찾아온 까닭

이규준에게는 아홉 살 위의 누이(경주이씨)가 있었다. 누이 이씨는 대구서씨 집안의 서재형과 결혼했으나, 1910년 10월 중순 남편을 일찍 여의고 만다. 이씨는 아이를 잉태한 사실도 모른 채 이석영 집안의 국외 망명길에 합류했고, 1911년 삼원보 추가가에서 유복자를 낳았다.

서재형의 고종사촌(고모의 아들)이 바로 역사가이자 한학자인 위당 정인보인데, 놀랍게도 청년 시절 정인보는 이씨의 출산을 전후해 2차례나 서간도를 방문했다. 이씨가 출산을 앞두었던 1911년에는, 가문의 어른인 이건승李建昇이 망명해 있던 회인현懷仁縣 홍도촌興道村을 들렀다가 류하현 삼원보에 와서 이석영 형제를 만났다. 그리고 이씨가 해산 후 몸을 추스르던 1912년에는 정인보가 친어머니 서씨 부인(대구서씨)을 직접 모시고 합니하까지 함께 왔다. 당시 서씨 부인은 친정 질부(조카의 아내)인 이씨를 세심하게 보살폈다고 한다.

정인보 모자와 이석영의 인연

대체 왜 정인보 모자는 이렇게까지 이석영의 딸 이씨에게 신경을 썼던 걸까? 그 배경을 파악하려면 먼저 정인보의 가족사를 살펴볼 필요가 있다. 정인보의 집안은 증조부 때까지 11명의 정승을 배출한 명문가였다. 하지만 할아버지 대에서 삼부자(정인보의 조부와 첫째 큰아버지, 둘째 큰아버지)가 연이어 급사하면서 할머니와 첫째 큰어머니(경주이씨), 둘째 큰어머니(초평이씨) 등 여인 3명이 제사상 셋을 모시는 비운의 집안이 되었다.[10]

정인보는 집안의 막내였던 아버지 정은조鄭誾朝와 어머니 서

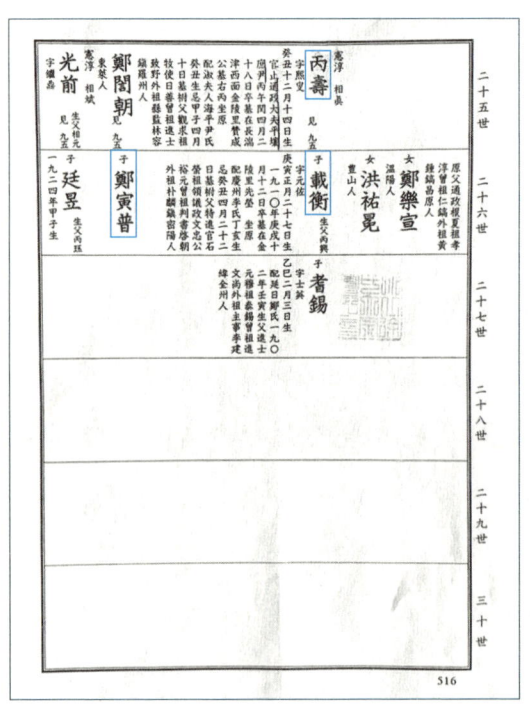

정인보의 어머니는 서씨 부인이다. 그녀의 오빠인 서병수는 어린 정인보를 가르치면서 큰 영향을 주었는데, 그의 아들이 이석영의 딸 경주이씨의 남편인 서재형이다.

씨 부인이 중년에 얻은 귀한 아들이었다. 하지만 백부의 대를 잇기 위해 첫째 큰어머니 이씨 부인의 양자로 들어가게 된다. 그런데 이때는 이미 집안이 급격하게 몰락하던 시기여서 정인보는 어려서부터 외가(친어머니 서씨의 친정집)에서 친어머니와 양어머니를 함께 모시고 살게 되었다. 힘든 여건이었지만 효심이 지극했던 정인보는 두 어머니를 극진히 모셨다고 한다. 자연히 서씨 부인의 오빠인 외숙부 서병수徐丙壽가 어린 정인보를 훈도薰陶(덕德으로써 사람의 품성이나 도덕 따위를 가르치고 길러 선으로 나아가게 함)하며 큰 영향을 끼쳤는데, 그의 아들이 바로 이석영의 딸 경주이씨의 남편인 서재형이었다.

더욱이 정인보의 양어머니 이씨 부인도 이석영 집안과 같은 가문(경주이씨)의 사람이라 양 집안 간에도 일찍부터 교류가 있었던 것으로 보인다. 이씨 부인이 서씨 부인과 함께 머물던 정인보의 외가는 서울 종현鍾峴(종고개), 즉 명동성당 인근에 있었다. 저동 육형제의 집과는 엎어지면 코 닿을 거리였다. 어쩌면 이석영의 딸과 서병수의 아들이 맺어지는 과정에서 이러한 혈통적·지리적 거리도 인연으로 작용했던 것일지 모른다.

서간도 해산바라지

그런데 정인보의 큰어머니들이 겪었던 비운의 그림자는 그의 외가 쪽에도 드리워지고 만다. 1906년 정인보의 외숙부 서병수가 예기치 못한 사고로 작고한 데 이어, 1910년 10월에는 외사촌인 서재형마저 21세의 나이에 요절하게 되었다. 그나마 서재형과 이석영의 딸(경주이씨) 사이에 어린 아들(1906년생)이 있어 후사는 잇게 되었지만, 외가마저 집안에 '며느리(경주이씨)'만 남는 고초를 겪게 된 것이다. 이런 상황에서 친오빠의 며느리인 이씨가 홀로 유복자를 출산한다는 소식을 들었으니, 정인보의 어머니 서씨 부인은 가만히 있을 수 없었을 것이다. 정인보 모자가 시간을 재촉해 서간도까지 한걸음에 달려간 배경이다.

이석영과 딸 경주이씨, 서씨 부인과 아들 정인보는 서간도 합니하의 이석영 거처에서 극적으로 마주했을 것이다.[11] 이들 사돈 집안 간에 과연 어떤 이야기가 오갔을까? 짐작건대, 이씨가 낳은 유복자의 앞날을 놓고 진지하게 고민하며 깊은 대화를 나누었을 것이다. 당시는 정인보가 망명 투쟁을 고려하던 시기라 아기를 국내로 데려가 키울 수도 없는 형편이었다.

그때 이후로 유복자의 행적은 전혀 알려지지 않았다. 양쪽 모두 이 '사건'에 대해서는 아무런 언급도, 기록도 남기지 않았기 때문이다. 그 이듬해에 이석영의 딸 이씨마저 세상을 등지면서 예의 유복자는 '존재하지 않는 사람'이 되었다.

과연 서재형과 경주이씨 사이의 유복자는 어떻게 되었을까? 안타깝게도 병치레로 인해 일찍 사망했던 것일까, 아니면 세상에 알려지지 않은 또 다른 사연이 있는 걸까?

'늦둥이' 둘째 이규서

추가가에서 가솔들과 함께 합니하로 이주하던 해(1912년)에 이석영은 둘째 아들 이규서李圭瑞를 얻었다. 이석영의 나이 58세에 태어난 늦둥이였다. 맏아들 규준과는 무려 열여섯 살 터울이었다.

집안에서 이규서는 본부인 밀양박씨가 아니라 '작은집(측실)'의 소생인 것으로 추측된다. 손이 귀한 여느 사대부 집안과 마찬가지로 이석영도 양주 가오곡 시절에 측실을 두었는데, 서간도로 집단 이주한 뒤 이 측실이 낳은 아들이 이규서라는 것이다. 당시 밀양박씨가 56세로, 그 시절 여성의 생애주기와 의료 수준으로 볼 때 출산이 극히 어려운 나이였다는 점에서도 타당해 보이는 이야기다.

이석영은 둘째 아들 규서를 항상 곁에 두고 애지중지 키웠다. 이석영이 망명해 꿈꾸던 나라는 적서 차별이 없는 평등한 나라였으니, 이규서에게 거는 기대도 적지 않았을 것이다. 하지만 운명이 몰아간 이규서의 미래는 가족 중 그 누구도 예측하기 어려운 것이었다.

'만주왕' 납치 사건

1913년 11월 어느 날 어둑새벽에 합니하 일대를 발칵 뒤집어놓은 사건이 벌어졌다. 총칼을 든 마적 60여 명이 집으로 들이닥쳐 이석영과 어린 생도 2명을 납치해간 것이다. 소란통에 이회영의 아내 이은숙은 마적들이 쏜 총에 맞아 사경을 헤매다 구사일생하게 되었다. 이 소식이 알려지면서 현지 중국군 부대까지 출동해 마적들을 쫓게 되었고, 다행히 이석영과 생도들은 닷새 만에 무사히 풀려나게 된다.

만주인들은 영석장 존경하기를 '만주왕'이라고 칭할 정도였는데, '저희 나라가 문명치 못하여 마적떼가 사면으로 횡행하고 저희가 존경하는 이, 만주왕을 뫼셔 갔다니 저희 군대가 면목 없다'며 대장이 둘좌댁(둘째 시숙 댁, 즉 이석영 집)까지 와서 미안하다고 인사하고, 당황히 100여 명 군중을 출동시켜 도적을 잡기로 하고…….[12]

이석영이 현지의 토착민들을 비롯해 지역 군부대의 대장들에게까지 존경받았던 까닭은 무엇일까?

아마도 이석영은 토착민들에게 이해하기 어려운 '이상한 존재'였을 것이다. 한인임에도 합니하에서 넓은 땅을 소유할 정도로 배경이 든든한 인물인데, 그 땅을 이주 한인들에게 나눠주어 일구며 살아가게 하고 있었다. 게다가 일제에 맞서 조국을 되찾기 위해 학교를 지어 젊은이들을 무료로 가르친다고 했다. 무엇 하나 누리려 하거나 욕심내지 않는, 이제껏 보지 못했던 유형의 됨됨이가 이방인인 이석영을 사뭇 다른 시선으로 바라보게 했던 이유가 아니었을까?

이석영과 이회영의 아주 특별한 우애

마적떼에게서 풀려난 이석영이 처음 찾아간 사람은 다름 아닌 제수(동생 이회영의 아내)인 이은숙이었다. 자신도 경황이 없던 와중에 마적에게 총상을 입은 이은숙을 위로하며 병원에 입원시켜 몸을 돌보도록 했다. 치료비를 전담하고 이은숙이 퇴원한 뒤에는 쌀과 고기를 보내 정양靜養(몸과 마음을 안정해 휴양함)을 도왔다.

바로 내게로 오셔서 나를 위로하시는데……영감께서도 비회悲懷(마음속에 서린 슬픈 시름)를 금치 못하시며 속히 입원하여 완치케 하여 주겠으니 너도 마음 상치 말라고 위로하시던 음성이 지금까지 잊히지 않는다.……나는 이튿날 들것으로 통화병원에 입원하여 40일 만에 퇴원하여 돌아오니, 재생지인再生之人이라고 기뻐들 하시고…….[13]

한번은 이런 일도 있었다. 이회영의 어린 자녀인 규숙과 규창이 홍역에 걸리자 이석영은 제수 이은숙과 조카 둘을 자기 집으로 데려와 요양하도록 했다. 그런데 두 아이는 무사히 나았지만 이번에는 이은숙이 심하게 홍역을 앓게 된다. 이은숙의 회고에 따르면, 당시 이석영은 방 밖에서 밤을 새우며 염려하다 토혈까지 했다고 한다.

이석영은 왜 이렇게까지 제수 이은숙을 신경 써서 돌보았을까? 본디 이석영이 자상하기도 했지만 동생 이회영의 부재 때문에 더욱 그러했을 것으로 보인다. 당시 이회영의 서울 체류는 장기화되고 있었는데, 이석영은 그사이에 제수에게 변고라도 생긴다면 동생 볼 낯이 없을 것이라 여겼을 것이다.

동생 이회영을 생각하는 형 이석영의 마음이 어떠했는지는 다음 일화에서 여실히 나타난다. 이석영이 회갑(1915년 음력 12월 3일)을 앞두고 있던 무렵의 일이었다. 서울에서 이회영이 일제 경찰에 체포되었다는 소식이 들려오자 이석영은 몸져눕고 만다.

영석장이……아우님 무사하단 소식 듣기 전에는 '생신' 말 꺼내는 것도 못 하게 하시더니 아우님 무사하단 소식 들으신 후는 '이제는 내 회갑 차리라' 하시며 우당도 올 것이다……하시던 말씀도 지금까지 생각이 되도. 영감께서 생신이 임박하니 날마다 아우님 기다리시던 정을 어찌 다 말하리요.[14]

이석영은 동생 이회영에게 '늘 자신을 배려하고 기다려주는 형'이었다. 이관직이 쓴 『우당 이회영 선생 실기』에 따르면, "동생 이회영이 공익을 위해 자금을 요청하면, 이석영은 액수의 크고 작음을 떠나 거절하는 법이 없었다"고 한다.[15] 얼마나 동생 이회영을 굳게 신뢰했는지 미루어 짐작할 수 있는 대목이다. 이회영 역시 이런 형이기에 이석영을 늘 믿고 따랐을 것이다.

만해 한용운의 '님을 위한 침묵'

지난 2019년 12월, 미술 전문 경매업체 칸옥션이 개최하는 경매에서 110여 년여 전인 1912년 12월 만해 한용운이 혜찬慧燦 진진응陳震應 스님에게 보낸 엽서가 최초로 공개되어 화제가 되었다. 한용운이 범어사에서 한문으로 써서 화엄사로 부친 이 엽서에는 안부 인사와 함께 '죽다 살아난' 경험담이 담겨 있었다. 그 내용인즉 이렇다.

만주에 갔다가 지난 7월(음력) 길에서 강도를 만나 육혈포 세 발을 맞고 거의 죽을 뻔하였습니다. 겨우 국내로 돌아왔지만 위협을 당한 뒤에 아직도 여독이 가시지 않았습니다. 그렇지 않아도 묵은 업장業障(말, 동작 또는 마음으로 지은 악업에 의한 장애)이 가볍지 않아, 뜻한 바나 하는 일마다 장애가 발생하여 거의 몸 둘 곳이 없는데, 폭탄(육혈포)에 거의 죽을 뻔까지 했으니 무릇 인간의 삶에 꿈이 아닌 것이 어디 있겠습니까?[16]

한용운이 만주에서 총격을 당했던 일화는 일제강점기 때의 잡지 『별건곤』 1927년 8월호에 「죽었다가 다시 살아난 이야기」에서도 소개된 바 있다. 하지만 한용운이 당시 사건에 대해 친필로 기록을 남긴 것은 이 엽서의 글이 최초였다.

그렇다면 한용운은 어쩌다 '강도'에게서 총격까지 당하게 되었던 것일까? 그 단초는 이은숙이 쓴 『서간도 시종기』에서 찾아볼 수 있다.

조선에서 신사 같은 분이 와서 여러분께 인사를 다정히 하고 수삭數朔을 유留하였는데, 행동은 과히 수상치는 아니하나 소개 없이 온 분이라 안심은 못 하였다. 하루는 그분이 우당장께 자기가 회환하려는데 여비가 부족이라고 걱정을 하니……[17]

여비로 맺어진 인연

'조선에서 온 신사 같은 분'은 다름 아니라 만해 한용운이었다. 이 무렵에 한용운은 만주 동북 3성을 주유하면서 나라 밖 정세와 독립투쟁 상황을 살펴보고 있었다. 그러던 중 류하현 합니하까지 들어와 신흥무관학교가 세워진 것을 보고 여러 날 동안 묵게 되었던 것이다. 자연히 무관학교 설립자인 이석영을 비롯해 이회영·이시영 형제들, 김동삼 등과도 만나 민족의 장래에 대해 이야기를 나누었을 것이다. 이때의 인연으로, 한용운은 훗날 김동삼이 마포 형무소에서 옥고를 치르다 별세했을 때 자진해서 유해를 인수해 자신의 집에서 오일장을 치르기도 했다.[18]

당시 한용운에게서 범상치 않은 기질을 느꼈기 때문일까? 이석영은 과거에는 일면식도 없었을 한용운에게 선뜻 30원을 여비로 내주었다. '이왕직 인사 관계 서류'(1912년 8월~1913년 12월)에, 장시계掌侍係(순종의 식사, 향연 등을 담당하던 부서)의 고용 요리사 월급이 약 14원으로 기재되어 있으니, 그 시절 30원이면 결코 적은 액수가 아니었다.[19]

총격 사건의 전모

사건이 일어난 것은 공교롭게도 그로부터 며칠 후였다. 한용운은 합니하를 떠나 굴라재라는 고개를 넘던 중 연이어 목과 귀 부위에 총격을 받고 사경을 헤매게 된다. 그 뒤 간신히 중국인 마을로 찾아가 응급 처치를 받은 뒤 한인 마을의 병원에서 총알 제거 수술을 받았다. 당시 한용운이 마취도 없이 뼈를 깎는 고통을 이겨내 주위에서 '활불活佛'이라는 이야기를 들었다고 한다.[20]

대체 어떻게 된 상황이었을까? 이 피격 사건은 한용운이 일제의 밀정이라 오해한 신흥무관학교 생도들이 저지른 짓이었다. 이은숙의 『서간도 시종기』로 다시 돌아가보자.

> 수일 후 그분이 통화현 가는 도중에 총상을 당했으나 죽지 않고 통화병원에 입원 치료 중이라 하여 우당장께서 놀라셔서 혹 학생네 짓이나 아닌지 학생들을 불러 꾸짖고 물으니…….[21]

관용과 포용

훗날 국내로 들어와 활동하던 시기에 이회영은 한용운과 다시 조우하게 된다. 그런데 그때 한용운은 통화현의 일에 대해 이야기하며 이렇게 말했다고 한다. "그때 내 생명을 빼앗으려던 분을 좀 보면 반갑겠습니다."

승려로서 모든 것을 인과로 받아들였을 것이라 짐작은 하지만, 사선死線을 넘었던 한 자연인으로서는 보이기 어려운 관용과 포용이었다. 이를 두고 이회영은 진정한 영웅의 풍모라고 찬탄하기도 했다. "만약 만해가 그때 목숨을 잃었다면, 기미 만세의 독립선언서를 누구하고 같이 지었겠냐"면서.

그런데 평생을 두고 한용운은 자신이 겪은 만주 피격 사건의 '진상'을 털어놓지 않았다. 그저 "산중 강도의 소행"으로만 돌렸을 뿐이다. 실제로는 소총이나 화승총에 저격당했겠지만 혹시 가해자의 신원이 특정될까봐 "권총", "육혈포"라고만 지칭했다. 이제 막 뜻을 펴기 시작한 신흥무관학교와 생도들을 지키고 보호하기 위한 '침묵'이었다. 아마도 한용운에게는 상처받고 유린당하는 조국뿐만이 아니라, 조국을 되찾기 위해 자기 자신을 내던지는 갑남을녀 모두가 자신이 가슴으로 품어야 하는 '님'이었는지도 모르겠다.

안타깝게도 이때 뼛속에 박힌 파편과 총상 후유증으로 한용운은 평생 체머리(머리가 저절로 계속해서 흔들리는 병적 현상)를 앓아야 했다.

제7장

신흥교우단,
그 초석을
놓다

    1913년 5월 신흥무관학교 병영사가 낙성되던 무렵, 본관 건물에서는 신흥무관학교의 항일독립투쟁을 더 조직적으로 뒷받침할 새로운 단체가 결성되었다. 신흥무관학교 생도와 교직원, 졸업생 등 25명이 함께 뜻을 모아 창단한 '신흥교우단新興校友團'이 바로 그것이다. 이석영의 아들 이규준도 창립 단원으로 신흥교우단에 참여해 중요한 역할을 담당하게 된다.

    신흥교우단은 신흥무관학교 교직원과 졸업생이 정단원으로, 재학생은 준단원으로 참여하는 결사체였다. 처음에는 "옛 땅을 되찾는다"는 뜻의 고구려 말 '다물多勿'에서 이름을 따 '다물단'이라 부르다가 '신흥교우단'으로 명칭을 바꾸었다. 신흥무관학교는 우리 역사의 뿌리를 만주, 요동 등 광활한 강토를 지녔던 고조선에 두고 생도들이 드높은 기상을 키워가도록 '다물 정신'을 강조했다. 훗날 이규준은 독립투쟁을 위한 비밀결사 '다물단'을 조직하는데, 이 이름도 신흥무관학교가 모토로 삼은 '다물 정신'에서 유래한 것이었다.

그렇다면 신흥교우단은 대체 무엇을 위해 결성된 단체였을까? 먼저, 원병상의 『신흥무관학교』에 기재된 신흥교우단의 설립 목적을 살펴보자.

> 혁명 대열에 참여하여 대의를 생명으로 삼아 조국 광복을 위해 모교의 정신을 그대로 살려 최후 일각까지 투쟁한다.

한마디로 조국의 독립을 위해 끝까지 투쟁하겠다고 천명한 것이다. 그런데 여기서 눈여겨보아야 할 부분이 있다. '혁명 대열에 참여하여'라는 첫 구절이다. '혁명'이라는 단어는 이들의 염원이 단지 조국을 되찾는 데에 그치지 않았다는 것을 보여준다.

이들이 꿈꾸던 나라는 이전과 같은 '조선'이 아니었다. 인간이 인간을 억압하거나 수탈하지 않고, 누구나 동등하게 행복한 삶을 살아갈 자유를 누리는 새로운 국가를 만들려 했다. 그래서 독립운동가들은 스스로 '혁명가'라고 불렀다. 신흥무관학교 생도들이 굶주리고 헐벗으면서도 이를 악물고 얼어붙은 언덕을 오르내렸던 이유도 이와 다르지 않았을 것이다. 실제로 신흥교우단의 단가團歌는 "자유의 낙원을 지을 자 우리가 아닌가"라는 구절로 끝을 맺는다.

조상의 세우신 옛 나라 어디메뇨
충용忠勇한 무리야 그 은혜 끝까지 잊으랴
4천 춘광春光 빛나오는 배달 내 나라
자유의 낙원을 지을 자 우리가 아닌가.

신흥교우단은 크게 다섯 가지를 주요 사업으로 펼쳤다. 군사 관련 학술연구로 실력 배양, 각종 간행물을 통한 혁명 이념 선전과 독립사상 고취, 민중 자위체를 조직해 적구赤狗 침입 방지, 농촌 청년에게 기초군사훈련과 계몽교육 실시, 농촌에 소학교를 설립해 아동교육을 담당하는 것이 그 골자였다. 신흥교우단은 총무부, 편집부, 운동부, 조사부, 토론부, 재정부 등 6부를 두어 각 분야에서 책임을 다해 관련 사업을 뒷받침하도록 했다.

『신흥교우보』에서 찾아낸 유흔

특히 신흥교우단이 심혈을 기울였던 사업은 기관지인 『신흥교우보新興校友報』의 발행이었다. 1913년 6월 창간되어 연 2~4회꼴로 발간된 『신흥교우보』는 독립 의지를 앙양시키는 선전지이자 민족정신을 일깨우는 계몽지였다. 신흥무관학교 생도와 졸업생을 광복의 열망 속에서 하나로 이어주고, 서간도의 한인들에게 한민족이라는 자부심과 연대감을 심어주는 중요한 역할을 했다.

『신흥교우보』는 만주뿐만 아니라 연해주, 미주로까지 배송되었다. 이는 신흥무관학교와 신흥교우단을 중심으로 한 만주 지역의 독립군 세력이 줄기차게 독립운동을 전개하고 있다는 사실을 세상에 널리 알리기 위해서였다. '신흥무관학교 청년들이 조국을 되찾기 위해 이렇게 땀흘리고 있으니, 여러분도 용기를 내달라'는 격려이자 호소이기도 했다. 『신흥교우보』를 통해 전해지는 뜨거운 민족혼과 치열한 구국 활동은 국외 한인들에게도 광복에 대한 희망과 기대를 안겨주었다.

과거에『신흥교우보』에 대한 정보는 원병상의『신흥무관학교』, 미국 하와이의『국민보國民報』, 러시아 연해주의『권업신문勸業新聞』등 국외 한인 매체에 실린 기사 등을 통해 제한적·간접적으로 알려져 왔다. 그러나 2010년 독립기념관 한국독립운동사연구소가 미국 교포에게서『신흥교우보』제2호 원본을 기증받은 것을 계기로 새로운 사실들이 발굴·확인되었다. 그중에는 이규준의 한시 등 그의 유훈과 관련된 내용도 포함되어 있다.[1]

『신흥교우보』제2호는 1913년 9월 15일 신흥강습소에서 등사본 갱지 100쪽 분량으로 발간되었다. 강일수姜一秀를 편집인 겸 발행인으로 논단, 강단, 학원學苑, 소설, 문림文林, 축사, 잡조雜俎, 회중기사會中記事 순으로 내용이 담겼다.

이 가운데 '잡조'에 실린「고구려 영락태왕 묘비문」,「고구려 산성 답사기」 등은 고구려 역사와 광개토대왕에 대한 높은 자부심과 깊은 관심을 반영하고 있다. 신흥무관학교 교직원과 생도들이 '다물 정신'을 신조처럼 여겼던 배경을 미루어 짐작할 수 있다.

특히 '문림'에서는 신흥무관학교 설립의 주역인 이석영의 맏아들 이규준과 이건영의 셋째 아들인 이규훈의 미발굴 시가 처음으로 확인되어 주목을 받았다.

이규준의 한시 「추야강무유감秋夜講武有感」은 『신흥교우보』 제2호 55쪽, 이규훈의 한글 시 「시냇물 두고」는 51쪽에 각각 실렸다. 이는 현재 전해지는 두 사람의 유일한 '유고遺稿'이기도 하다.

규칙기초위원으로 강령 등을 마련하다

한 가지 더 특기特記(특별히 다루어 기록함)할 점은 이규준이 '규칙기초위원'으로 선정되어 신흥교우단의 규범, 강령, 신조 등의 초안을 마련했다는 사실이다.[2] 이는 이규준이 창단 단원으로서 신흥교우단 결성에 주도적으로 관여했다는 것을 시사한다.

『신흥교우보』에 규칙기초위원으로 등재된 이들은 이규준을 비롯해 이영李英, 강일수 등 3명이었다(『신흥교우보』 제2호 91쪽). 이들 중 이영은 신흥교우단 제3대 단장으로서 임시총회의 임시회장을 맡을 정도로 신망이 두터웠고, 강일수는 편집부장으로서 『신흥교우보』의 편집인과 발행인을 겸임할 만큼 학덕學德이 뛰어났다. 이규준이 이들과 어깨를 나란히 하며 규칙기초위원으로 활동한 것은 그가 동료들에게서 학식과 품성을 두루 인정받고 있었다는 사실을 방증한다.

이규준 등 규칙기초위원 3명의 손을 거쳐 마련된 신흥교우단의 '강령'과 '선열의 시범'을 잠시 살펴보자. '선열의 시범'은 신흥교우단원들이 모일 때마다 외친 맹세이자 신조였다.

(1) '다물'의 원동력인 모교의 정신을 후인에게 전수하자.
(2) '겨레'의 활력소인 모교의 전통을 올바르게 자손만대에 살린다.
(3) '선열' 단우의 최후 유촉을 정중히 받들어 힘써 실행한다.

아마도 강령에서 거론되는 '다물', '겨레', '선열'은 신흥무관학교 생도와 졸업생들이 가장 자주 떠올리고 가슴에 담았던 단어였을 것이다. 특히 나라를 위해 싸우다가 죽은 열사를 뜻하는 '선열'과 관련해서는 '선열의 시범'이라는 신조를 따로 정해 외우고 다닐 정도였다.

(1) 나는 국토를 찾고자 이 몸을 바쳤노라.
(2) 나는 겨레를 살리려 생명을 바쳤노라.
(3) 나는 조국을 광복하고자 세사世事를 잊었노라.
(4) 나는 뒤의 일을 겨레에게 맡기노라.
(5) 너는 나를 따라 국가와 겨레를 지키라.

'선열의 시범'은 신흥교우단원들뿐만 아니라 수많은 독립운동가가 견지했을 세 가지 맹세와 두 가지 유촉遺囑(죽은 뒤의 일을 부탁함)을 담고 있다. 세 가지 맹세에 나타난 대로, 그 시절 독립운동가들은 국토를 되찾기 위해 몸을 바치고, 겨레를 위해 생명을 바치고, 광복을 위해 세상의 온갖 일을 잊었던 사람들이다. 피 끓는 가슴을 겨레와 조국이라는 두 단어로만 가득 채우고 살았던 사람들이다. 세상의 권세와 명예, 부귀영화도, 심지어 가족까지도 그들의 가슴에는 설 자리가 없었다.

뒤이어 나오는 두 가지 유촉에서는 죽음으로도 결코 멈추게 할 수 없는, 국가와 겨레에 대한 결연한 수호 의지를 읽을 수 있다. 신흥교우단원들을 비롯한 독립운동가들이 후대에 바란 것은 특별한 예우나 보상이 아니었다. 그들의 바람은 나라를 생각하고 겨레를 지키려는 신념과 정신이 후대에도 온전히 이어지는 것, 그 하나뿐이었다.

검을 짚고 평화를 노래하다

『신흥교우보』 제2호에 게재된 「추야강무유감秋夜講武有感」은 1913년, 이규준이 18세 때 지은 한시다. 망국의 한을 품고 낯선 땅에 머문 지 어언 3년, 피 끓는 나이인지라 일제에 대한 한없는 원망과 복수심으로 점철될 수도 있었던 시기였을 것이다. 그러나 이규준이 한시에서 노래한 것은 처절한 복수나 응징이 아니었다. 일

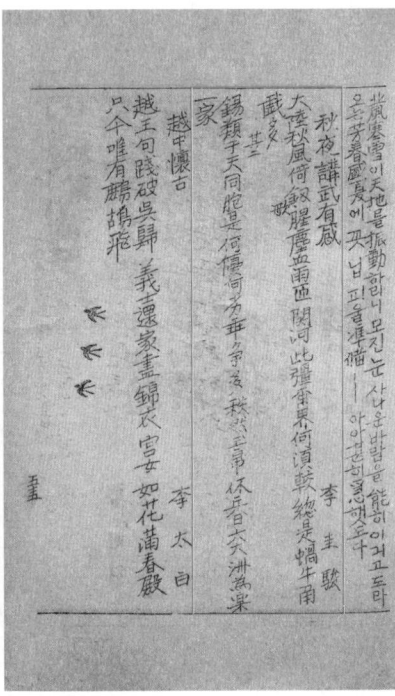

이규준은 「추야강무유감」을 통해 모두가 동지라는 마음으로 서로를 배려해야 한다고 말했던 것은 아니었을까? 『신흥교우보』 제2호 표지와 이규준의 시.

제가 저지른 야만적인 폭력과 전쟁 그 너머의 새로운 세상, 진정한 평화를 향한 꿈이었다.

「추야강무유감」은 7언 절구의 한시 두 수首로 이루어져 있다. 아마도 서간도 합니하의 가을은 고국 한성(경성)의 겨울보다 훨씬 혹독했을 것이다. 제목 그대로, 이규준은 그런 가을날 밤에 군사훈련을 하며 떠오르는 상념을 시로 그려냈다. 먼저 '직독직해'한 한시의 내용을 간략히 살펴보자.

기일其一

大陸秋風倚釖歌

대륙에 이는 스산한 가을바람 맞으며 검 짚고 읊노라

腥塵血雨匝關河

피비린내 비 오듯 산하를 두루 적신다네

此疆爾界何須較

이 땅 저 땅 서로 따질 것이 뭐 있어서

總是蝸牛角戱多

다들 달팽이 뿔 위에서 그리 놀아나는가.

기이其二

錫類于天同胞是

하늘이 내리신 복 받은 동포인데

何優何劣乖爭多

어찌하여 우열 다툼이 이리 심한가

秩然玉帛休兵日

정연히 우호의 예로 전쟁 그치는 날

六大洲爲樂一家

온 세상 하나 되어 기쁨을 누리리라.

김주용(한국독립운동사연구소 연구위원)은 이규준의 한시에 대해 "가을철 신흥무관학교를 주제로 하여 젊은 단우들의 각성을 요구

하는 시"라고 간략히 평한 바 있다.³

그렇다면 이규준은 과연 무엇을 경계하는 마음을 시에 실었던 것일까? 당시 그의 속내를 정확히 되짚기는 어렵겠지만, 둘째 수에서 '어찌하여 우열 다툼이 이리 심한가'라는 대목을 통해서 유추할 수 있는 한 가지가 있다. 바로 신흥교우단원 간의 불협화음 문제다.

신흥무관학교 생도와 졸업생은 각양각색 젊은이들의 집합체였다. 그중에는 양반과 천민, 부자와 빈자, 유식한 자와 무식한 자, 빨리 깨우치는 자와 더디 배우는 자, 강한 자와 약한 자 등 서로 다른 계층 간의 보이지 않는 알력과 갈등도 존재했을 것이다. 모두가 평등과 자유를 외쳤지만, 아직 혁명이라는 단어가 모두에게 체화되지는 않았던 시기이기도 했다.

이규준이 우려했던 것은 아마도 사사로운 갈등으로 인해 자칫 단원들의 동지의식이 깨지거나 광복을 향한 큰 뜻이 훼손되는 사태였을 것이다. 그래서 고민 끝에 붓을 들었던 것은 아니었을까?

원병상의 『신흥무관학교』에서 소개된 교감 윤기섭의 일화도 이규준의 한시 구절과 맞닿는 지점이 있는 듯하다.

> 윤 교감의 교육 지침은 가령 한쪽 눈이 없는 사람이라면 그를 지적해 말할 때 한쪽 눈이 있는 사람이라고 그 사람의 장점을 들어 말해야 한다고 강조하였다. 그분의 진실하고 인자한 성격을 짐작하고도 남음이 있을 것이다.⁴

윤기섭이 다른 이의 단점을 보지 말고 장점을 들어 말해야 한다고 강조한 것은 생도들이 서로를 존중하고 화합하기를 간절히 바랐기 때문으로 풀이된다. 이규준이 한시를 통해 전하려 했던 메시지도 모두가 동지라는 마음으로 서로를 배려해야 한다는 취지가 아니었을까?

조국을 위해 산화한 이규훈 부자

이규훈이 『신흥교우보』에 남긴 시 「시냇물 두고」는 작은 시냇물이 모여 대양을 이루듯 우리 민족의 동량, 즉 신흥무관학교 학생들이 쉼 없이 정진하면 민족적 대업을 이룰 것이라는 내용을 담고 있다. 그의 기대처럼 조국은 광복을 맞이했지만, 그의 이름은 대양을 이루었던 작은 시냇물처럼 흐르는 세월 속에 그대로 파묻히고 말았다.

저동 육형제의 맏형인 이건영의 셋째 아들인 이규훈은 신흥무관학교를 나온 후 만주, 상해 등지에서 독립운동을 했다. 광복 후 귀국해 국군 창설에 기여했으며, 육군 중위로 복무하던 중 6·25전쟁 때 실종되었다. 이규훈은 자신의 장남을 바로 위의 형인 이규면 李圭冕에게 양자로 출계시켰는데, 그 아들마저도 6·25전쟁에 참전해 전사했다. 이규면은 이보다 앞서 중국 상해에서 독립운동 중에 병사했다. 그럼에도 이건영가家에서 독립유공자로 서훈받은 사람은 신흥무관학교 설립 지원과 계몽교육 활동 등을 인정받은 이건

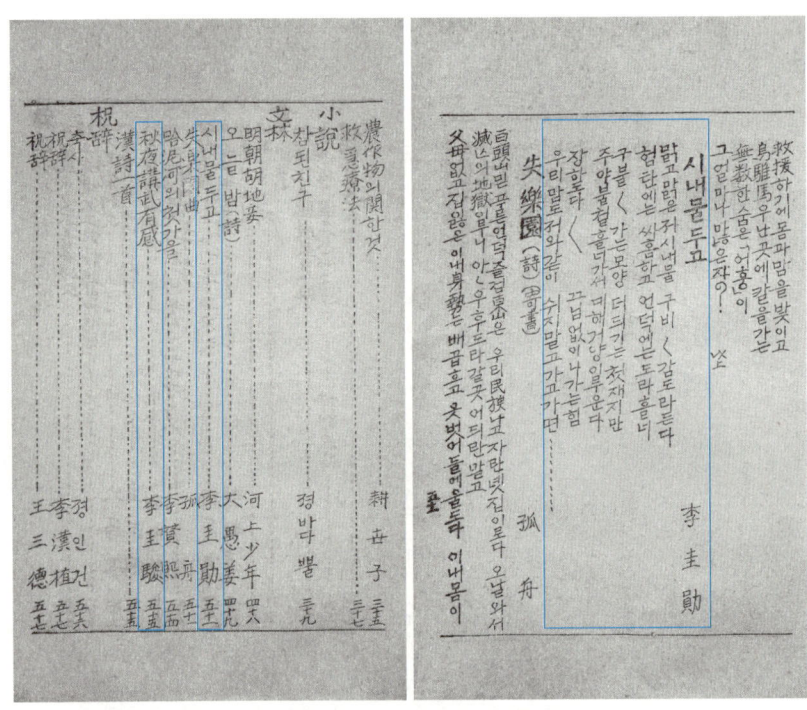

이규훈의 「시냇물 두고」는 신흥무관학교 학생들이 쉼 없이 정진하면 민족적 대업을 이룰 것이라는 내용을 담고 있다. 『신흥교우보』 제2호 목차와 이규훈의 시.

영(건국훈장 애족장)이 유일하다.

신앙적 존재로 성장한 신흥교우단

1915년 4월 29일 『신한민보新韓民報』는 「원동 소식」에서 그해 3월에 치러진 신흥무관학교 제1회 졸업식 소식을 전했다(『신한민보』는 미국 한인 단체들의 통합 조직인 '국민회'의 기관지로 1909년 창간되어 재미 한인들을 대표하는 역할을 했던 신문이다). 그런데 졸업증서를 받은 졸업생 10명의 명단에서 낯익은 이름이 발견된다. 바로 이석영의 맏아들 이규준과 이회영의 둘째 아들 이규학이다. 이는 이규준과 이규학이 4년제로 운영된 신흥무관학교 본과를 나온 최초의 졸업생이라는 사실을 의미한다.

그렇다면 창단 초기에 졸업생 신분(정단원)으로 신흥교우단에 참가한 사람들은 대체 누구였을까? 이들은 3개월, 6개월의 무관양성 단기 코스인 신흥무관학교 특별과를 나온 졸업생들로 여겨진다. 그럼에도 생도들을 '준단원'으로, 특별과 졸업생과 교직원을 '정단원'으로 삼아 신흥교우단을 운영한 이유는 무엇이었을까? 특별과 졸업생을 예우하는 한편, 학업과 훈련을 병행해야 하는 생도들을 배려했기 때문으로 추정된다.

신흥교우단은 신흥무관학교 생도와 졸업생이 계속 증가하면서 서간도 독립운동의 핵심 조직으로 성장했다. 졸업생들은 모교의 교명에 따라 2년간 독립군과 교사 등으로 복무하며 각지의 각 분야에서 뚜렷한 족적을 남겼다. 신흥무관학교가 지속적으로 명성을 이어가고 영향력을 갖게 된 데에는 신흥교우단의 헌신적 활동에 힘입은 바가 컸다는 게 역사가들의 평가다.

신흥교우단의 주요 사업에도 나와 있듯이, 단원들은 신흥무관학교나 분·지교, 초등학교 수준의 많은 학교를 운용하는 데 관여하기도 했다. 한인 가구가 몇십 호만 거주해도 소학교를 세워 이주 한인들의 자녀를 가르쳤다. '교육 구국'을 신념으로 삼았던 이석영은 이러한 소학교 설립에도 도움을 주었던 것으로 전해진다. 단원들은 농한기 때면 이주 농민들에게 계몽교육을 하고 스스로 방비할 수 있도록 군사훈련도 함께 실시했다. 또한 신흥교우단은 신흥무관학교와 분교, 부민단과 한족회韓族會 등 한인 자치조직에 일본이나 적의 앞잡이가 침투하는 것을 막는 자위 조직의 역할도 해냈다.

신흥교우단은 1916년 무렵 학교 담장 너머로 외연을 확장하면서 '신흥학우단新興學友團'으로 개칭하고, 이에 따라 『신흥교우보』도 『신흥학우보新興學友報』로 이름을 바꾸었다. 『신흥학우보』는 일제에 눈엣가시 같은 잡지였다. 일제 철령 영사관 해룡분관 주임이 외무대신에게 보낸 기밀 문건에 따르면, 1917년 당시에도 『신흥학우보』가 안중근 전기 등 배일적 기사를 실어 감시를 받았던 사실을 알 수 있다.[5] 신흥학우단은 신흥무관학교가 일제의 핍박과 탄압으로 문을 닫은 1920년까지 지속적으로 활동을 이어갔다. 당시 단원이 700여 명에 이르렀으며, 이들은 해단된 뒤에도 저마다 독립운동 현장에서 일익을 담당했다.

독립운동가 채근식蔡根植은 『무장독립운동비사』에서 신흥학우단이 "동북 3성에서 한국 혁명운동 초창기의 핵심 조직"이었고, "국내외 혁명 공작에는 빠짐없이 참석"할 만큼 당시 서간도 일대 민중들에게는 '신앙적인 존재'였다고 평가했다.[6]

신흥무관학교를 나온 저동 육형제의 아들들

이규준을 비롯한 저동 육형제의 아들들도 신흥무관학교에서 구국의 꿈을 키웠다. 서로 사촌지간인 이들 5명은 신흥무관학교를 졸업한 뒤 모교와 독립투쟁 현장에서 큰 역할을 담당했다. 다음은 신흥무관학교 졸업생 명부에 이름을 올린 '저동 사촌 형제'들의 면면이다.

이규훈(이건영의 삼남) 이규준의 한시와 함께 이규훈의 한글 시가 『신흥교우보』 제2호에 실림. 만주 등지에서 독립운동을 하다 귀국, 6·25전쟁 때 육군 중위로 자원 입대해 복무하던 중 실종.

이규준(이석영의 장남) 임시정부 지원 활동과 독립운동 자금 모집, 의열 투쟁 단체 다물단 조직, 밀정 김달하 처단 등 활동.

이규룡(이회영의 장남이었으나 큰아버지 이건영에게 출계) 신흥무관학교 교사, 국내 귀국 후 군자금 조달 활동.

이규학(이회영의 차남) 이규준과 함께 다물단 조직, 독립운동 자금 모집 활동.

이규봉(이시영의 장남, 나중에 이규창李圭昶으로 개명) 독립운동 자금 모집, 임시정부 지원 활동.

합니하 신흥무관학교 그 후

제2의 군영 '백서농장'

　통화현 합니하에 신흥무관학교를 세운 망명 지사들과 교직원들, 생도들과 졸업생들은 1914년 유럽에서 제1차 세계대전이 일어나자 독립전쟁을 본격화할 호기가 왔다고 여겼다. 하지만 기대와 달리 일본이 영국, 프랑스 측에 가담함으로써 일제와의 전쟁 계획은 물거품이 되고 말았다. 이에 굴하지 않고 신흥무관학교의 몇몇 지사와 졸업생은 백두산의 서편에 있는 통화현 소배차小北岔 밀림지대에 신흥무관학교의 제2군영으로 백서농장白西農莊을 건설했다. 농장명 '백서'는 '백두산 서편'이라는 의미다.

　1915년 완성된 백서농장은 수천 명의 병력을 수용할 수 있는 대규모 군영이었다. 중국 측을 의식해 '농장'이라 이름 붙였을 뿐 사실상 군사기지와 다를 바 없었다. 장주庄主는 경북 안동 출신의 망명 지사 김동삼이 맡았다. 백서농장은 '병농 일치'를 채택해 정예 병사를 기르는 훈련에 주력하는 한편 농사일을 하며 자급자족 체계를 갖춰갔다. 신흥무관학교 졸업생과 각 분교 등지에서 훈련된 군인들이 백서농장에 입영해 혹독한 훈련을 받으며 독립전쟁을 대비했다.

　그러나 기후와 풍토가 맞지 않고 음식물마저 부족한 상황에 이르면서 갖가지 병마가 병영을 휩쓸고 만다. 백서농장을 지원해온 한인 자치단체 부민단이 3·1 독립운동 후 해체되고 한족회가 조

수천 명의 병력을 수용할 수 있는 백서농장은 '병농 일치'를 채택해 정예 병사를 기르는 훈련에 주력하는 한편 농사일을 하며 자급자족 체계를 갖춰갔다.

직되는 과정에서 결국 농장 문을 닫게 되었다. 백서농장은 열악한 여건으로 인해 4년 만에 해체되었지만, 혹독한 환경과 극한 상황에서의 경험은 항일독립운동의 보이지 않는 밑거름이 되었다.

고산자 본교 시대

1919년에는 3·1 독립운동의 영향으로 신흥무관학교를 찾아오는 한인 청년들이 급증하면서 합니하 지역의 신흥무관학교 시설만으로는 이들을 수용하기가 어려운 상황이 되었다. 이에 따라 이주 한인들이 많이 거주하는 류하현 고산자 부근의 하동河東 대두자大肚子로 신흥무관학교 본부를 옮기고, 기존에 있던 합니하의 학교를 분교로 삼았다. 이어 통화현 쾌대무자快大茂子에도 분교를 두어 신흥무관학교는 모두 3개의 학교를 운영하는 체제로 발전했다.

운명의 폐교

3·1 독립운동의 영향으로 독립의 열망이 서간도에서 들끓고 신흥무관학교의 명성이 높아지자 일제와 중국의 견제와 압박도 가일층 심해졌다. 급기야 일제는 1920년 5월 중·일 합동 수색을 시작으로 서간도 일대 독립운동 세력에 대한 대대적인 탄압에 나선다. 특히 1920년 6월 봉오동에서 홍범도洪範圖 부대에 대패하자 일본군은 급기야 보복에 나서 독립군 초토화 작전을 감행했다. 이때 수개월간 수천 명의 한인이 무차별 학살되었다(경신참변庚申慘變). 서간도에서 신흥무관학교를 유지하는 것이 불가능해지면서 결국 그해 7월 문을 닫을 수밖에 없었다.

신흥무관학교는 1911년 신흥강습소로 문을 연 이후 폐교된 1920년까지 약 3,500명의 졸업생을 배출했다. 신흥무관학교 출신들은 홍범도의 대한의용군과 김좌진金佐鎭의 북로군정서 등에서 복무하며 중추적인 역할을 해냈다. 폐교 이후 지청천池靑天 등이 300여 명의 졸업생과 생도를 이끌고 김좌진의 북로군정서에 참여해 청산리전투에서 큰 공을 세운 일화도 유명하다. 신흥무관학교 졸업생은 독립군 활동, 혁명 사업, 교육 사업 등 다양한 애국 운동에 헌신해 남·북 만주, 시베리아 등지에 그들의 족적이 닿지 않는 곳이 없었다.[7]

독립운동을 펼치던 시기 중에서도 가장 암담했던 시기가 3·1운동 이전의 암흑기로 불리는 1910년대였다. 일제가 무단통치를 자행했던 국내와 거의 절연되어 있었고 어떤 외부적 지원도 받기가 어려웠던 시기였다. 이 때문에 3·1운동 이후 일제가 패망할 때까지 활발히 전개되었던 독립운동과 달리 1910년대에는 주목할 만한 독립운동이 그다지 많지 않았다. 이 점에서도 1910년대에 한시도 쉬지 않고 무관 양성에 진력했던 신흥무관학교는 우리 역사에서 소중한 위치에 있다.[8]

제8장

신흥무관학교 생도에서
독립투사로

1915년 봄, 신흥무관학교는 역사적인 4년 과정의 본과 졸업생을 처음으로 배출했다. 졸업증서를 받은 이는 이규준을 비롯해 모두 10명이었다(황병우, 이영, 박돈서, 엄주관, 이규학, 강한년, 이규준, 황병창, 이규인, 이의식). 그간 합니하 병영을 거쳐간 수백 명의 특별과 졸업생에 비하면 소수에 불과했지만, 원래 신민회가 계획했던 문무쌍전文武兼全의 간부 양성 과정을 모두 거친 것은 이들이 최초였다. 이 졸업생 10명은 지난 4년간 온갖 고초와 난관에도 신흥무관학교가 살아남아 성장해왔음을 세상에 알리는 살아 있는 증거이기도 했다.

1915년 4월 29일 『신한민보』 보도에 따르면, 그해 3월에 졸업식이 열렸고 졸업생들에게 졸업증서도 수여했다. 아마도 이석영과 저동 형제들, 이상룡과 안동 유림 출신의 망명 지사들은 이들 졸업생에게 격려와 축하의 박수를 보내며 깊은 감회에 젖었을 것이다. 자신들의 의지와 염원이 하나로 결집된 분신 같은 존재가 바로 신흥무관학교였기 때문이다.

그렇다면 졸업증서를 손에 쥔 맏아들 이규준을 바라보던 이석영의 심정은 어땠을까? 험난할 수밖에 없는 독립운동가로서의 여정이 본격적으로 시작된다는 점에서는 심사가 매우 복잡했을 것으로 보인다. 하지만 아들이 어느새 독립운동의 동량으로 성장해 자신의 포부를 펼치려는 모습이 한편으로는 대견스럽기도 했을 것이다.

공교롭게도 이규준이 신흥무관학교를 졸업한 1915년은 그가 성년을 맞는 해이기도 했다. 지학(15세)의 나이로 망명 생활을 시작해 어느새 약관(20세)에 접어든 것이다. 이미 아내와 딸들을 둔 한 집안의 가장이었지만, 이규준은 되도록 아버지 곁을 지키려 했을 것이다. 이때 이석영의 나이 61세, 하루가 다르게 노쇠해지고 있었기 때문이다.

이 무렵 이규준은 아버지 이석영에게 쌀을 사다 드리러 마라톤 거리를 훌쩍 넘는 120리(약 47킬로미터) 길을 걸어 통화현까지 오가기도 했다. 당시 험준한 고령을 3개나 넘어야 했다고 하니, 그의 효심이 얼마나 깊었는지 미루어 짐작할 수 있다.[1]

하지만 신흥무관학교를 졸업한다는 것은 독립운동가로서 이규준의 홀로서기가 시작되었다는 의미이기도 했다. 이제 이석영에게도 이규준은 품 안의 자식이 아니었다. 바야흐로 아버지 이석영이 심혈을 기울여 쌓은 독립운동의 초석 위에서 아들 이규준이 펼쳐갈 '투사의 시대'가 열리고 있었다.

둘째 딸 숙온을 얻다

이규준은 신흥무관학교 졸업을 한 해 남겨두고 또 한 번 어여쁜 아기를 품에 안는 기쁨을 누렸다. 1914년 5월 15일 아내 한평우와의 사이에서 둘째 딸 이숙온李淑溫을 얻은 것이다.

손이 귀한 집안이라 할아버지 이석영과 아버지 이규준은 늠름한 아들을 원했을 것이다. 하지만, 이번에도 2세는 예쁜 딸이었다. 숙온이라 이름 지은 것은 첫딸의 이름인 온숙을 거꾸로 하면 다음에는 아들이 태어난다는 속설 때문이기도 했다.

이숙온이 태어난 해는 합니하로 이전한 신흥무관학교가 점차 뿌리를 내리던 때였다. 나날이 늘어나는 생도들을 감당하느라 망명 지사들이 허리띠를 졸라매던 시기이기도 했다. 이석영이 짊어져야 할 짐도 점점 무거워졌을 테지만, 하루가 다르게 성장하는 온숙과 숙온 두 손녀를 보며 마음의 위안을 얻었을 것이다. 생도로서 마지막 해를 보내고 있던 이규준 역시 둘째 숙온의 옹알이를 들으며 고된 하루하루를 잊을 수 있었을 것이다.

이규준은 일제가 시행하던 민적법을 따르지 않았다. 첫째 딸

온숙과 마찬가지로, 둘째 딸 숙온도 일제가 관장하던 국내의 민적에 오랜 기간 이름을 올리지 않았다.

이은숙의 『서간도 시종기』에도 이런 대목이 실려 있다. 저동 육형제의 가족들이 경술국치 이후 즉시 만주로 갔기 때문에 일제가 고친 민적에서 누락되었다는 것이다.

> 우리가 경술년에 한일합방 후에 즉시 만주로 가서……일본인이 호적을 민적으로 고친 걸 우리 여러 형제집은 미처 고치지 못하고 가서 우리 민적이 누락되었으나 장차 필요할 것이라 내가 조선 있는 동안에 민적이나 만들어놓자고…….[2]

당시 국내에 체류 중이던 이은숙은 결국 민적을 만들었는데, 그 시기는 지아비 이회영이 별세(1932년)한 수년 뒤, 아들 이규창 李圭昌마저 장기수로 복역(1935~1945년) 중이던 때였다. 경술국치 이후 조국을 떠난 지 20년여 뒤의 일이었다.

이규준의 둘째 딸 숙온도 이와 비슷한 상황을 거쳤다. 이숙온은 출생 후 20여 년 동안 중국에서 '무적' 상태로 지내다, 아버지 이규준을 여의고(1928년), 할아버지 이석영마저 서거(1934년)한 뒤에야 국내로 들어와 민적에 이름을 올렸다.

일제강점기의 민적부(현재 호적부)에는 이숙온이 공주지방법원 대전지청의 취적 허가를 받아 쇼와昭和(소화) 10년, 즉 1935년 2월 14일에 처음 민적을 만든 것으로 기재되어 있다. 본적지와 출생지는 '충청남도 대전군 대전읍 춘일정 2정목 10번지'로, 호주는 자신으로 신고했다. 이때 이숙온의 나이 22세였다.

그런데 이숙온은 민적 신고 때 '전 호주', 즉 아버지를 '본관 경주(경주이씨)'인 이종각李鍾珏으로, 어머니는 한씨韓氏로 기재했다. 이뿐만 아니라 전 호주 이종각이 1919년 5월 사망한 것으로 신고했다. 아마도 아버지 이규준이 생전에 거물 밀정인 김달하金達河를 처단해 일제 경찰의 집요한 추적을 받았던 기억으로 인해 신원을 감추려 했던 것으로 여겨진다. 이 무렵은 일제의 민족말살 정책이 본격화되던 시기이기도 했다.

민적부에 등재된 혼인 날짜(1935년 2월 7일)로 보아, 이숙온은 남편 김현수金顯洙와 혼인신고를 하기 위해 민적을 만들게 된 것으로 보인다. 여기에는 집안에서 전해지는 사연이 있다.

이숙온은 중국에서 어렵게 지내던 중 독립운동을 하던 청년 김현수와 만나 상해에서 백년가약을 맺게 되었다. 그 후 아이를 잉태하게 되자 시댁의 간곡한 요청으로 부부가 함께 귀국하게 되었다고 한다. 결국 이숙온·김현수 부부는 곧 태어날 2세를 위해서 민적을 만들고 혼인신고를 했던 것이다.

이숙온이 민적을 신청하면서 자신의 본적지이자 출생지로 기재한 대전군 대전읍의 주소지는 귀국 후 남편과 함께 머물던 거처이기도 했다. 아마도 시댁 쪽에서 마련해준 신혼살림 방이었을 것이다. 불과 두 달여 뒤 바로 이곳에서 두 사람이 고대하던 2세가 태어난다. 이석영의 외증손녀이자 이규준의 외손녀, 그리고 이숙온·김현수 부부의 소중한 맏딸인 김용애金容愛였다.

'이종각'이라는 이름의 비밀

한 가지, 주목할 것은 이숙온이 전 호주로 거명한 '이종각'이라는 이름이 실제로 이규준의 이명異名으로 쓰였을 가능성도 배제할 수 없다는 점이다. 1917년 5월 23일 조선총독부 정무국은 '지방민정휘보地方民情彙報'라는 제목의 문건을 총독과 정무총감 등에게 보고한다. 이 문건에는 충청북도 경무부장이 보고한 내용이 담겼는데, 뜻밖에도 '이종각'이라는 이름이 여기에 등장한다. 그 대강의 내용은 이렇다.

> 1916년 음력 10월 당시 충청북도 보은군 내북면에 거주하던 이종각李鍾珏이라는 자가 청림교靑林敎의 일파로 의심되는 비밀결사인 '훈치교フンチ敎'의 포교 활동을 하다 적발되었다. 이 자는 예의 비밀결사가 국권 회복을 목적으로 하는 단체로 일본에 대해 국권 반환을 요구할 계획이라며 『정감록』의 예언을 빙자해 사람들을 현혹시키고 통령환通靈丸 등 불법 약을 팔았다. 이종각을 엄중히 처분하려 하나 현재 행방이 묘연해 소재를 수사 중이다.[3]

이 문건에서는 이종각이 돈벌이를 위해 사이비 종교 행각을 벌인 것처럼 폄하하고 있다. 하지만 문건에서 '국권 회복', '국권 반환'이라는 단어가 수차례 거론되고 문건의 소제목에 '불온不穩 언동자言動者'라고 명기된 점으로 미루어, 사실은 독립정신을 일깨우고 독립군 자금을 모으다 일제 경찰에 포착되었던 것으로 보인다.

그런데 이 문건을 끝으로, '이종각'이라는 이름은 추후 보고서에서 두 번 다시 등장하지 않는다. 이는 일제 경찰이 그의 소재를 확인하는 데 실패했다는 것을 의미한다. 사라진 이종각은 과연 이규준과 연관이 있었을까?

이규준은 당시 경성과 충청권을 오가며 독립운동 자금 모집 활동을 벌였던 것으로 확인된다. 또한 신흥교우단이 항일투쟁을 위해 서간도 일대의 민족종교 기관과 긴밀히 교류했던 점을 감안하면, 이규준이 국내에 있는 이들 단체의 풀뿌리 지하조직과 연대해 활동했을 가능성도 있다. 문건에서 거론된 청림교는 동학의 한 갈래로 1910년대에 다양한 형태의 비밀결사를 조직해 항일 독립운동을 벌였다.

이숙온은 민적 신청 서류 앞에서 대체 왜 '이종각'이라는 이름을 떠올렸던 것일까? 혹시 이종각이 집안 식구끼리 아버지 이규준을 지칭하는 이명이었기 때문은 아니었을까? 엄혹했던 시대에 그렇게나마 돌아가신 아버지를 추억하고 싶었던 것은 아니었을까?

특별한 첫 임무

신흥무관학교 졸업생들은 학교의 명에 따라 2년간 의무적으로 독립군 또는 교사 등으로 현장에서 복무하는 게 불문율이었다. 일례로 이규준의 동기생인 황병우는 졸업 후 교단에 서며 신흥학우단 부단장(1917년)으로 활동하기도 했다. 그렇다면 이규준는 어땠을까?

몇몇 정황으로 보아, 이규준은 1917년을 전후해 특별한 임무를 맡았던 것으로 보인다. 바로, 국내로 파견되어 독립운동 자금을 모집하는 한편 두 숙부인 이회영과 이시영 사이에서 연락책 역할을 하는 비밀 임무였다.

이 시기에 이규준이 한성에서 활동했다는 사실은 이은숙의 『서간도 시종기』에서도 확인된다. 이회영은 1913년 독립운동 자금을 마련하기 위해 국내로 들어와 수년째 은밀히 활동하고 있었다. 이회영의 아내 이은숙은 남편과 생이별한 지 4년여 만인 1917년 서간도에서 두 자녀를 데리고 귀국해 가족 간 극적 상봉이 이루어진다. 당시 이회영은 한성 익선동 단칸방에서 지내고 있었는데, 이은숙은 아들 '규학 형제'와 '질아(조카) 규준' 등이 이곳에 머무르기에 잠은 친구 집에서 잤다고 술회하고 있다.

정사년(1917) 8월 30일(음력)에 (우당장이) 익선동서 유숙하시는 집으로 5년 만에 식구가 모여 소꿉질하는 살림을 하고 지냈다. (아들) 규학 형제, 질아 규준, 규봉 사종형제 의식衣食을 하고 있던 단칸방이라 잠은 친구네 집에서 자고 식전이면 와서 조석을 먹는지라…….[4]

여기서 '(아들) 규학'이란 바로 신흥무관학교를 함께 졸업한 이규준의 사촌 이규학을 가리킨다. 그런데 이규학은 그해 군자금 모금 활동을 하다 일제 경찰에 체포된 경력이 있었다. 이로 미루어 보아 동기인 이규준 역시 국내에서 군자금을 모금하는 '졸업 임무'를 수행 중이었을 것으로 여겨진다.

고종의 망명 계획

그런데 당시 이규준의 행적과 관련해 특히 주목할 만한 부분이 있다. 이규준이 이회영과 이시영, 두 숙부 사이에서 추진되던 모종의 거사에서 특정 역할을 맡았을 가능성이다. 모종의 거사란 다름 아닌 '고종의 중국 망명 계획'이었다.

이회영은 비밀리에 귀국한 이후 사대부 출신 양반들이 독립운동에 참여하도록 설득에 나섰다. 하지만 대부분 뜨뜻미지근한 반응을 보여 답보 상태에 머물게 된다. 이 때문에 동지들과 함께 상황을 타개할 대담한 계획을 세운다. 대내외적으로 영향력이 있는 고종을 망명시켜 독립운동의 전기를 마련하고 한국에 대한 세계 여론을 환기시키려는 계획이었다.

이회영은 1918년 아들 이규학과 고종의 조카딸 조계진趙季珍의 혼례를 기회로 삼아 고종과 접촉해 북경 망명 계획을 추진했다. 고종의 측근이던 민영달閔泳達이 자금 5만 원을 지원해, 당시 북경에 있던 동생 이시영을 통해 고종의 거처까지 마련하게 된다. 그러나 이 계획은 1919년 1월 고종이 갑작스레 승하하면서 무산되고 말았다.

이 무렵은 이회영의 신원이 노출되어 운신이 자유스럽지 못하던 시기였다. 1915년 종로경찰서에 구금되었다 풀려난 뒤 일제의 감시가 한층 강화되었기 때문이다. 망명 계획을 추진하려면 '북경' 쪽과 긴밀히 소통해야 했고, 이 과정에서 은밀히 양측의 다리 역할을 할 인재가 필요했을 것이다. 그런데 당시 이회영 주위에는 이규준만 한 적격자가 드물었다. 혈육지간이라 이회영과 이시영이 모두 신뢰할 수 있고, 신원이 거의 알려지지 않아 일제 경찰의 이목에서 벗어나 있었기 때문이다. 신흥무관학교에서 함양한 독립군 요원으로서의 대처 능력과 담대하고 강단 있는 품성도 이규준의 강점이었을 것이다.

몇 해 뒤에 이규준은 국내에서 군자금을 모집하다 일제 경찰에 체포되어 재판까지 받게 된다. 그런데 당시 기소 내용 중에는 "이규준이 상해로 가서 숙부인 이시영(당시 임시정부 재무총장)의 부탁을 받고 국내로 들어와 독립운동 자금을 모집했다"는 대목이 담겨 있다. 이는 이규준과 이시영 간에 이전부터 접촉과 교류가 있었을 가능성을 시사하는 대목이다.

이러한 정황들로 미루어, 고종의 망명 추진 당시 이규준이 이회영과 이시영 사이에서 두 숙부의 물리적 거리를 메워주며 비밀 연락요원으로 활약했을 개연성은 충분해 보인다. 다만, 아직까지는 이를 입증할 만한 구체적인 자료가 없는 만큼, 이와 관련된 새로운 사료의 발굴이 필요할 것이다.

셋째 딸 우숙과 할아버지 이석영

이규준이 경성과 충청도 등지에서 독립운동 자금을 모집하며 '졸업 임무'를 수행하던 시기에 국경 너머 통화현 합니하에서는 또 한 번의 경사가 생겼다. 1917년 5월 5일 아내 한평우가 셋째 딸 이우숙李又淑을 출산한 것이다. 이름에 '또 우又' 자를 쓴 것은 다시 딸이 태어났다는 의미였다. 멀리서나마 이규준도 이 소식을 듣고 딸 우숙의 앞날이 평안하기를 축원했을 것이다.

첫째 딸 이온숙이 1911년생, 둘째 딸 이숙온이 1914년생이니, 공교롭게도 이규준의 세 딸은 3년 터울로 태어났다. 깨물어 안 아픈 손가락이 있으랴마는, 이석영은 세 손녀 중 막내 우숙을 가장 애지중지했다고 한다. 아마도 아들이 곁에 없을 때 태어나고 자란지라 안쓰러워 더 보듬어준 것이 아니었을까 생각된다. 이우숙 자신도 할아버지 이석영에 대해 "원하는 것은 뭐든지 다 들어주셨다"고 회고한 바 있다.

하지만, 그 시절에 무엇 하나라도 대단한 것을 손녀에게 해줄 수 있었을까? 국내에 머물렀다면 끼니마다 12첩 반상을 받았을 이석영이었지만, 당시 이석영이 베풀 수 있었던 최고의 호사는 가끔이라도 막내 손녀 밥상에 이밥에 고깃국물이라도 올려주는 것이 고작이었을 것이다.

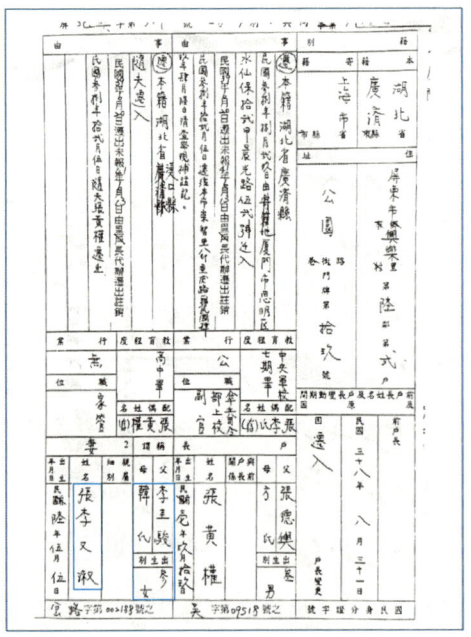

대만 병동시 호정사무소가 발급한 이우숙의 호적등본에 '부 이규준, 모 한씨'라는 이름이 또박또박 쓰여 있다. 이우숙이 이규준의 3녀(셋째 딸)라는 사실도 확인된다.

훗날 이우숙은 두 언니와 달리 중국인 엘리트 장교 장황권張黃權과 혼인해 중국을 거쳐 대만에서 가정을 꾸리게 된다. 그리고 일제 검경을 의식할 필요가 없어, 부모 이름을 정확히 기재한 이때의 호적 기록이 온숙, 숙온, 우숙 세 자매와 그 자손들이 이석영·이규준 부자의 후손이라는 사실을 입증하는 데 결정적 역할을 하게 된다.

제9장

2대가
불령선인 명단에
오르다

신흥무관학교의 기틀을 닦은 이석영과 신흥교우단의 기초를 다진 이규준, 이들 부자는 과연 언제부터 일제의 주시를 받게 되었을까? 아마도 두 사람이 이른바 '불령선인不逞鮮人'으로 처음 지목된 시기부터가 아니었을까 생각된다. 불령선인이란 일제가 자기네 말을 따르지 않는 조선인을 '불온하고 불량한 조선 사람'이라는 뜻으로 지칭하던 말이다. 즉, 일제의 '내선일체'에 반대해 독립운동을 하던 조선인을 가리킨다.

현재까지 공개된 일본 외무성 기록 중 이석영이 불령선인으로 거명된 최초의 문건은 '불령자不逞者의 처분'(1914년 12월 28일)이라는 제목의 비밀 보고서다. 신흥무관학교가 통화현 합니하에 정착하던 시기에 일제 경찰이 데라우치 마사타케 총독 등에게 보낸 문건으로, 표지에 '비秘'라는 글자가 붉은색으로 날인되어 있다.[1]

이 보고서에는 만주에 거주 중인 한인들과 이들이 몸담고 있는 이른바 '불령단체'의 동향 등이 기재되어 있다. 경학사(연학사로 기재), 신흥무관학교(신흥학교로 기재)와 관련된 부분에서는 이석영과 저동 형제들의 이름이 함께 거명된다.

보고서 뒷부분에는 '서간도 재주在住 불령선인 조사표'가 첨부되어 있는데, 이 표에서 맨 앞에 등재된 것도 저동 육형제의 이름이다. 이석영에 대해서는 "항상 거처에 머무르며 신흥학교의 재산을 총괄"하는 것으로 적고 있다. 또한 바로 아래 동생 이철영은 "신흥학교장"으로 기재되어 있다. 이시영을 '신흥학교 창립자'로, 이석영을 '이시영의 맏형長兄'으로 기입하는 등 일부 오류도 발견된다.

일제 헌병대의 보고 문건

그 뒤로도 이석영의 이름은 '삼원보 합니하 지방의 상황에 관한 건'(1918년 5월 4일), '압록강 방면 지나(중국)령 정황휘보'(1919년 2월 1일) 등의 보고서에서 거론된다. 이 두 문건은 모두 조선주차헌병대사령부朝鮮駐箚憲兵隊司令部가 조선 총독 등에게 보낸 것으로 신흥무관학교와 주요 인물에 대해 비교적 상세한 내용이 담겨 있다.

이 가운데 '삼원보 합니하 지방의 상황에 관한 건'에는 『신흥학우보』 발행, 삼원보 부인들의 '애국부인회' 조직 소식과 함께 신흥무관학교 관련 동정 등이 기재되어 있다. 그런가 하면 '압록강 방면 지나령 정황휘보'에는 저동 육형제에 초점을 맞춰 이들 일가의 동향에 대한 정보가 담겨 있다. 이 중에는 이석영 관련 부분도 적지 않은데, '60여 세의 고령으로 류머티즘과 천식을 앓는 등 건강이 안 좋아 내년 봄 봉천 또는 봉황성鳳凰城(현재 요령성 단동시 동북쪽 인근) 방면 등 적당한 장소를 골라 이주할 계획'이라는 내용이 담겨 있다.

이 보고서는 이전의 보고서에 비해 이석영을 비롯한 저동 형제들의 동향을 상당히 구체적으로 다루고 있다. 이 무렵 국경 인근의 헌병 경찰을 이용한 일제의 감시와 첩보 활동이 한층 강화된 결과로 보인다. 실제로 이 보고서는 일제 헌병의 밀정이 신흥무관학교 졸업식에 참석한 통화현 한인을 탐문한 내용을 토대로 작성한 것이다.

'함께' 거명된 아버지와 아들

그렇다면 맏아들 이규준은 어땠을까? 일본 외무성 기록 중에서 이규준의 이름이 처음 거명된 문건은 1918년 4월 12일 철령 영사관 해룡분관 주임이 외무대신에게 보낸 보고서다.

'배일선인排日鮮人의 상황 등 보고의 건'이라는 제목의 이 보고서에는 '신흥학교교육회 본부 극비 이전', '교육회 회비 일부를 신홍학교 유지비로 충당', '여준(신흥무관학교 교장, 교육회 회장 역임)의 합니하 거주' 등의 동향 정보가 담겨 있다.

이규준은 이 중에서 '이시영의 합니하 이주' 관련 보고 건에서 거명되는데, '이시영의 장남'으로 잘못 기재되어 있다. 이 보고서는 이시영(당시 50세)에 대해 나이 '70세 전후', 자산가로서 배일 운동에 재산을 대부분 탕진한 것으로 적고 있다. 그러나 이는 작성자가 '이석영'과 '이시영'을 혼동해 빚어진 착오로 보인다. 이처럼 이름과 관련된 오류가 발견되기는 하나, 이 보고서는 사실상 이석영·이규준 부자가 처음으로 함께 거명된 일본 외무성 기록물이라는 점에서 주목할 만하다.²

'윤길 사건'으로 '주시 대상'이 되다

그런데 실제로 이규준의 이름이 일제 경찰의 '불령선인' 명단에 오른 것은 이보다 훨씬 이전의 일로 판단된다. 1915년 '윤길尹桔 사건'으로 인해 당시 서간도에서 활동하던 그의 배일 행적이 일제 검경에 포착되었기 때문이다.

이 사건은 충남 보령 사람인 윤길과 그 동지들이 국내에서 독립군 자금을 모집하다 일제 경찰에 체포된 사건이다. 윤길은 1914년 5월 유병심柳秉心, 신규선申奎善 등 동지들과 함께 서간도(통화현 합니하)로 가서 국권 회복을 위한 조직인 '광제회光濟會'를 결성했다. 또한 그곳에서 "국권 회복을 획책하던"(판결문 표현) 여준, 이규준,

김창환金昌煥 등과 긴밀히 접촉해 독립군 자금을 조달하기로 뜻을 같이한다. 그 후 윤길 등은 여준이 전한 격문과 『신한민보』 등을 지니고 국내로 돌아와 선전 활동과 모금 활동에 나섰다. 그러다가 윤길 등은 일제 경찰에 체포되어 보안법 위반 혐의 등으로 기소된다.[3]

윤길과 그 동지들이 서간도에서 접촉한 여준(신흥무관학교 교장), 이규준(규칙기초위원), 김창환(생도대장) 등은 다름 아닌 '신흥교우단'의 핵심 단원이었다. 이는 당시 이규준이 신흥교우단을 중심으로 '군자금' 모집 활동을 활발히 벌이고 있었다는 방증이기도 하다. 일제 법원이 이 사건을 비중 있게 다루고 윤길에게 중형(예심 7년)을 선고했던 만큼, 사건에 연루되었던 이규준의 이름(예심 판결문에는 이명 李奎俊[이규준]으로 표기되었다)도 일제 검경의 '배일선인' 명부에 올랐을 개연성이 커 보인다.

이 사건 판결문에는 윤길과 그 동지들이 여준이 전해준 격문을 비롯해 『신한민보』 등 이른바 '불온문서'를 휴대하고 귀국한 것으로 적혀 있다. 이러한 문서 중에는 이규준의 숙부 이철영이 국내 지인에게 전하는 서신도 포함되어 있었다. 아마도 신흥무관학교 운영 자금을 구하기 위해 서신을 보낸 것으로 여겨지는데, 구체적인 내용은 확인되지 않았다.

윤길 사건으로 일제 경찰의 주목을 받기 시작한 이규준은 이후 '상해임시정부 독립운동 자금 모집 사건'(1921년)으로 옥고를 치르고 '민정식 사건'(1924년), '김달하 처단 사건'(1925년) 등에 관여하면서 일제의 감시 대상을 넘어 영순위 검거 대상이 된다. 자연히 이규준의 행적 등을 담은 일제 검경의 보고서도 여러 건 만들어졌다. 그중 가장 마지막으로 나온 문건은 '북경 재류在留 조선인의 개황'이라는 제목의 종합 보고서였다.[4]

이 문건은 조선총독부의 북경 파견 요원(통역관)이 현지 조사를 거쳐 1927년 5월 22일 조선총독부에 보고한 것이다. 총 40쪽 분량으로 북경 거주 한인들의 인구, 직업(하숙업, 요리업, 농업, 의업, 정미업 등), 생활상, 주요 인물의 이름과 동향, 불온단체 현황 등을 담고 있다.

문건 10쪽에 실린 '재류 조선인 중요 인물 씨명' 편에서는 아버지 이석영과 함께 이규준의 이름이 거명된다. 이규준의 막내숙부 이호영李護榮도 '李浩榮(이호영)'이라는 이명으로 기재되어 있다.

문건 14~32쪽에 실린 '불온단체' 편에서는 '다물단'을 비롯해 흥사단興士團, 북경선인청년회, 북경선인유학생회 등에 대한 내용을 다루고 있다. 다물단에는 이규준을 비롯해 황익수黃翊洙 등 활동 중인 단원 7명의 이름도 기입되어 있다.

조선총독부 기관지의 황당한 제목

윤길은 '군자금 모집 사건'으로 인해 1915년 3월 경성지방법원에서 소위 보안법 위반과 강도 혐의로 징역 7년형을 선고받았다(8개월 뒤 징역 5년 3월로 감형). 보안법은 일제가 집회와 결사, 언론의 자유를 탄압하기 위해 1907년 친일파를 내세워 대한제국 정부에서 제정·반포하게 했던 법률이다. 이 법에 따르면 정치적으로 불온한 말이나 행동을 해도 처벌이 가능했다. 강제 병탄을 하기 전에 우리 민족의 입과 손발에 미리 족쇄를 채웠던 것이다.

그런데 윤길과 그 동지들은 어떻게 강도 혐의를 적용받게 된 것일까? 판결문에는 윤길 등이 서간도에 다녀오기 전에 경성부 삼청동에 거주하는 한 인사에게 "돈을 주지 않으면 집에 불을 지르고 전 가족을 다 죽이겠다"고 3차례에 걸쳐 협박장을 보냈으나 그 목적을 달성하지 못했던 것으로 기록되어 있다. 윤길은 평소 이 인사와 잘 아는 사이여서 직접 사정을 설명했으나 이 인사가 응하지 않았다고 한다.

당시 조선총독부의 기관지인 『매일신보每日申報』는 윤길을 비롯해 여러 명의 독립운동가가 군자금 모금 사건으로 기소되자 다음과 같이 장황하고 황당한 제목으로 대서특필했다.

불령不逞한 도당徒黨의 예심 종결豫審終結, 배일사상을 품은 무리…강도와 강도상인…군산에서 비밀결사…한 무리는 서간도에서 음모…하와이의 신문지 이용…간도 수령의 격문…괴수는 유명한 배일 수괴…모두 다 공판에 회부.[5]

과연 윤길과 그 동지들은 일제가 기소한 것처럼 실제로 파렴치 행각을 벌이고 다녔을까? 그 대답은 일제강점기 때의 역사학자 신채호의 글에서 찾는 게 나을 듯하다.

유독『매일신보』등과 같은 저들의 총독부 기관지는 적에게 붙어 천성天性을 잃고 미친 것들이 의병義兵을 칭해 폭도暴徒라 하고 열사烈士를 불러 흉한凶漢이라 하여, 무릇 독립운동의 줄에 들어간 자들을 말살하여 난민亂民이라 하고 깎아내려 불경한 무리라고 이르지 않은 경우가 없었다. 왕王과 적賊이 뒤바뀌고 충忠과 역逆이 바뀜이 이처럼 심한 지경에 이른 것이다.[6]

죽어서도 '용의조선인'이 되다

그가 그만큼 껄끄러운 존재였기 때문일까? 아니면 일제 검경 또한 그의 마지막 행적을 파악하지 못했던 탓일까? 이규준이 의열투쟁 중에 세상을 등진 지 수년 후에도, 조선총독부는 그의 이름을 '용의조선인' 명부에 올렸다.

1934년 7월 조선총독부 경무국이 발행한『국외용의조선인명부』에는 1928년, 즉 6년 전 '별세'한 이규준이 '용의조선인'으로 등재되어 있다. 이 명부는 경무국이 국외에서 활동하는 독립운동가들에 대한 신원 정보를 내부적으로 공유하기 위해 만든 비밀 문건이다.

명부에는 이규준에 대해 1897년생(실제 1896년생)으로, 본적(출신지)은 '경성부 황금정 2정목 164번지', 현 주소는 '길림성 서간도'라고 기재되어 있다. "성향 민족주의자, 1911년 길림성 서간도로 건너가서 상해임시정부계 '타무르단團'의 지도자가 되었다"는 설명이 덧붙여져 있다. 여기서 민족주의자란, 외국의 지배에서 해방이나 독립을 목표로 하는 사상가, 즉 배일 독립운동가라는 의미다.

다물단, 상해임시정부 계열로 분류하다

주목할 것은 당시 일제가 타무르단(다물단)을 '상해임시정부 계열'의 비밀결사로 분류하고 있었다는 사실이다. 일제 경찰의 시각이라는 점을 감안해야 하겠지만, 이규준의 다물단 활동이 임시정부 인사들과의 긴밀한 교감 아래 진행되었을 가능성을 시사하는 대목이다.

『국외용의조선인명부』에는 이규준의 아버지 이석영과 숙부 이시영도 수록되어 있다.

먼저 '이시영' 편을 보면, 출신지가 이규준과 동일한 '경성부 황금정 2정목 164번지'로 기재되어 있다. 이는 이석영 형제들이 나고 자란 명례방 저동 집의 일제강점기 때 주소다. 활동 사항으로는 기미독립선언 이후 상해임시정부 법무총장, 재무총장 등을 거친 경력과 함께 1932년 상해 폭탄 사건(윤봉길 의거) 발생 후 항주 선림교仙林橋 중국인 집으로 피신했다는 비교적 최근 행적까지 담겨 있다.

이석영은 1857년생(실제 1855년생)으로 본적(출신지)은 '경성부 남부 명례방 저동', 현 주소가 '만주국'으로 적혀 있다. 이영李永이라는 이명도 함께 소개되어 있다. 이석영의 경력과 활동 사항을 보면 "배일사상을 지녔으며, 1924년 10월 생활난 때문에 만주로 건너간" 것으로 기재되어 있어 쓴웃음을 자아낸다.

'1924년'이면 이석영이 신흥무관학교를 세우고 운영하는 데 모든 재산을 쏟아부은 뒤 빈털터리로 북경 등지를 오갈 때였다. 하지만 당대 최고의 부자로서 국권 회복을 꿈꾸며 서간도로 망명했던 그의 행적을 두고 "생활난 때문에 만주로 건너간" 것으로 폄하해놓은 것을 보면, 신흥무관학교를 세운 이석영에 대한 일제의 뒤틀린 심보를 읽어낼 수 있을 듯하다.

이석영은 『국외용의조선인명부』가 발행되기 5개월 전인 1934년 2월 16일 상해에서 생을 마감했다. 공교롭게 그 역시 아들 이규준처럼 죽은 뒤에도 일제에 의해 '용의조선인'으로 지목되었던 셈이다. 단순 해프닝으로 볼 수도 있겠지만, 독립운동에 모든 것을 바쳤던 두 사람의 삶을 훗날의 그 어떤 서훈보다도 역설적으로 증거해주는 '기록'이 아닐까 생각된다.

일제 명부에서 발견한 이건영의 유흔

저동 육형제 중 맏형, 즉 이규준의 백부 이건영의 이름은 일제의 또 다른 불령선인 명부인 『왜정시대 인물사료』에서 발견된다. 『왜정시대 인물사료』는 일제강점기 때 경성복심법원 검사국에서 1927년 편찬해 계속 보완하며 관리한 '요시찰 명부'의 원본이다.

이 사료에 기재된 이건영의 출신지(원적)는 '경기도 개성군 홍교면 사곡리', 즉 대한제국 시절 이석영과 이회영이 인삼 농장을 열었던 개풍군과 그다지 멀지 않은 곳이다. 현 주소는 저동 육형제 집안의 선산이 있던 '경기도 장단군 군내면 읍내리'로 적혀 있다.

이건영의 경력과 활동 사항에 대한 기술은 비교적 자세한 편이다. 구한말 평안도 관찰사를 지낸 적이 있으며, 1909년에는 본적지에서 농사를 지은 것으로 기재되어 있다. 1910년 한일병합을 개탄하며 서간도로 가서 농업을 하며 서당을 경영했고 그 후 봉천으로 이주한 것으로 나타난다. 1926년 1월 조선으로 돌아와 현재 거주지에서 농사를 짓고 있으며 현 직업도 '농사'라고 적혀 있다.

해당 사료에는 외모의 특징과 인물에 대한 평도 담겨 있다.

> 신장 5척 2촌(약 158센티미터). 얼굴이 갸름하게 길며, 피부색이 누렇고, 귀가 크다. 천연두 자국이 있다. 배일사상을 가지고 있으며 불온한 행동을 할 우려가 있다.

『왜정시대 인물사료』가 처음 편찬되었을 때 이건영의 나이는 75세였다. "불온한 행동을 할 우려"라는 구절을 보면 팔순을 바라보는 노인의 동향도 경계한 것인데, 광복을 향한 염원과 열정은 세월로도 희석시킬 수 없다는 것을 이미 일제는 깨닫고 있었던 것이 아닐까?

제10장

상해임시정부
독립운동 자금
모집 사건

　국내외 각지에서 지역별·단체별로 이루어지던 애국지사들의 항일독립운동은 1919년 3월 1일 기미독립선언을 계기로 새로운 전기를 맞이했다. 독립에 대한 갈망과 염원이 들불처럼 번지면서 그해 4월 11일 독립운동을 더 조직적으로 전개할 수 있도록 중국 상해에서 대한민국임시정부가 수립된 것이다. 나라 이름이 '대한제국'에서 '대한민국'으로 바뀐 것은 우리 역사에서 최초로 국민이 주인인 민주국가가 시작되었다는 의미다.

　상해임시정부는 신익희, 조소앙, 이동녕, 손정도孫貞道 등 각 지방 출신 대표자 29명이 모여 임시의정원을 구성하고 임시헌장 10개조를 제정해 공포함으로써 수립되었다. 임시정부는 국무총리와 행정부, 국무원을 두어 삼권 분립에 기반한 민주공화제를 채택했다. 초대 각료에는 임시의정원 의장 이동녕, 국무총리 이승만李承晚, 내무총장 안창호, 외무총장 김규식金奎植, 법무총장 이시영, 재무총장 최재형崔在亨, 군무총장 이동휘, 교통총장 문창범文昌範 등이 임명되었다. 저동 육형제의 일원인 이시영을 비롯해 이동녕, 안창호, 이동휘 등은 구한말 상동교회에서 태동한 비밀결사 신민회의 중심인물이기도 했다.

대한민국 임시헌장 10조

제1조 대한민국은 민주공화제로 함.

제2조 대한민국은 임시정부가 임시의정원의 결의에 의하여 이를 통치함.

제3조 대한민국의 인민은 남녀·빈부 및 계급 없이 일체 평등으로 함.

제4조 대한민국의 인민은 종교·언론·저작·출판·결사·집회·주소 이전·신체 및 소유의 자유를 향유함.

제5조 대한민국의 인민으로 공민 자격이 있는 자는 선거와 피선거권이 있음.

제6조 대한민국의 인민은 교육·납세 및 병역의 의무가 있음.

제7조 대한민국은 인민의 의사에 의해 건국한 정신을 세계에 발휘하고 나아가 인류 문화 및 평화에 공헌하기 위해 국제연맹에 가입함.

제8조 대한민국은 구황실을 우대함.

제9조 생명형·신체형 및 공창제公娼制를 전폐함.

제10조 임시정부는 국토 회복 후 만 1년 내에 국회를 소집함.

신출귀몰

이 무렵 이규준은 중국과 국내를 오가며 독립운동을 위한 '군자금 모집'과 민족의식을 일깨우기 위한 대민 활동을 펼치고 있었다. 이러한 항일 애국 활동은 1917년 무렵부터 2년여 동안 지속된 것으로 보이는데, 다행히도 이 기간에 이규준이 일제 경찰에 체포되거나 신원이 노출되는 일은 벌어지지 않았다. 이는 이규준의 행적이 일제가 추적하기 어려울 정도로 은밀하고 '신출귀몰'했다는 의미이기도 하다.

이규준은 여러 개의 가명을 사용해 일제 경찰의 추적에 혼선이 빚어지도록 하고, 떠돌이 행상으로 꾸며 신분을 위장했던 것으로 보인다. 실제로 일제의 '형사공소사건부'의 기록에는 이규준의 직업이 '잡화상'으로 기재되어 있다. 이처럼 이규준이 오랜 기간 일제 경찰의 추적을 따돌릴 수 있었던 데에는 그의 주요 활동 무대였던 경성과 충청도 일대에서 독립운동에 동조하는 지역 연고자들의 도움도 컸을 것이다.

국내외에서 펼쳐지던 이규준의 항일 애국 활동은 중국 상해에 임시정부가 세워지면서 새로운 전환점을 맞게 되었다. 이전의 활동이 신흥학우단을 중심으로 한 '군자금 모집'에 초점이 맞춰졌다면, 이후의 활동은 임시정부의 독립운동과 연계되어 이루어진다.

1921년 이규준은 처음이자 마지막으로 일제 경찰에 체포되어 재판을 받게 되는데, 이때의 사건 또한 임시정부의 독립운동 자금을 모집하다 빚어진 것이었다. 이는 그간 둘째 숙부 이회영과 마찬가지로 아나키스트(무정부주의자) 계열의 독립운동가로 분류되었던 이규준이 사실상 임시정부와 맥을 같이했던 독립운동가라는 사실을 시사하는 것이기도 하다.

먼저, 당시 사건에 대한 신문 기사를 보자. 「군자금軍資金으로 2만 원을 청구한 두 명, 경성에 공소」라는 제목으로 『동아일보』에 실린 내용이다.

> 중국 봉천 서탑대가 3번지 이규준은 항상 조선 독립을 희망하던바 재작년 3월에 조선 내지에서 독립운동이 일어나매, 곧 상해로 가서 그의 숙부인 임시정부 재무차장 이시영의 부탁을 받고, 작년 음력 8월경에 다시 경성에 와서 시내 체부동 145번지 정진우와 공모하고, 충청남도 홍성군 홍동면 구룡리 김용대에게 독립운동금 2만 원을 청구하다가 공주지방법원에서 이규준은 징역 2개년, 정진우는 징역 1개년의 선고받은 것을 불복하고 경성복심법원에 공소하였다더라.[1]

이 기사 내용을 요약하면, 이규준이 기미독립운동 이후 상해로 가서 숙부인 임시정부 재무차장 이시영을 만나 '독립운동 자금 모집'을 부탁받고 국내로 들어와 정진우鄭鎭瑀와 함께 모금 활동을

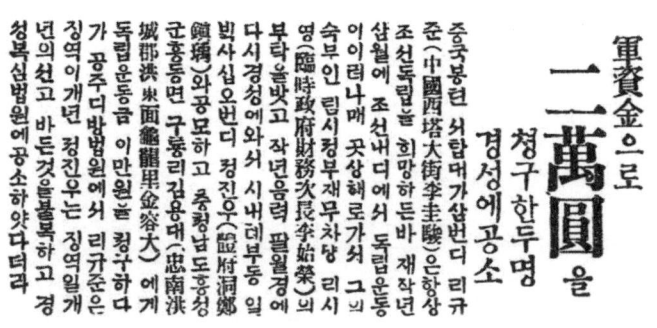

이규준은 기미독립운동 이후 상해로 가서 이시영을 만나 '독립운동 자금 모집'을 부탁받고 국내로 들어와 정진우와 함께 모금 활동을 하다 기소되어 징역 2년을 선고받았다. (『동아일보』, 1921년 6월 30일)

하다 기소되어 징역 2년을 선고받고 항소했다는 것이다.

이 기사와 이은숙이 쓴 『서간도 시종기』의 기록에 따르면, 사건을 전후한 이규준의 행적은 '1919년 기미독립선언 이전 국내 체류', '이후 곧바로 중국 상해행', '임시정부 재무차장인 숙부 이시영과 만나 독립운동 자금 모집 임무 수탁', '1920년 음력 8월경 귀국', '경성서 정진우 등과 뜻을 같이해 자금 모집 활동', '1921년 충남 홍성에서 독립운동 자금을 모집하다 체포되어 예심 재판 2년 선고' 등으로 정리할 수 있다.

그런데 이규준이 중국 상해에 갔다가 다시 국내로 잠입하기까지 1년여 간의 시일이 걸린 것으로 나타난다. 이 기간에 그는 과연 어디서 무엇을 했을까?

아마도 이규준은 오랜만에 가족들이 있는 통화현 합니하에 머물면서 신흥학우단 동지들과 교류하며 상해임시정부의 상황을 전파하고 향후 계획을 협의했을 것이다. 혹은 알려지지 않은 또 다른 이명으로 국내에서 군자금 모집 활동을 했을 가능성도 있다.

류머티즘과 천식 등 병치레가 잦았던 이석영은 1920년 막냇동생 이호영 가족과 함께 합니하를 떠나 봉천으로 이주하게 된다. 이때에는 이규준이 직접 이삿짐을 챙기고 봉천의 새 거처까지 오갔을 것으로 보인다. 『동아일보』 기사에는 사건 당시 이규준의 출신지(본적)가 '중국 봉천 서탑대가西塔大街'라고 기재되었는데, 이는 이규준이 아버지 이석영과 함께 봉천에 한동안 머물렀음을 시사하는 대목이다.

다시 가슴에 담은 '선열의 시범'

기미독립운동을 계기로 한국·만주 국경지대에는 많은 독립군 부대가 편성되어 일제 군경과 크고 작은 전투를 벌였다. 신흥무관학교 출신들도 서로군정서와 북로군정서, 대한통의부 등 독립군 부대와 무장독립운동단체에서 활동하며 혁혁한 전공을 올린다.

봉오동전투 등에서 패배하며 독립군 활동에 크게 위협을 느낀 일제는 1920년 '마적 소탕'을 구실로 만주에 대규모 병력을 파견했다. 사실상 독립군과 무장독립운동단체를 뿌리 뽑겠다며 초토화 작전을 감행한 것이다.

하지만 일본군이 1920년 10월 청산리전투에서도 독립군에 대패하자 일제는 한인들을 상대로 보복에 나섰다. 만주 일대의 한인 수천 명을 무차별 학살하는 이른바 '경신참변(간도참변)'을 일으킨 것이다. 이석영과 이호영이 앞서 봉천으로 이주하지 않았다면, 이때 희생당했을 수도 있던 상황이었다. 이회영의 셋째 아들 이규창은 회고록 『운명의 여신餘燼』에서 이를 두고 "천행"이라고 표현하기도 했다.

이규준은 만주 일대에 짙은 전운이 감돌고 있던 1920년 가을 국내에 다시 잠입했다. 재정 문제로 어려움을 겪고 있던 상해임시정부의 독립운동 자금을 마련하기 위해서였다. 막중한 임무를 수행하기 위해 봉천을 떠날 때, 아마도 이규준의 마음은 그 어느 때보다 비장했을 것이다. 어쩌면 마지막이 될 수도 있기에 아버지 이석영과 어머니 밀양박씨에게 더욱 간곡하게 하직 인사를 드렸을 것이다.

> 나는 겨레를 살리려 생명을 바쳤노라. 나는 조국을 광복하고자 세사를 잊었노라.

그 자신이 신흥교우단원들과 함께 만든 '선열의 시범'도 마음속으로 수없이 되뇌었을 것이다. 온숙, 숙온, 우숙 세 딸을 하나하나 안아도 보고, 또 그렇게 '선열의 시범'으로 마음을 추스르면서 차마 떨어지지 않는 걸음을 떼었을 것이다.

그런데 이즈음 이규준은 아내 한평우와 갈라서게 된다. 집안에서 전해지는 이야기로는 이규준이 국내로 다시 잠입하던 무렵 두 사람이 결별 수순을 밟았으며 끝내 남남이 되고 말았다는 것이다. 실제로 그로부터 3여 년 후 한평우는 재가해 자녀 셋(1930년생, 1934년생, 1936년생)을 차례로 두었다. 이규준과 한평우의 부부의 연이 끊기게 된 구체적인 사연을 알 수는 없지만, 남겨진 어린 세 자매는 양친을 모두 여읜 처지와 다를 바 없었다. 얼마 지나지 않아 아버지 이규준마저 일제 경찰에 체포되어 수년간 딸들의 곁을 지킬 수 없게 되었기 때문이다.

'상해임시정부 요원' 이규준

『동아일보』 기사에는 이규준이 국내에서 함께 모금 활동을 한 인사로 독립운동가 정진우의 이름만 거명되어 있다. 하지만 이규준은 경성과 충청권을 오가며 여러 명의 동지를 규합해 활동한 것으로 보인다. 그 단초를 발견할 수 있는 문서는 이규준 등 4명에 대한 '예심 종결 결정문'이다.[2] 이 문서는 사건 재판을 맡았던 공주지방법원의 일본인 담당 판사가 1921년 4월 15일 예심 판결 내용을 기재한 것이다.

실제로 이 결정문에는 기사에 거명된 정진우를 비롯해 최명용崔鳴鏞, 이강인李康仁 등이 이규준과 함께 상해임시정부 독립운동 자금 모집 혐의로 기소되어 징역형을 선고받은 것으로 나타난다 (제령 제7호 위반). 이규준에게는 징역 2년, 정진우와 최명용에게는 각각 징역 1년, 이강인에게는 징역 8월과 집행유예 3년이 선고되었다.

이 사건 기록으로 보면, 당시 이규준의 주요 활동 무대는 충청남도였다. 그와 함께 모금 활동을 한 정진우, 최명용, 이강인은 모두 충남 홍성군에 거주하던 열혈 청년들이었다(『동아일보』 기사에 기재된 '경성 체부동 145번지'는 정진우의 주소지가 아니라 본적지다). 이들 3명은 기미독립선언 이후 홍성에서 독립만세운동을 주도하다 일제 경찰의 지명수배(정진우)를 받거나 피체被逮(남에게 붙잡힘)되어 태형(이강인)을 당한 전력이 있었다.[3] 이규준과 정진우 등이 독립운동 자금을 받아내려 했던 김용대, 최기 등도 충남 지역의 부자들이었다.

그런데 일제강점기 때의 '형사공소사건부'의 기록 등을 토대로 작성된 최명용의 '공훈록'에는 눈여겨보아야 할 대목이 있다. 바로 이규준에 대해 "상해임시정부의 요인", "대한민국임시정부로부터 밀파된"이라고 서술한 부분이다.[4] 이는 이규준의 당시 신분을 추정할 수 있는 중요한 단서다.

이 무렵 임시정부는 비밀 연락원인 '특파원' 제도를 운용하고 있었다. 젊은 인재들을 특파원으로 각지에 파견해 현지 비밀결사와 연계해 독립운동 자금을 모집하고 선전 활동을 폈던 것이다. 이규준이 국내에서 펼쳤던 행보 또한 이와 다르지 않았다. 『동아일보』 기사와 '예심 종결 결정문'에 따르면, 기미독립운동 직후 이규준은 상해로 가서 셋째 숙부 이시영을 만났던 것으로 나타난다.

당시 이시영이 임시정부 간부(재무차장)로서 신흥무관학교 출신인 조카에게 부탁한 것은 무엇이었을까? 바로 이 '특파원' 임무가 아니었을까?

독립운동을 막기 위한 족쇄, '제령 제7호'

일제 법원이 예심에서 이규준을 비롯해 정진우, 최명용, 이강인 4명에게 적용한 범죄 혐의는 '제령 제7호 위반'이었다.

조선총독부 제령 제7호는 기미독립운동으로 지대한 타격을 받은 일제가 독립운동을 탄압하기 위해 1919년 4월 제정·공포하고 곧바로 시행한 법령이었다. 정치의 변혁을 목적으로 안녕질서를 방해하거나 방해하고자 선동한 자 등은 10년 이하의 징역에 처하도록 하는 내용이 담겼다. 일제에 '정치의 변혁'이란 일본 제국주의 정치를 배척하는 것, 즉 독립운동을 의미했다.

제령 제7호는 일제가 이전에 독립운동가에게 적용하던 보안법 제7조(정치에 관한 불온한 언론 동작, 타인 선동·교사 등에 대해 2년 이하의 징역 등)에 비해 형량이 최대 5배나 강화된 악법이었다. 즉, 독립운동에 대해 가중 처벌할 수 있는 법적 근거를 마련함으로써 우리 민족의 독립 열망을 꺾고 민중의 독립운동 참여를 막으려 했던 것이다. 이 무렵부터 수많은 독립운동가가 제령 제7호의 희생양이 되어 가혹한 옥고를 치러야 했다.

탈옥 또는 감형?

이 사건의 '형사공소사건부'의 기록을 살펴보면, 일제 검찰국은 사건 초기인 1921년 2월에 4명의 사건 관계자 중 이규준에 대해서만 '기소중지' 결정을 내린 것으로 나타난다. 당시 이규준이 일제 검경에 붙잡히지 않아 기소할 수 없었다는 의미다. 나중에 결국 체포되어 실형을 선고받기는 했지만, 이는 이규준이 그만큼 은밀하고 조심스럽게 임무를 수행했다는 것을 보여준다.

이규준을 비롯해 정진우, 최명용 등 3명은 1921년 6월 예심 판결이 나오자 이에 불복해 경성복심법원에 곧바로 항소했다. 그러나 이내 항소를 모두 취하해 사건은 1921년 7월에 예심 판결 그대로 종결된다. 이규준의 출소 예정 시기는 2년 뒤인 1923년 7월이었다.

일각에서는 이규준이 항소 취하 조건으로 '감형'을 받았거나 형 집행기관인 함흥형무소로 이송되기 전에 '탈주'했을 것이라는 주장도 나오고 있다. 훗날 이규준이 봉천에 거주하던 아버지 이석영을 천진으로 모시고 간 시기와 이규준의 수형受刑 기간이 일부 겹친다는 이유에서다.

그러나 이는 착오로 인한 오류일 가능성이 커 보인다. 이러한 주장의 근거로 제시되었던 자료는 이은숙의 『서간도 시종기』, 그중에서도 "'1923년' 이회영이 당시 11세인 아들 이규창을 300리나 떨어진 천진의 중부댁(이석영의 집)으로 심부름 보냈다"는 대목이

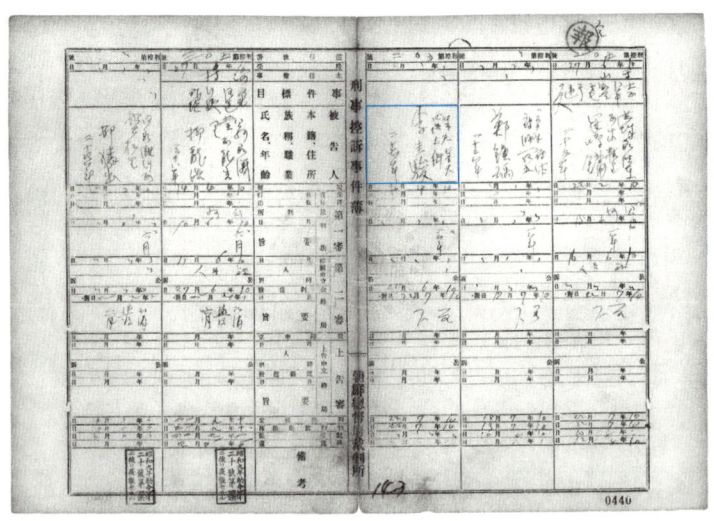

이규준이 상해임시정부 독립운동 자금 모집 사건으로 체포되어 일제 검찰에 기소된 뒤인 1921년에 경성복심법원 검사국에서 작성한 형사공소사건부.

다.⁵ 정황상 이석영의 천진 생활은 이규창이 심부름 갔을 때보다 훨씬 이전에 시작되었을 것인데, 이럴 경우 그 시기가 이규준이 옥중에 있던 기간과도 일부 겹치게 된다는 추정이었다.

그런데 정작 『서간도 시종기』의 해당 대목에는 이규창을 천진으로 심부름 보낸 시기가 '1924년'인 것으로 기록되어 있다. 이때는 이미 이규준이 형기를 마치고 나온 뒤 해가 바뀐 시점이었다.

형사공소사건부로 본 이규준

이규준의 '상해임시정부 독립운동 자금 모집 사건'과 관련해 현재까지 확인된 일제 법원의 공식 문건은 크게 두 가지다. 하나는 예심 판결 내용을 담은 '예심 종결 결정문'(공주지방법원)이고, 또 하나는 '형사공소사건부'(경성복심법원)다.

형사공소사건부는 형사 기록 중 하나로 예심 판결에 승복하지 않고 피의자나 검사가 상급 법원에 항소했을 때 작성되었던 명부다. 여기서 공소控訴란 항소抗訴를 의미하는 옛 법률 용어다. 일반적으로 이 명부에는 피의자의 인적사항, 예심·복심 법원의 판결 내용 등이 담기는데, 수형 결과가 기록으로 확인된다는 점에서 사료적 가치가 큰 것으로 평가된다.[6]

이규준에 대한 형사공소사건부는 복심 법원인 경성복심법원 검사국에서 1921년에 작성한 것이다. 과연 이 명부에는 어떤 내용이 담겼을까?

이 형사공소사건부에는 '형사사건부'와 '신분장身分帳 지문원지指紋原紙' 등이 첨부되어 있다. 형사사건부란 형사사건의 피의자가 검사의 처분에 따라 처리된 과정을 기록한 장부이고, 신분장 지문원지는 지문이 날인된 수형기록부를 말한다. 이 수형기록부를 중심으로 이규준에 대한 기록을 살펴보자.

우선, 인적사항을 보자. '성명'란에 이규준李圭駿의 이름이 한자와 한글로 적혀 있고, 이명으로는 '규준圭俊'이라는 다른 한자 이름이 기입되어 있다. 연령은 광무 원년(1897년) 5월 14일생, 직업은 '잡화상雜貨商'으로 쓰여 있는데, 이는 사실과 다르다. 이규준의 실제 생년월일은 1896년 5월 14일이니, 출생연도를 일부러 틀리게

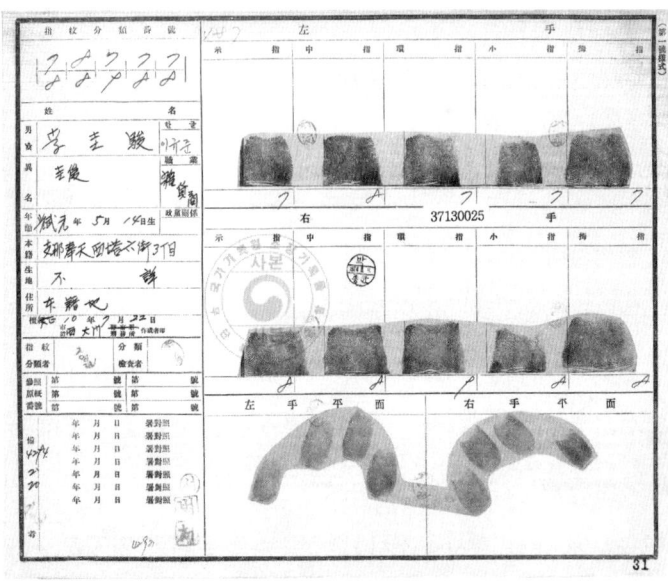
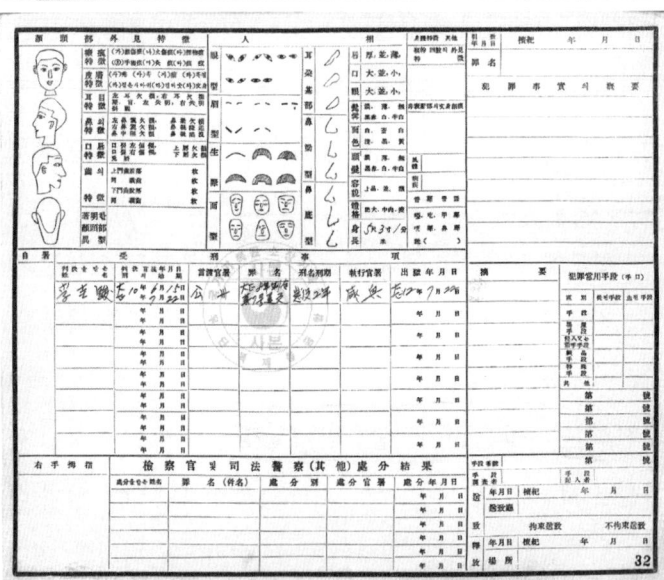

1921년 7월 서대문형무소에서 작성된 이규준의 지문이 날인된 수형기록부다. 직업은 잡화상, 키가 약 160.9센티미터, 얼굴에 수술흔이 있는 것으로 기재되어 있다.

진술한 것으로 보인다. '잡화상' 또한 이규준의 위장 신분 중 하나였을 것이다.

출생지는 '불상不詳(자세하지 않음)'으로, 주소지는 본적인 '중국 봉천 서탑대가 3정목'으로 기입되어 있다. 당시 서탑대가 일대는 한인촌이 형성될 정도로 이주 한인이 많았던 지역이라 이 역시 사실상 '불상'에 가깝다. 이규준이 성명을 제외하고 자신의 신원을 가능한 한 감추었던 셈이다.

수형기록부에는 얼굴 모습, 신체적 특징, 외모 등에 대해 매우 구체적으로 표시할 수 있도록 그림까지 곁들여져 항목별로 구분되어 있는데, 대부분이 공란으로 남아 있다. 신장이 '5척 3촌 1분'이고 안면부에 수술흔이 있다는 정도만 기재되어 있다. 이를 미터법으로 환산하면 키는 약 160.9센티미터로 집안의 내력대로 작은 편이었다(한 논문에 따르면 1925년 한국인의 평균 키는 약 167센티미터였다). 외과 수술 흔적을 감안하면 신흥무관학교 시절이나 국내외 활동 시기에 작지 않은 부상을 당했을 가능성도 있어 보인다.

끝으로 수형 사항에는 죄명(제령 제7호 위반), 예심·복심 법원 판결, 집행관서(함흥), 출옥 예정 연월일 등이 기입되어 있다. 이 신분장 지문원지는 1921년 7월 22일 서대문형무소에서 작성되었다. 이규준이 옥고를 치른 함흥형무소의 당시 명칭은 '함흥감옥'이었다. 이규준의 출소가 예정되었던 해인 1923년 5월 조선총독부령으로 부지를 확장하며 함흥형무소로 개칭했다.

제11장

은밀하게
위대하게

함흥형무소에서 옥고를 치른 뒤 이규준은 다시 국경을 넘어 중국으로 향했다. 만주 봉천에 거주하던 부모를 모시고 천진으로 거처를 옮기기 위해서였다. 당시 봉천에는 이석영 가족과 이규준의 막내숙부 이호영 가족이 거주하고 있었다. 이호영은 어머니는 달랐지만 이석영이 신흥무관학교 재정 업무를 믿고 맡길 정도로 신실한 동생이었다.

이회영의 아들 이규창의 회고에 따르면, 이때 이석영 가족은 이규준이 천진으로 모셔가고, 이호영 가족은 이회영이 살고 있던 북경으로 이주했다. 그 후 이호영은 북경 소경창小經廠에서 한인 유학생들이 유숙하는 하숙집을 운영하며 생계를 꾸리게 된다.[1]

이규준은 부모와 어린 딸들의 거처를 왜 천진으로 옮겼던 것일까? 이는 그의 '옥중 결단'과 관련이 있었던 것으로 보인다. 이른바 정치범이 많이 수감되었던 함흥형무소는 고된 노역과 열악한 환경으로 악명 높던 곳이었다. 옥중에서 겪게 된 갖은 고초는 '독립투사' 이규준을 더욱 굳건하게 단련시켰을 것이다. 다른 한편으로는 출옥 후 어떻게 살 것인지에 대한 고민도 나날이 깊어졌을 것이다.

옥중 결단

이규준이 감옥에서 나와 펼친 행보를 보면, 그가 고뇌 끝에 내린 결단이 무엇이었는지 미루어 짐작할 수 있을 듯하다. 출소하던 해에 이규준은 독자적으로 독립투쟁을 하기 위한 비밀결사를 북경에서 만드는데, 일제의 밀정과 부역자들을 벌벌 떨게 했던 '다물단'이 그것이다. 다물단은 변절자에 대한 철저한 응징으로 독립운동가들의 사기를 드높였지만, 이로 인해 일제 경찰의 집요한 추적과 잔인한 보복을 당하는 숙명의 굴레에서 벗어나기 어려웠다. 이규준이 선택한 삶은 한마디로 자신을 온전히 내던져야 하는 의열투쟁이었다.

옥중에서 그렇게 마음을 굳혔겠지만, 이규준의 속내는 편치 않았을 듯하다. 고희를 앞둔 아버지 이석영과 부쩍 수척해진 어머니 밀양박씨, 그리고 철모르는 세 딸의 모습이 자꾸 눈에 밟혔을 것이다. 이규준은 상해임시정부 독립운동 자금 모집 사건으로 인해 일제 경찰과 밀정들에게 노출되었을지도 모르는 만주 봉천에 가족들을 더는 둘 수 없었다. 그렇다고 자신이 새로운 활동 거점으로 삼은 북경으로 가족이 이주한다면, 앞으로 더 위험한 처지에 놓일 수도 있었다.

이규준이 고민 끝에 결정한 가족의 이주지는 바로 북경의 관문이라 불리던 항구도시 천진이었다. 북경에서 동남쪽으로 305리(약 120킬로미터) 정도 떨어져 있으니 걸어서 2~3일, 철도로 한나절이면 닿을 거리였다. 독립운동가로서는 신변이 위험한 자신의 곁에 가족을 둘 수가 없었고, 한 가정의 아들이자 아버지로서는 가족을 마냥 멀리 방치할 수도 없었다. 그 시절의 독립투사들이 그러했듯, 이규준에게는 가족과 자신 사이에 '불가근불가원不可近不可遠'의 거리가 필요했다.

비밀결사 다물단의 태동

1923년 이규준이 중국 북경에서 조직한 '다물단'은 직접 행동으로 의열 투쟁을 하기 위한 비밀결사였다. 일제와 전쟁을 벌일 여건이나 준비도 갖춰지지 않은 상태에서 일제에 맞설 수 있는 유일한 방도가 의열義烈의 길이라 여겼던 것이다. 다물단 설립 초기에는 서로 뜻이 통하고 신뢰가 쌓여 있는 신흥학우단 출신들로 단원을 구성했을 것으로 보인다. 다물단이라는 결사의 명칭도 "옛

강토를 회복하고 민족의 기상을 드높인다"는 신흥무관학교의 '다물 정신'에서 비롯되었을 것이다.

이규창도 『운명의 여신』에서 다물단의 시초始初 조직이 이규준, 이규학 등을 중심으로 만들어졌다고 술회했다.[2] 이규준과 이규학은 절친한 사촌지간이자 신흥무관학교 동기생으로 10년 가까이 호흡을 맞춰온 사이였다.

아마도 조직 결성을 전후해 이규준은 북경에 거주하던 둘째 숙부 이회영에게 다물단 운영에 대한 자문을 하고 조언도 들었을 것이다. 또한 예전부터 인연이 닿아 있던 민족사학자 신채호를 찾아가 다물단의 설립 취지 등에 대해 상의도 했을 것이다. 실제로 이규창은 사촌 형 이규준의 심부름으로 신채호에게 비밀 서신을 전달했던 일을 다음과 같이 회고했다.

> 규준 형이 나에게 편지를 써주며 신채호 선생께 비밀히 전하라고 부탁하여 신채호 선생께 전하였다. 그 후 근 반달에 신채호 선생이 밀봉한 봉투 하나를 주시며 너의 사촌 형 규준에게 무위(틀림없이) 전달하라고 하시어 곧 규준 형에게 전하였더니 나를 칭찬하며 돈도 주며 과자를 사먹으라고 하였다. 나는 그런 심부름을 참 잘하였다. 그러나 나는 절대로 그 내용이 무엇이냐고 묻는 법이 없었다. 그래서 비밀은 비밀대로 절대로 발설이 안 되었다.
> ……나중에 알았지만 신채호 선생에게서 받아서 규준 형에게 전한 것은 다물단의 선언문이라고 한다. 애석하게 의열단의 선언은 지금까

지 전래하지만 다물단의 선언문은 어찌 되었는지 보존한 게 없었다.³

이규창의 회고에서 보듯, 이규준과 신채호는 서신으로 뜻을 전하고 비밀을 공유할 정도로 유대가 깊었다. '조국의 씩씩한 재건'이라는 신채호의 일념과 민족주의적 신념에 기초한 역사관은 다물단의 진로를 놓고 고심했을 이규준에게 적잖은 영향을 미쳤을 것이다.

단재 신채호와 다물단 선언문

신채호가 다물단 선언문 초안을 작성해 이규준에게 전한 시기는 1924년이었다. 신채호는 "이규준이 중심이 되어 조직된 다물단의 선언문을 기초해주었으며, 이 조직에 직간접적으로 참여"했다.⁴

그해 신채호는 극심한 생활고를 해결하고 집필 활동을 이어가기 위해 북경 관음사觀音寺에서 반년간 승려 생활을 했다. 당시 이회영 가족이 살고 있던 관음사 호동胡同과 관음사는 지척이라 이규창은 '스님 신채호'에게 종종 놀러갔다고 한다. 서신 교환이 이루어진 시기 또한 이 무렵으로 보인다. 그 후 신채호는 환속하여 이규준의 막내숙부 이호영이 운영하는 북경 소경창의 하숙집에 한동안 유숙하며『조선상고사』를 집필했다.

이규준이 신채호에게서 전해 받은 다물단 선언문에는 어떤 내용이 담겨 있었을까? 신채호는 의열단(1919년 결성)의 요청으로

'조선혁명선언(의열단 선언문)'을 작성해 1923년 1월 발표한 바 있는데, 이와 맥을 같이하는 취지였을 것으로 여겨진다. '조선혁명선언'은 의열단의 독립운동 노선과 투쟁 방법을 천명한 글로 서두가 이렇게 시작된다.

> 강도強盜 일본이 우리의 국호를 없이 하며, 우리의 정권을 빼앗으며, 우리의 생존적 필요조건을 다 박탈하여 온갖 만행을 거침없이 자행하는 강도정치가 조선 민족 생존의 적임을 선언함과 동시에 혁명으로 우리의 생존의 적인 강도 일본을 살벌殺伐하는 것이 조선 민족의 정당한 수단이다.[5]

다물단은 평상시에는 독립운동 자금 모집과 민족의식 고취를 위한 선전 활동을 벌이다가 유사시, 즉 일제의 밀정이나 변절자가 포착되면 이를 응징하기 위해 직접 행동에 나섰던 것으로 추정된다. 의열단과 다물단에 차례로 몸담았던 서동일徐東日이 훗날 국내에서 군자금 모집 활동 중 일제 경찰에 체포된 바 있는데, 당시 재판 기록에는 다물단에 대해 이렇게 서술되어 있다.

> 일본 제국의 주권을 배척하고 조선의 국권 회복을 도모하고 또 동단(다물단)에 대한 밀정을 암살하고 주의 선전을 위해 불온문서를 간행하는 것을 목적으로 하는 결사가 북경에 조직되자 대차 이에 가입하고……[6]

아나키스트 아닌 민족주의자

일각에서는 이회영과 신채호가 조직 결성 과정에서 도움을 주었다는 이유로 다물단을 아나키스트 계열로 보는 시각도 있다. 하지만, 이규준을 비롯한 다물단원들의 이후 행적은 당시 상해임시정부와 거리를 두었던 이회영과 신채호의 행보와 사뭇 달랐다. '민정식 망명 사건'은 그 대표적인 사례다. 이 사건에서 상해임시정부 내무총장 김구와 다물단 이규준은 연대해 활동한 것으로 나타난다.

일제의 기록이기는 하나, 1925년 경성복심법원 검사국이 작성한 '조선 치안 유지법 위반 조사(1)' 문건에서도 다물단을 '민족주의 계열' 단체로 보았다. 이 문건에는 각지에서 법을 위반한 이른바 불령선인 단체를 무정부주의, 공산주의, 민족주의 등 계열별로 분류해놓은 일람표가 수록되어 있는데, 다물단에 대해서는 "북경에 있으며 민족주의 계열"이라고 명시되어 있다.[7]

제12장

일파만파
'민정식 망명 사건'

 1924년 봄, '혁명의 도시' 상해를 온갖 풍문으로 들끓게 만드는 사건이 일어난다. 바로 국내에서 "죽동궁竹洞宮의 새 주인"으로 불리던 민정식閔廷植의 망명 사건이었다. 민정식은 명성황후의 친정 조카인 민영익閔泳翊의 유일한 아들로 약 400만 평(1,322만 제곱미터)이 넘는 토지와 저택 등 거대한 부를 물려받은 인물이었다. 죽동궁은 명성황후가 민영익에게 희사했던 경성 관훈동에 있던 궁 이름이다.

 민정식은 막대한 유산을 상속받는 과정에서 친척들에게 시달리고 모진 풍파를 겪어야 했다. 민영익이 상해 망명 시절에 중국 여인과의 사이에서 얻은 아들이라는 시비도 끊이지 않았다. '음독 살해 음모설'까지 불거지던 와중에 민정식은 그해 3월 무렵 경성에서 돌연 종적을 감춰 호사가들의 입을 바쁘게 했다. 그런 그가 한 달여 만에 가족들과 망명하기 위해 상해에 모습을 드러내면서 풍문이 꼬리를 물고 이어졌던 것이다.

그 풍문은 생전에 홍콩, 상해 등지에서 망명 생활을 했던 민영익이 상해에서 타계하기 전, 외국계 은행에 수십만 달러를 예치하고 아들 민정식만 찾을 수 있도록 조치해놓았다는 것이다. 상해 독일은행, 상해 회풍은행匯豊銀行(현재 HSBC) 등 거액이 예치된 은행의 이름까지 소문에 오르내릴 정도였다. 당시 국내의 몇몇 신문은 그 예금 규모가 우리 돈으로 90~200만 원에 달한다고 전하기도 했다.[1] 그 시절 한인 노동자의 일당이 50전(0.5원)이었다고 하니 사실상 지금의 수백억 원에 해당하는 거액이었다.

다가가는 자와 막아서는 자

정부 형편이……아직 특별한 시설이나 각 방면의 수급을 못함은 그동안 경제가 너무 고갈하여 할 만한 행정을 못 하고 오직 4~5인이 빈 명의만 붙들고 있는 중이오.[2]

1923년 10월 27일 상해임시정부 재무총장 이시영이 미국 하와이 교민단장 김영기金永琦에게 보낸 편지글 중 일부다. 임시정부의 재정이 너무 곤란하므로 하와이 교민들의 도움이 필요하다는 간절한 내용을 담고 있다. "자금이 없어 빈 명의만 붙들고 있다"는 이시영의 하소연은 당시 임시정부의 곤고한 상황을 미루어 짐작하게 해준다. 안타깝게도 그 이듬해가 되어도 임시정부의 형편은 조금도 나아지지 않았다.

극심한 자금난에 시달리던 임시정부 관계자들도 자연히 상해 거리의 풍문에 관심을 갖고 민정식과 접촉하기 시작했다. 그에게서 자금을 기부받게 된다면 정체 중이던 독립운동에 새로운 활로를 틔울 수 있을 것이라는 기대 때문이었다. 이러한 움직임을 감지한 일제는 상해 총영사관, 본토 내각, 조선총독부 등이 긴밀히 연계해 저지에 나선다. 일제로서는 막대한 자금이 임시정부로 유입되어 항일독립투쟁이 더욱 거세지는 사태를 미연에 막아야 했다.

실제로 그해 5월부터 민정식 가족이 비밀리에 강제로 일본으로 끌려간 12월까지 8개월 동안 중국, 한국, 일본 3국의 일제 영사관과 경찰, 기관장 등 사이에 무려 20여 건의 민정식 관련 기밀 문건이 오고갔다. 일제가 얼마나 민정식의 동향에 촉각을 곤두세우고 있었는지를 단적으로 보여주는 증거라고 할 수 있다.

'민정식을 회유해 임시정부와 의열단의 독립운동 자금 마련 의도'(1924년 5월 3일)[3], '민정식을 만국공산당대회 조선 대표로 출석하게 한다는 자금 인출책引出策'(1924년 5월 28일)[4], '민정식의 임시정부 가담은 반대파의 소문으로 사료'(1924년 11월 17일)[5], '프랑스 영사와 협력해 민정식 부부 구출'(1924년 12월 10일)[6] 등의 첩보와 보고서가 그 대표적인 사례다. 일제 외무대신은 홍콩 총영사관과 상해 총영사관에 따로 지시를 내려 회풍은행 예금에 대한 사실 확인에 나서기도 했다.

그런데 일련의 문건 가운데 특히 눈에 띄는 기밀문서가 있다. 1924년 12월 18일 일본 후쿠오카현福岡縣 지사가 내무대신, 외무대신 등에게 전달한 '선인鮮人 민정식 보호에 관한 건'이라는 제목의 보고서다.[7] 이 문건에는 이전의 민정식 관련 보고서에서 찾아볼 수 없던 새로운 이름이 거명되는데, 바로 이규준의 이명 중 하나인 '李圭俊(이규준)'이다.

후쿠오카현은 12월 10일 상해에서 일본으로 비밀리에 끌려온 민정식이 조사를 받았던 지역이다. 후쿠오카현 지사는 민정식의 진술을 참고해 보고서를 작성했을 것이다. 그런데 이전의 첩보를 토대로 한 보고서들과는 달리, 이 문건에서 이규준의 이명이 처음 거론된 것이다. 이는 민정식이 상해에 체류하던 기간에 모종의 일로 실제로 이규준과 접촉했을 개연성을 높여주는 대목이다.

후쿠오카현 지사의 보고서는 민정식이 상해로 간 구체적인 이유와 시기, 임시정부와 의열단 등이 민정식의 재산을 '강취'하려 했던 정황, '구출' 과정 등을 담고 있다. 민정식이 자금 헌납을 거절하자, 김구·윤기섭·엄항섭嚴恒燮·나석주羅錫疇 등이 예금 소재를 파악하기 위해 그를 구금하고 협박한 것처럼 왜곡시켜 기재되어 있다. 이규준의 이명이 거론되는 부분도 바로 이 대목이다.

이규준 외에도 문서에 거론된 이들은 대부분 임시정부에 몸담고 있던 인사들이었다. 김구는 내무총장 겸 국무총리 대리를, 윤기섭은 임시의정원 의장을 맡고 있었고, 엄항섭은 김구를 보좌하는 최측근으로, 나석주는 경무국 경호원과 경무국장으로 일하고 있었다. 나석주는 김구가 설립한 양산학교를 나온 제자이기도 했다. 이 보고서에서 이규준이 이들 임시정부 요인과 함께 활동한 것으로 거론된 사실은 이 무렵 그가 임시정부와 연계해 독립투쟁을 하고 있었다는 또 하나의 방증이라 할 수 있다.

민정식 사건으로 이어진 운명적 인연들

이 보고서에서 이규준과 함께 거명된 임시정부 요인들은 모두 공교롭게도 이규준과 특별한 인연이 있었다. 먼저, 윤기섭은 신흥무관학교 교장 출신으로, 이규준의 은사이자 신흥교우단을 함께 창설한 핵심 단원이기도 했다.

나석주는 민정식 망명 사건을 통해 이규준과 동지의 연을 맺고, 1925년 겨울 다물단과 연계해 독자적으로 국내에서 의열 투쟁을 추진한 바 있다. 당시 나석주는 국내로 침투해 동양척식주식회사 등 일제의 착취기관을 폭파할 계획을 세웠으나, 독립운동 자금 부족으로 좌절되었다. 결국 그 이듬해인 1926년 나석주는 심산心山 김창숙金昌淑의 자금 지원에 힘입어 동양척식주식회사와 식산은행에 폭탄을 던지고 자결, 순국했다.[8]

이규준과 김구의 관계도 주목된다. 두 사람은 이규준이 임시정부의 자금 모집을 위해 상해를 오가면서 인연이 닿았던 것으로 보인다. 임시정부를 자신과 함께 지켜온 이시영의 조카이자 신흥무관학교 설립자 이석영의 아들이란 점도 김구에게는 호감으로 작용했을 것이다. 그리고 민정식 망명 사건 등을 함께 겪으면서 동지로서 서로를 더욱 신뢰하게 되었을 것이다. 김구는 훗날 이규준 사후에도 그의 후손들과도 인연을 이어가, 두 사람의 관계가 얼마나 두터운 것이었는지 미루어 짐작하게 해준다.

프랑스 공무국 문서에서 드러난 진실

민정식을 상해에서 일본으로 데려온 뒤 일제는 관련 문건에서 유독 '구출', '보호'와 같은 단어를 자주 사용했다. 이는 임시정부 인사들과 몇몇 독립운동단체가 민정식을 감금해놓고 폭력으로 재산을 강취하려 했다는 점을 강조하고, 민정식을 강제로 끌고 온 자신들의 행위를 합리화하기 위한 '의도적인 단어 선택'이었다.

실제로 일제는 『매일신보』와 같은 조선총독부 기관지와 친일 매체를 통해서 이 사건과 관련해 상해임시정부의 '부도덕한 가혹 행위'를 질타하고 비난하도록 했다. 이러한 일제의 선전전은 일정 부분 먹혀들어 상해에서조차 임시정부 인사들을 비판하는 여론이 일기도 했다.

그렇다면, 정말로 임시정부 인사들은 민정식을 구금하고 협박해 예금 등 재산을 강취하려 했던 것일까? 결론부터 이야기하자면, 사실이 아니었다. 당시 민정식은 상해 프랑스 조계지租界地에 거처를 두고 프랑스 경찰의 보호를 받고 있었다. 임시정부 역시 프랑스 조계지에 자리 잡은 터라 프랑스 측의 양해나 민정식의 동의가 없으면 그와 접촉하기는 사실상 어려웠다.

임시정부에 재산 기증을 약속하다

당시 프랑스의 공무국 경무처는 '민정식에 관한 문건'이라는 제목으로 이 사건의 전말에 대한 장문의 보고서를 작성해 총영사 등에게 보고했다. 1924년 12월 12일 상해에서 발신된 이 보고서에는 민정식의 집안, 아버지 민영익의 행적과 재산, 민정식의 인물 됨됨이, 임시정부와의 관계, 일제 경찰의 민정식 체포 전말 등이 상세히 담겨 있다. 임시정부 요인들이 민정식을 구금하고 가혹 행위를 했다는 일제의 주장이 허구라는 사실도 이 문건에서 밝혀진다.

젊은 민정식은 한국에 사는 것을 두려워했다. 그의 친척들의 대부분이 그의 적이기 때문이었다. 당시 그는 그의 조국을 위해 자신의 재산과 삶을 바치기로 결심했다. 그는 상해로 오기 위해 한국에서 비밀리에 도망가기로 결심하고 그해 봄 그 계획을 실행에 옮겼다.
……그는 그의 재산을 임시정부에 기증할 것을 약속했고 임시정부 각료들은 기쁨으로 그를 환영하고 보호했다.
……그는 상해의 몇몇 외국인 변호사들에게 상해의 알려지지 않은 은행에 비밀스럽게 예금되었을 그의 아버지의 재산을 찾기 위해 노

력하도록 (일을) 맡겼다.

……일본 정부는 이 소식을 듣고 놀랐는데 한국인 혁명가들의 힘이 이 돈으로 더 강하게 되지 않을까 염려했기 때문이다. 일본 정부는 그들의 노력을 경주해 젊은 민정식을 붙잡기 위해 늘 찾았다.

……민정식은 상해에서 자유롭고 부유했다. 그는 그의 집에 개인 경호원 3명을 두었으므로 어떠한 한국인에 의해서도 협박당하지 않았다. 이 경호원들은 프랑스 경찰이 대준 것이었다.[9]

꼼수를 동원해 납치하다

이 보고서는 일제 경찰이 친일 단체 일진회一進會 회원인 민정식의 장인과 함께 계책을 세워 민정식을 빼내갔다고 전했다. 프랑스 조계지의 중국인 형사들이 집 밖에 있는 상황에서 4~5명의 일본인 형사가 장인과 함께 민정식의 방으로 들어가 그를 강제로 끌어냈으며, 민정식은 커다란 두려움 속에서 체포되었다고 전했다.

또 다른 프랑스 공무국 문건에 따르면, 일제는 사전에 민정식의 장인으로 하여금 "죄수처럼 구금되어 협박당하고 있는 민정식을 구해 달라"는 청원서를 상해 주재 일본 영사관에 제출하게 했다. 그런 뒤에 이 청원 내용을 상해 주재 프랑스 총영사관에 전달해 민정식 거처에 대한 방문을 용인 받는 '꼼수'를 썼다. 친한親韓 성향의 총영사가 프랑스로 일시 귀국해 부재중인 사이에 벌어진 일이었다(일본 후쿠오카현 지사의 '선인 민정식 보호에 관한 건'이라는 보고서에서도 일제는 '탈취'라는 단어를 사용함으로써 민정식을 강제로 납치했다는 사실을 스스로 인정했다).

12월 10일 일본인 형사들과 민정식의 거처까지 동행했던 프랑스 경무처 헌병 반장 P. 베르티에P. Berthier는 다음 날 민정식의 신상과 관련된 보고서를 제출했다.

이 보고서에 따르면 당시 민정식의 집 1층에는 3명의 한국인이 더 있었으며, 이 사태 와중에 그중 2명이 황급히 돌아갔다고 한다. 아마도 이들 2명은 임시정부가 민정식을 보호하기 위해 배치한 요원이었을 것이다. 민정식을 '탈취'한 뒤에야 일제 문서에서 이규준의 이명이 거명된 것으로 보아 현장에 있던 한국인 3명 중 1명이 이규준이었을 가능성도 배제할 수 없다. 프랑스 경찰들이 함께 방문한 데다 집 안에 민정식의 아내와 어린 딸도 있어 임시정부 측 요원들이 물리적으로 대응을 하기도 어려웠을 것이다.

일본인 형사들이 민정식과 가족을 끌고 간 곳은 한국이 아니라 일본이었다. 민정식은 일제 경찰의 조사를 받은 뒤 장기간 현지에 체류하게 되어 국내에서 무성한 뒷말을 낳았다. 이에 일제는 쇼맨십을 발휘했는데, 마침 일본에 와 있던 조선 총독인 사이토 마코토齋藤實가 민정식을 전격 방문해 회견까지 했던 것이다. 당시 신문에는 회견 후 총독의 발언이 이렇게 보도되었다.

상당한 가정의 청년으로 거액의 재산을 가지고 동서로 표랑하면 부정분자가 먹을 것 만난 줄로 알고 따라다니는 고로 속히 조선으로

돌아가기를 권고했지만, 민씨는 당분간 일본에 있으면서 정양靜養하고자 한다 하였으며……. [10]

아마도 일제는 민정식의 발을 묶어 놓은 뒤, 그가 소유한 국내외 재산에 대해 다시 한번 철저히 점검했을 것이다. 그 이후로 민정식의 재산은 전적으로 이왕직李王職(일제강점기에 왕실 사무 일체를 담당하던 기구)의 관리를 받게 된다. 그의 재산이 다시 임시정부나 독립운동을 위해 쓰일 수 없도록 원천봉쇄했던 것이다.

민정식의 돈으로 이사한 임시정부

'민정식의 망명'은 과연 임시정부에 실제로 도움이 되었을까? 민영익이 예치했다는 거액의 예금을 끝내 찾을 수는 없었지만, 민정식 일행은 상해 방문 때 지니고 온 상당액의 현금을 임시정부에 기증했던 것으로 보인다. 1924년 5월 3일 임시정부 외무총장을 지냈던 조소앙이 이승만에게 보낸 편지 가운데 한 대목을 보자.

요사이 서울에서 온 사람으로는 민정식(운미芸楣 민영익의 아들)과 민병길閔丙吉(이재극李載克의 사위), 김병희金炳僖(전 조선일보사 주필) 등이 있습니다. 이들 일행이 정부에 상당한 경제적 도움을 주었기 때문에 지금 정부가 5월 5일에 이사할 예정입니다. (현재 임시정부 사람들이) 여러 관료를 합하면 20여 명이 넘을 것입니다. 능히 직분分職

이 되어 제 기능만 다하게 된다면 얼마나 다행한 일이겠습니까?[11]

조소앙의 편지에서 언급된 임시정부의 이사 문제는 일제의 문서인 '재상해在上海 한인 독립운동자의 근정近情'에서도 확인된다. 임시정부가 사무실로 쓰던 가옥(프랑스 조계지 포석로 24호)의 월세를 내지 못해 재무총장 이시영의 사택으로 이사했다가 지난해 민정식이 상해에 온 이후 다시 가옥을 세내어 사무실을 옮겼다는 내용이다.

> (임시정부) 사무소는 당시 재무총장 이시영의 사택인 프랑스 조계 수길리水吉里의 왜옥矮屋(낮고 자그마한 집)으로 이사하여 겨우 임시정부의 명의를 존속해왔으나 방 안에는 하나의 의자와 탁자조차 있지 않다.……그런데 1924년 4월 한국 내에서 상해로 온 민정식이라는 자가 약간의 현금과 다액多額의 저금을 가지고 있다고 듣고 내무총장 김구는……그를 프랑스 조계에 감금케 하고 약간의 현금을 강취強取하여 이것으로써 박급迫急(바싹 닥쳐서 매우 급함)한 채무를 완료하는 동시에 서문로 78호의 가옥을 차입하고 이시영의 사택에서 물러났는데…….[12]

이 문건은 조선총독부 경무국장이 작성해 외무차관에게 전한 것이기에 임시정부 활동에 대한 일제의 악의적인 왜곡이 고스란히 드러나 있다. 따라서 상당 부분 걸러서 보아야 하겠지만, 당시 임시정부가 얼마나 극심한 자금난을 겪고 있었는지 미루어 짐작할 수 있다.

이 문건에 언급된 대로 1924년을 전후해 임시정부가 재정난으로 인해 재무총장 이시영의 거처를 임시 사무실로 사용했다면, 이곳에서 이규준이 김구와 조우했을 가능성도 높아 보인다. 당시 이시영과 긴밀히 교류해온 이규준은 상해에 오면 이시영의 거처를 찾아갔을 것이고, 여기서 내무총장 김구와도 만나게 되었을 것이다.

막대한 부를 상속받은 민정식의 상해 망명은 한때 임시정부 인사들에게 큰 기대감을 안겼다. 그의 기부를 장작 삼아 독립투쟁의 거대한 불길을 지필 수 있을 것으로 여겼기 때문이다. 하지만 결국 일제 경찰의 술수로 인해 민정식을 빼앗김으로써 그 바람은 물거품이 되고 말았다.

당시 상해 한인교회에서 목회 활동을 하던 독립운동가 조상섭 趙尙燮은 미국에 있던 안창호에게 보낸 편지에서 민정식 피탈被奪(억지로 빼앗김)에 대한 '임시정부 인사들의 책임론'을 거론하기도 했다.[13]

실제로 이 사건을 계기로 상해 한인 사회의 여론이 들끓어 임시정부 내각이 교체되는 파란도 일었다. 민정식이 상속받았다는 거액의 예금을 찾아내 독립운동 자금으로 모두 투입했다면 한국의 독립운동사는 좀더 굵직한 글자들로 채워질 수 있었을까?

제13장

다물단, 일어서다

민정식 망명 사건 이후에도 이규준은 상해임시정부와 긴밀히 연계해 항일투쟁을 이어갔다. 일제 관동청 경무국이 1925년 1월 6일 내각 아세아국장, 조선총독부 경무국장 등에게 보고한 '불령선인의 행동'이라는 문서에서 그 정황이 확인된다.[1]

이 문서에는 재정난을 겪고 있던 상해임시정부가 각지에 모금원을 파견하는 문제로 '이단해李壇海'와 협의했으며, 그 후 이단해가 천진으로 돌아가 프랑스 조계지 대길리大吉里에 있는 자신의 거처에서 불령한 무리와 회합을 했다는 내용 등이 담겨 있다. 문서에서 언급된 '이단해'는 이규준이 다물단 활동 때 자주 썼던 이명 중 하나였다.[2]

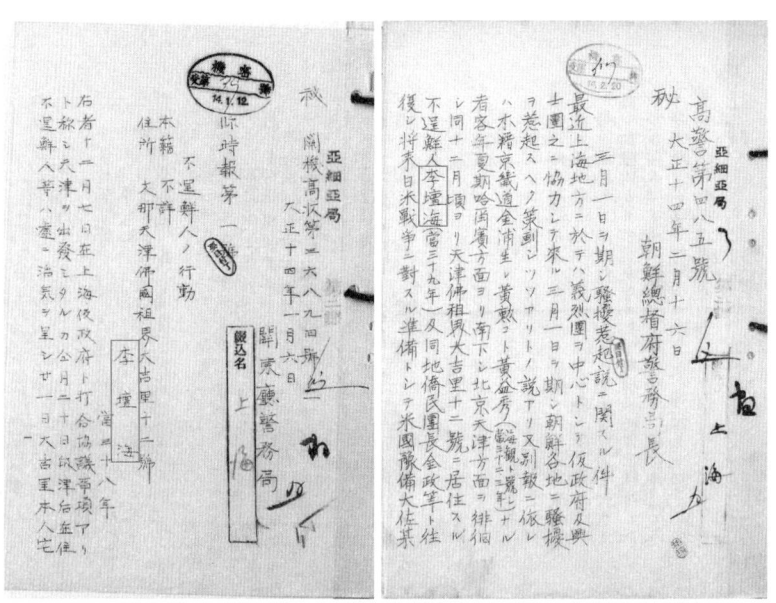

일제가 1925년 1월 6일에 작성한 '불령선인의 행동'이라는 문서(왼쪽)와 2월 16일에 작성한 '3월 1일을 기한 소요 야기설에 관한 건'(오른쪽)에 이규준의 이명인 '이단해李壇海'라는 이름이 등장한다.

    이단해와 회합한 '불령한 무리'는 다름 아닌 다물단의 주요 단원들을 가리키는 것으로 보인다. 실제로 그해에 서동일을 비롯해 여러 명의 다물단원이 국내에 파견되어 독립 자금 모집 활동을 벌이다 일제 경찰에 체포되어 옥고를 치르기도 했다.[3]

    같은 해 조선총독부 경무국장이 내각 척식국장 등에게 보고한 '3월 1일을 기期한 소요 야기설에 관한 건'에서도 이단해라는 이름이 황훈黃勳, 황익수 등과 함께 거명된다.[4] 황훈과 황익수는 이규준과 함께 다물단에서 활약했던 열혈 투사들이었다(황익수는 황훈,

황해관黃海觀 등의 이명으로도 활동했으나 이 문서상의 황훈과는 동명이인으로 추정된다).

이 문서에는 의열단을 중심으로 임시정부와 흥사단 등이 협력해서 3월 1일 조선 각지에서 소요를 야기하려 획책하고 있다는 내용 등이 수록되어 있다. 그런데 이규준을 비롯해 몇몇 다물단원의 이름을 거명하면서도 이들을 하나의 단체로 특정하지 않은 것으로 보아, 당시 일제 경찰은 다물단의 존재를 제대로 파악하지 못하고 있었다.

'태극기 휘날리며' 천진을 가로지르다

1925년 3월 1일, 중국 천진 시내에서 현지 한인들의 민족혼을 뜨겁게 달군 '자동차 행진'이 펼쳐졌다. 기미독립선언 6주년을 기념해 한 무리의 애국 청년들이 태극기를 단 자동차에 올라 거리를 천천히 달리며 '대한민국은 독립국가'라는 사실을 널리 알린 것이다.

이들은 프랑스 조계를 시작으로 영국과 이탈리아 조계, 옛 독일·러시아 조계(독일은 1917년, 러시아는 1920년 중국에 조계 반환), 일부 중국인 거리까지 자동차로 거리를 가로지르면서 독립선언기념문을 행인들에게 나눠주었다. 비록 여러 대의 자동차가 동원된 '퍼레이드'는 아니었지만, 각국 조계 외국인들의 눈길을 끌기에는 충분했다. 특히 망국의 한을 품고 살아가던 한인들에게 태극기 자동차의 '거북이 운행'은 속을 뻥 뚫리게 하는 '사이다 질주'와 다를 바 없었다.

태극기 자동차의 애국 행진

이 애국 청년들의 중심에는 바로 이규준이 있었다. 이날 이규준은 천진 대한인교민단 단장 김정金政, 신성문申聖文 등 5명과 함께 자동차에 올라 '애국 행진'을 주도했다. 천진에서 한인들은 기미독립선언 이후 매년 3월 1일 기념식을 거행해왔는데, 차량을 이용해 독립을 선전한 것은 이번이 처음이었다. 1921년 제2회 기념식 때 자전거를 타고 다니며 독립선언서를 배포한 적이 한 번 있었으니, 선전 방식이 급격히 진화한 셈이었다.

이날의 '태극기 자동차 행진'에 대한 이야기는 일제 천진 총영사가 내각 외무대신에게 보고한 '조선 독립기념일에서의 불령선인의 행동에 관한 건'에 그대로 담겨 있다.[5] 이때에도 문건에서 이규준은 이명 '이단해'로 거명되었다.

사실, 당시 독립선언서 등 선전물을 천진 거리에서 배포하는 것은 위험천만한 일이었다. 일제는 특히 매년 3월 1일을 전후해 천진 총영사관과 일본 조계 정·사복 경찰을 총동원해 독립운동의 예봉을 꺾으려 했다. 이른바 '불령선인'들의 동태를 집중적으로 감시하고 기미독립선언 기념식에 관여할 경우 온갖 구실로 탄압했던 것이다. 한인들이 주로 거주하는 프랑스 조계와 일본 조계가 바로 이웃해 있는 데다, 일제가 기만과 월권 행위를 서슴지 않아 그 위협이 피부에 와닿을 수밖에 없었다.

실제로 1921년 3월 초에는 기미독립선언 기념식에 참석했다는 이유로 주요 한인 인사들을 일제 경찰이 불법으로 체포한 일이 있었다. 또 그 이듬해에는 배일 선전물 인쇄 과정을 몰래 감시하던 일제의 밀정이 한인 청년들에게 구타를 당하자, 일제 영사관 경찰이 이를 '자국민에 대한 살인미수' 사건으로 왜곡시켜 프랑스 공무국의 체포 협조를 받아낸 적도 있었다.[6]

허를 찔린 일제 경찰

그런데 1925년의 기미독립선언 기념일에는, 그간 천진 한인 사회의 움직임에 촉각을 곤두세워온 일제도 의표를 찔리고 말았다. 몇몇 애국 청년이 자동차를 이용한, 당시로서는 기상천외한 방식으로 기념 시위를 벌였기 때문이다. 이날의 자동차 시위는 '한국이 독립정부를 세웠으며, 한국민이 간절히 광복을 염원한다'는 사실을 조계의 여러 나라 사람들에게 알리고 여론을 환기시키는 역할을 했다.

일제는 당시 '태극기 자동차 시위'를 어쩔 수 없이 그냥 지켜봐야 했던 사실이 적잖이 당혹스러웠던 것 같다. 내부적으로는 문책도 이어졌을 것이다. 그로부터 한 달 뒤 조선총독부 경무국장은 기미독립선언 기념일에 상해, 남경南京 등 중국 각지와 만주, 노령露領(러시아 영토), 미국 등지에서 진행된 한인 행사에 대한 종합보고서를 작성해 내각에 전달했다. 20쪽에 달하는 이 장문의 보고서에서 맨 앞에 거론된 사안은 뜻밖에도 '태극기 자동차 시위'였다.

보고서 서문에서 경무국장은 "동원된 자동차 대수도 매우 적고 각국 사람들이 보고 웃는 등 하등의 영향을 끼치지 못했다"는 식으로 시위 내용을 서술하고 있다. 자신의 서술처럼 '별 볼 일 없던 시위'라면 왜 이날의 시위가 종합보고서의 서두를 장식했던 것일까?

태극기 자동차 시위의 의미를 깎아내리고 축소하는 데 급급했던 일제 경찰의 행태는 이 시위의 여파가 결코 만만치 않았다는 사실을 역설적으로 방증한다. 일제가 특히 경계했던 것은 그간 거의 실내에서 이루어지던 기미독립선언 기념식이 태극기 자동차 시위를 계기로 옥외 가두시위로 점화되는 사태였다.[7]

'이단해'가 주도하다

이 문서에는 당시 '태극기를 단' 자동차에 탑승한 사람이 "교민단장 김정, 이단해(이규준), 신성문 외 3인"이라고 기재되어 있다. 지난 수년간 교민단장 김정이 매년 일정 장소에서 기념식을 여는 방식으로 기미독립선언을 반추했던 점을 감안하면, '태극기 자동차 시위'는 이규준을 비롯한 '새 얼굴'들이 주도한 계획이라 해도 과언이 아닐 것이다. 아마도 차량에 함께 올랐던, 무명의 청년들 중에는 현지 다물단원들도 포함되어 있었을 것이다. 남들이 미처 생각지 못하는 대담무쌍한 행동은 다물단이 독립투쟁을 하는 방식이기도 했다.

이규준은 저동 육형제의 후손들 사이에서 '행동가'로 알려져 있었다. 그가 남다른 실행력을 지니고 있었다는 의미다. 평소에는 생각을 깊게 하지만 일단 마음의 결정을 내리면 좌고우면하지 않는 사람이 이규준이었다. 실제로 이규준의 사촌이자 다물단에 함께 몸담았던 이규학은 "항상 규준이 일을 벌이고, 나는 뒷바라지만 했다"고 가족들에게 회고하기도 했다.

그런데 일제를 당혹하게 했던 태극기 자동차 시위는 이규준이 넘치는 기백과 함께 전략적 판단력도 겸비했다는 사실을 알려준다. 이규준은 점차 더 담대하고 더 냉철한 투사로 완성되어가고 있었지만, 운명이 그에게 허락해준 시간은 그리 많이 남아 있지 않았다.

제14장

거물
밀정
김달하

　이규준이 이끌던 다물단의 이름이 세상에 알려지는 계기가 된 것은 '거물 밀정' 김달하 처단 사건이었다. 김달하는 대체 어떤 사람이었고, 왜 그의 이름 앞에는 '거물 밀정'이라는 수식어가 붙게 되었을까? 먼저 김달하의 이력에 대해 잠시 훑어보자.
　김달하는 북경 한인 사회의 유력 인사이자 박학다식한 한학자였다. 대한제국 시절에 중추원 부찬의(정3품)를 지냈고, 서우학회와 서북학회 등 애국계몽운동단체에 주도적으로 참여했다. 그는 이때의 인연으로 이동휘·안창호·박은식·이갑李甲 등 저명한 애국지사들과 알고 지내는 사이가 되었다. 나라가 패망한 후에는 원세개와의 친분 덕분에 중국 북경으로 이주했다. 김달하는 원세개

사후에 실권을 잡은 단기서段祺瑞가 대일 차관을 교섭할 때 공을 세워 '부관'으로 통할 만큼 신임을 얻는다. 이후 북경 정부의 육군 참모부 참사를 지내는 등 한인 유력자로 대접받았다.

김달하는 한인 사회는 물론 중국인들도 '선생'으로 예우하던 인물이었지만, 또 다른 민낯을 지니고 있었다. 조선총독부에 은밀히 줄을 대고 고급 밀정 노릇을 했던 것이다.

그의 밀정 행위는 중국 북경에서 활동하던 심산 김창숙에 의해 확인되었다. 1922년 4월, 김창숙은 기독교청년대회 참석차 북경을 방문한 이상재와 김활란金活蘭(김달하의 처제, 훗날 이화여자대학교 총장을 지냄)을 통해 김달하를 알게 되었다. 김창숙은 한학에 조예가 깊고 경사經史에도 밝았던 김달하와 토론을 자주 하면서 친분이 생겼다. 그러던 어느 날, 김달하에게서 독립운동가의 처지를 동정하는 말과 함께 조선총독부 산하 유교 교육기관인 경학원經學院 부제학 자리를 제의받게 된다. 이때 김창숙은 김달하가 밀정이라는 것을 알게 되었고 동지들에게 이 사실을 알렸다.[1]

그런데 이에 앞서 김달하의 정체에 대해 의구심을 품은 사람이 있었다. 바로 도산 안창호였다. 안창호는 김창숙이 김달하와 자주 만나자 '김달하를 조심하라'고 미리 주의를 주었다.[2] 안창호와 김달하는 서우학회 시절부터 십수 년이 넘도록 서로 알고 지낸 사이였다. 과거에 이미 김달하가 안창호에게도 접근해 넌지시 속마음을 떠보려 했을 수도 있다. 아마도 김창숙은 김달하의 제의를 받는 순간, 예전에 안창호가 꺼냈던 경계의 말이 떠올랐을 것이다.

그렇기에 더더욱 김달하가 일제의 밀정이라는 확신을 가질 수 있었다.

일제의 귀순 공작

당시 일제가 부리던 고급 밀정들의 주요 임무 중 하나는 명망 있는 독립운동가들을 조선총독부에 귀순시켜 조선인들의 독립 의지를 꺾는 것이었다. 회유가 어려우면 역정보를 흘려 독립운동 진영에 내분을 야기하거나 일제 경찰에 활동 내역을 밀고해 검거하도록 했다.

실제로 일제는 독립운동을 하느라 극히 빈한하게 사는 독립운동가들에게 접근해 관직과 재산을 제안하며 회유하는 공작을 끊임없이 펼쳤다.

조선총독부는 신문 등을 통해 상해임시정부 관계자 등 독립운동가들의 귀순 소식을 널리 알리는 선전전도 벌였다. 그 대표적인 예로 『매일신보』의 「가정부원假政府員 귀순, 24명이 총독부에 귀순을 했다」(1922년 6월 3일)는 기사에는 임시정부의 내홍 소식과 함께 귀순자들의 이름, 귀순 신청 배경 등이 실렸다.[3]

아마도 귀순의 진위 여부는 조선총독부에 그다지 큰 상관이 없었을 것이다. 귀순 소식을 퍼뜨리는 것만으로도 임시정부의 사기를 저하시키고 내부를 분열시킬 수 있었기 때문이다. 독립운동 진영에서 일제 밀정들의 회유 공작을 특히 더 경계할 수밖에 없었던 배경이기도 하다.

밀정 처단 막전막후

이규준과 다물단은 김달하가 밀정이라는 사실을 어떻게 파악하게 되었을까? 이와 관련된 정보를 전해준 이는 단재 신채호였던 것으로 추정된다.

이은숙의 『서간도 시종기』와 독립기념관의 '단재 연보' 등에 따르면, 이 무렵 김창숙과 신채호는 수시로 만나 독립투쟁 방안을 논의했다. 두 사람은 임시정부 수립 때 함께 참여했고, 이후로도 뜻을 같이해온 사이였다. 신채호가 독립운동 잡지『천고天鼓』를 발행하던 시절에는 김창숙이 편집을 돕기도 했다. 김창숙은 당연히 신채호에게 김달하의 '혐의점'에 대해 이야기했을 것이고, 신채호는 자신과 연이 닿는 다물단과 의열단에 김달하의 실체를 알렸을 것이다.

김달하 처단을 주도한 것은 다물단이었다. 이규준은 김달하의 동향을 파악하고 세부적인 계획을 세웠다. 이규창은『운명의 여신』에서 사건 직전에 사촌 형 이규준이 김달하의 딸과 같은 중학교에 다니며 친하게 지내던 자신의 누나 이규숙李圭淑(이회영의 딸)에게 김달하의 집을 방문해 내부 상황을 알아보도록 했다고 술회한 바 있다. 이규준은 사촌 여동생 이규숙이 알려준 내부 정황을 토대로 계획을 다듬어 단원들을 김달하의 집으로 보냈다.

1925년 3월 30일 단원 이종희李鍾熙, 이기환李起煥이 북경 차련호동車輦胡同 서구내로西口內路 북문패北門牌에 있던 김달하의 집으로 찾아갔다. 그리고 이 두 사람이 사라진 뒤 김달하는 교살당한 사체로 발견되었다. 김달하 사건과 관련해 생전에 김창숙은 "결국 다물단원들이 그를 처단했다"는 표현 이외에 자세한 경위와 관계자 신원 등에 대해서는 언급하지 않았다.[4]

그러나 김달하를 직접 처단한 의열 투사와 소속 단체에 대해서는 사료에 따라 다른 견해가 존재한다. 일례로, 훗날 일제 경찰은 '김달하 사건'에 대해 다물단원 이규준과 최태윤崔泰潤이 집에 잠입해 김달하를 처단한 것으로 판단한 바 있다.[5]

언론에 비친 김달하 사건

당시 중국 북경의 신문 『경보京報』는 이 사건을 보도하면서 김달하에 대해 "유명한 일본의 응견鷹犬"이라고 표현했다. 응견이란 사냥할 때 부리는 개를 이르는 말이다. 또한 "김달하가 북경에 몇 년 동안 있으면서 전적으로 한국 독립군의 비밀을 정탐해 일본 사람에게 보고하는 것을 직업으로 삼았다"고 전했다.

북경의 중국인들과 한인 사회가 보인 반응도 대체로 비슷했다. 암약 중인 밀정들이야 경악하고 공포에 떨었겠지만, 대부분의 사람들은 일말의 동정도 없이 그의 처단을 당연시하는 태도를 보인 것이다. 심지어 중국 경찰 당국도 살인범의 수배와 체포에 적극적

으로 나서는 분위기가 아니었다.[6]

국내에 김달하 피살 소식이 처음 전해진 것은 사건 닷새 뒤였다. 1925년 4월 4일 『동아일보』가 「밀정, 필경 피살…북경에서 암살당해」라는 기사로 북경의 신문을 인용해 간략히 보도했다.[7] 그런데 그 뒤 몇 달이 지나도 국내 대부분의 신문이 김달하 사건을 다루지 않자 『동아일보』는 그해 8월 6일에 「심방 왔던 괴청년 일거一去 후에 유혈 참시」라는 기사로 이 사건을 더 자세히 보도했다.

중국의 『경보』는 김달하에 대해 "유명한 일본의 응견"이라고 보도했고, 중국 한인 사회의 사람들은 그의 처단을 당연시하는 태도를 보였다. 국내에서는 김달하 피살 사건을 『동아일보』가 2차례에 걸쳐 보도했다. (『동아일보』, 1925년 8월 6일)

오랫동안 북경에서 그곳에 재류하는 조선 사람들로부터 크게 주목을 받아오던 김달하가 죽었다 하는 소문이 근일에 와서야 세상에 드러나게 되었다. 죽은 지가 벌써 두 달이나 된 오늘에야 이 비밀이 나타난 것을 보면 얼마나 관계자들이 이 사실을 감추려고 애를 썼는지도 알 것이다.

김달하는 본래 조선 안에서 경성 모 중등학교 교사로 있다가 지금으로부터 10년 전에 총독부의 비밀한 사명을 띠고 북경으로 간 후 그간 10년을 자기의 직무에 충실한 자인데, 그간에 수없는 청년을 잡아주기도 하였고 여간 위험한 땅에도 드나들기도 하였다.[8]

신의 한 수

김달하 피살 사건 이후 오랜 기간 일제는 김달하가 밀정이라는 사실을 인정하지 않았다. 초기 사건 보고서에서도 "친일파라는 이유로", "스파이로 몰려"라는 식으로 표현해 독립투사들이 일제와 무관한 동포를 살해한 것처럼 호도했다. 그러나 물밑에서 일제는 북경 주재 일본 총영사관을 통해 범인 색출을 엄중히 요구하며 중국 정부를 강하게 압박하고 있었다. 중국 경찰은 사건 이후 10여 명의 한인을 구인해 조사했는데, 그중에는 이규준의 사촌 여동생 이규숙과 막내숙부인 이호영도 포함되어 있었다.

이규숙은 김달하 집에 놀러와 집안 사정에 대해 묻고 간 뒤 사건이 일어났으니 자연히 의심을 받을 수밖에 없었다. 이규숙은 북경경찰서(공안국)에 구류되어 조사를 받고 북경지방검찰청으로 인계되는 등 1년 가까이 고초를 겪었다. 이호영은 북경 소경창에서 하숙집을 운영하면서 이규준을 물밑에서 지원해오다 김달하 사건으로 한 달 넘게 구금되어 조사를 받았다. 이 사건 이후 이호영은 다물단원으로서 의열 투쟁에 적극 가담했고 이로 인해 일제의 집요한 추적을 받게 된다.[9]

사건 초기에 일제는 김달하를 처단한 범인을 검거하기 위해 외교 채널까지 동원해 총력을 기울였다. 다른 밀정들까지 눈에 띄게 동요하는 터라, 빠른 시일 내에 범인을 색출해 철저히 '응징'해야 했을 것이다. 그러나 사건을 주도한 이규준과 사촌 이규학 등 주요 단원들은 이미 북경을 떠난 뒤였다.

다급해진 일제는 '조선인은 황국의 신민'이라는 논리로 북경경찰서에 구인된 이규숙 등 연루된 한인들의 신병 인도까지 요구하기에 이른다. 혹독하게 고문을 해서라도 사건 배후를 파헤치려는 심산이었을 것이다. 하지만 다행히 중국 측은 일제의 인도 요구를 거부했다. 통화현 합니하에 정착하던 시절에 토지 소유 문제를 해결하는 방편으로 이회영 등 망명 지사들이 중국 호적을 만들어두었던 것이 결과적으로 신의 한 수가 되었다.

악분자 소토 선언서

다물단이 김달하 처단을 주도했다는 사실을 일제가 처음 인지

한 것은 사건 발생 후 3주가 지나던 무렵이었다. 1925년 4월 20일 일본 상해 총영사는 내각 외무대신에게 '불령선인의 선언서에 관한 건'이라는 문건을 보냈다. 이 문건에는 북경에서 김달하라는 자가 스파이로 몰려 피살되었는데, 이 사건에 이단해 등 다물단이 관여했다는 내용이 담겨 있었다. 또한 다물단 명의로 작성된 '악분자惡分子 소토掃討 선언서'가 일본어로 번역되어 첨부되었다.[10]

악분자 소토 선언서에는 "왜의 총독과 천황을 먼저 죽여야 하지만 조선인으로서 왜노倭奴의 혼을 가진 자를 먼저 소토해야 한다"는 취지의 내용이 담겼으며, 맨 뒤에 다물단 인장이 찍혀 있었다. '소토'란 모조리 쓸어 없앤다는 뜻이다.

일제는 이 문건에서 이단해가 '李圭俊(이규준)'이라고 처음으로 이름을 특정했다. 비록 이규준의 또 다른 이명을 기재한 것이기는 했지만, 이는 이규준에 대한 일제의 추적망이 점점 좁혀지고 있다는 사실을 의미하는 것이었다.

그로부터 사흘 뒤 조선총독부 경무국장은 내각에 또 한 건의 문서를 보낸다. '재북경在北京 불령선인의 근정에 관한 건'이라는 보고서에는 김달하 사건의 용의자에 대한 두 갈래의 추정이 담겨 있었다.[11] 하나는 '함남 출신 불령선인 서왈보徐日甫가 참여했다'는 첩보, 또 하나는 '다물단 단원 이단해(본명 이규준李圭俊), 이춘李春, 이옥산(본명 이호영李皓榮) 등 3명이 사건에 관여했다'는 중국 주재 일본 공사의 내부 보고였다. 이옥산과 '李皓榮(이호영)'은 이규준의 막내숙부 이호영李護榮이 사용하던 이명이었다.

이 문건은 다물단 명의로 작성된 '악분자 소토 선언서'가 경성에 있는 『동아일보』, 『조선일보』, 『시대일보』 3개 신문사에 김달하 처단 이후 우송된 사실도 전했다. 하지만 일제가 사전 검열을 했기 때문인지, 이 선언서는 신문에 기사화되지 못했다.

'조선총독부 촉탁'을 스스로 누설한 일제

일제는 김달하가 밀정이었다는 사실을 철저히 부인해왔다. 그런데 김달하 사건이 일어난 지 2년 후 일제 경찰은 한 문건에서 조선총독부와 김달하의 긴밀한 관계를 스스로 인정하는 '실수'를 저지른다. '북경 재류 조선인의 개황'이라는 보고서에서다.[12] 이 문건은 '북경 거류 한인들에 대한 종합 보고서'다.

그런데 보고서 26쪽 '다물단' 편에서는 "다물단원이 1925년 북경에서 '조선총독부 촉탁嘱託' 조선인 김달하를 살해했다"고 명기되어 있다. 사전적 의미로 촉탁이란 일을 부탁받아 맡은 사람을 뜻한다. 조선총독부는 경찰, 문화 등의 업무에서 일종의 임시직에 해당하는 촉탁 제도를 운영했는데, 김달하처럼 중국 북경, 즉 재외在外에 거주하던 한인 촉탁이 맡을 수 있던 '업무'는 경찰, 외사 등에 한정되어 있었다. 이는 김달하가 '직업적으로' 밀정 노릇을 해왔다는 의미이기도 하다.

그 후 일제 경찰은 '이우민의 소행 조사의 건'이라는 보고서에서도 똑같은 '실수'를 반복했다.[13]

이우민은 다물단과 의열단 등에 몸담았던 독립운동가로, 1930년 치안유지법 위반 등 혐의로 기소되어 경성지방법원에서 재판을 받게 된다. 당시 담당 판사는 사건 심리를 위해서 이우민의 주요 활동 무대였던 천진의 일본 총영사관 경찰서에 그간의 행적에 대한 조회를 요청했다. 이에 일본 총영사관 경찰서장이 이우민의 행적 등을 조사해 회신한 문건이 바로 이 보고서였다.

이 보고서 앞부분에는 다물단의 성향과 행적 등이 언급되어 있는데, 김달하 사건에 대한 대목에서 김달하에 대해 '조선총독부 촉탁'이라고 분명히 서술되어 있다. 보고서 작성자가 현지 기밀 정보를 총괄하던 총영사관 경찰서장이라는 점을 감안하면, 김달하가 밀정이었다는 사실에 대해서는 더는 논란의 여지가 없을 것이다.

여러 개의 이름을 지닌 사람들

무관학교 출신들의 활약상은 일일이 매거하기(하나하나 들어서 말하기) 어려울 정도로 허다하였다.……어느 기간이나 시베리아 벌판 또는, 중원 대륙 어떠한 독립운동 기관에도 간 곳마다 신흥무관학교의 정신에 입각하여 성실과 정렬로 용감히 싸웠다.
다만 그때 사정이 누구나 몇 번씩 이름을 바꾸어야 하였고 세월이 오래 흘러가매 이제는 그 이름들을 일일이 기억하여 여기에 적을 수 없는 것이 가슴 아픈 한이다.[14]

원병상이 『신흥무관학교』에서 토로했듯이, 독립운동가들은 본명 대신 이명이나 별명을 사용하는 경우가 많았다. 자신의 흔적을 감추고, 일제 경찰과 밀정의 추적에 혼선을 주기 위해서였다. 독립운동가들에게 이명이란, 자신과 조직, 가족의 안전을 지키기 위한 일종의 '보호색' 같은 것이었다.

한 예로 신흥강습소 교장을 지냈던 덕초德初 이봉희李鳳羲는 일명 계동·상훈·상희·경식·기동 등 5개의 이명을 썼다. 미국의 저널리스트 님 웨일스Nym Wales가 쓴 『아리랑Song of Ariran』의 주인공인 독립운동가 김산(본명 장지락)은 장명·이철암·한비종·유종화 등 5개의 이명으로 불리기도 했다.

이규준과 함께 다물단에서 활동한 민병길閔丙吉도 민경수閔庚壽, 이군송李君宋, 이소운李蘇雲 등을 번갈아 이명으로 사용했다. 이규준의 독립사상에 깊은 영향을 끼친 신채호는 신단재申丹齋·윤인원尹仁元·옥조숭玉兆崇·왕국금王國錦 등을 필명이나 이명으로 사용했다.[15]

이규준李圭駿 역시 이명을 자주 썼다. 특히 다물단에서 활동하던 시기에는 이단해李檀海, 이규준李圭俊이라는 이명을 주로 사용해 일제 경찰의 문서에서도 이 이명으로 여러 차례 거명된 바 있다.

이규준은 20세 무렵부터 국내외를 오가며 독립군 자금을 모집했는데, 당시에도 몇 가지 이명을 썼던 것으로 알려진다. 이와 관련해 조선총독부 정무국이 작성한 '지방민정휘보'라는 문건도 주시해볼 필요가 있을 듯하다.[16] 이 문건에는 이종각李鍾珏이라는 이름이 '불온 언동자'로 거명되었는데, 이 이름이 이규준이 그 시절 쓰던 이명 중 하나일 가능성도 배제할 수 없기 때문이다.

'성공한 독립투쟁'의 아이러니

수많은 독립운동가가 '살아남아 독립투쟁을 이어가기 위해' 이명을 썼지만, 오히려 그 이명으로 인해 유훈遺勳이 가려지는 아이러니한 일이 빚어지기도 한다. 해당 이명이 독립운동가가 사용하던 이명이라는 것을 '입증'하지 못하면 그 이명으로 활동한 공훈마저 문혀버리는 안타까운 일도 적지 않다.

게다가 이명의 사용 사실을 입증하는 방식에도 문제가 있다. 주로 일제 검경이나 법원의 문서와 기록물에 의존해 그 여부를 판단하기 때문이다. 이 경우에는 '성공한 독립투쟁', 즉 독립운동가나 독립투사가 검거되지 않은 독립운동은 공훈으로 인정받지 못하는 모순이 발생할 수밖에 없다.

수많은 독립운동가가 여러 개의 이명을 사용했기 때문에, 일제 경찰은 실제로 적잖이 혼란을 겪었던 것 같다. 1924년 조선총독부는 일본 재만주在滿洲 총영사, 영사관 경찰서 등에 독립운동가의 별명別名, 변명變名(바꾼 이름), 아호雅號 등에 대해 조사해 보고하도록 지시를 내리기도 했다. 이에 따라 재만주 총영사 등은 '재외 요주의 선인 별명 변명 아호 조사에 관한 건'을 작성해 조선 총독에게 보낸 바 있다.[17]

비록 독립운동가들을 감시하고 추적하기 위한 것이기는 했지만, 조선총독부는 '요주의 선인'에 대한 이명·변명 조사까지 벌였다. 그렇다면 광복 이후 우리는 무엇을 했을까? 이명으로 살다가 이름 없이 스러져간 수많은 독립운동가에게 자기 이름을 되찾아 줄 방법은 과연 없는 걸까?

제15장

그 불꽃,
재가
되도록

　김달하 처단 이후 이규준은 일제 경찰의 추적을 피해 이규학과 함께 북경을 떠났다. 그가 다물단의 새로운 활동 근거지로 삼은 곳은 임시정부가 자리한 상해였다. 1925년 상해에는 600여 명의 한인이 거류했는데, 그 대부분은 '혁명'을 꿈꾸는 이들이었다. 프랑스 조계 공무국 경무처의 정보 문서에는 당시 한인 사회 구성원이 이렇게 분석되어 있었다.

　(한인 600명 중) 약 200여 명은 혁명가, 150여 명은 학생, 30여 명은 전차 검표원, 10여 명은 상인, 20여 명은 교수, 의사, 외국인 처와 고용인 등등임(대부분의 한국인은 어떤 직업도 갖지 못했으며 그들의 목적

도 그들 조국을 위한 혁명임).[1]

임시정부가 상해 프랑스 조계지에 있었기 때문인지, 프랑스 조계 공무국 경무처는 한인 사회의 동향에 대해 꽤 밝은 편이었다. 이 경무처 문서 내용 중 '비밀결사' 항목에는 당시 상해에 온 지 얼마 되지 않은 이규준 등 다물단원에 대한 이야기가 포함되어 있어 놀라움을 준다.

> 일본을 매우 미워하는 두 개의 비밀결사가 존재하는데 의열단과 다물단임. 의열단의 단장은 김약산金若山인바 그 목적은 암살과 폭탄으로 한인 혁명가의 적을 죽이고 모든 적의 정치기관을 파괴하는 것임. 다물단의 단장은 알려지지 않음. 북중국(북경)에서 조직되었음에도 불구하고 그들 단원의 몇몇이 최근에 상해에 도착했음. 목적은 의열단의 그것과 동일함.

상해는 이규준이 독립운동 자금 모집과 민정식 망명 사건을 겪으면서 혁명 동지들과 교분을 나누었던 친숙한 도시이기도 했다. 황훈 등 몇몇 다물단원이 상해를 생활 근거지로 삼고 있어 조직을 재정비하기에도 제격이었다.

아마도 이규준은 셋째 숙부 이시영을 비롯해 백범 김구 등에게 찾아가 다물단의 결행 배경을 알리고, 향후 투쟁 전략에 대해서도 긴밀히 상의했을 것이다. 또한 나석주를 비롯한 젊은 동지들과 접촉하며 조직의 새로운 역할도 고민했을 것이다. 그리고 은사인 김구 곁에서 진로를 모색하고 있던 나석주가 다물단과 연계해 독자적으로 국내 의열 투쟁을 계획하고 추진했던 것도 이 무렵으로 여겨진다.[2]

이석영 부부의 떠돌이 삶

이규준이 상해에 안착하던 무렵, 천진에 거주하던 이석영은 가족과 함께 북경에 있는 둘째 동생 이회영의 집으로 옮겨갔다. 71세의 나이에도 숙명처럼 감수해야 하는 떠돌이 같은 삶이었다. 이회영의 아들 이규창은 당시 상황을 이렇게 떠올렸다.

> 모친(이회영의 아내 이은숙)이 돈 20원을 보내와 빚을 갚고 모아호동 帽兒胡同이란 곳으로 이사를 가는데, 천진에 이주하신 둘째 숙부 석영님께서 '천진서 계실 수 없는 형편'이므로 내가 천진으로 가서 숙부님, 숙모님, 규서 사촌 형 세 분을 모시고 집으로 와서 동거하게 되었다. 숙부의 큰아들 규준 형은 김달하, 박용만朴容萬 두 사람 사건 후 상해로 피난하고 없으니 부득이한 사정이었다.[3]

이규창이 언급한 것처럼 당시 이석영 가족은 천진에 머물기 어려운 상황이었다. 일제 경찰은 김달하 사건 이후 '이규준'을 배후 인물로 지목하고 집요하게 추적하고 있었다. 이규준의 신원이 파악된 것도 이즈음일 것으로 추정된다. 아마도 천진 주재 일본 영사관 경찰들은 아들이 살인 용의자라는 이유로 프랑스 조계의 협조를 얻어내, 천진 이석영의 집을 수시로 뒤지고 감시했을 것이다.

한 지붕 두 가족

한때 장안에서 손꼽히는 부호였던 이석영 부부의 노후는 한마디로 곤궁했다. 신흥무관학교를 세우고 지탱하느라 천문학적인 가산을 쏟아부었고, 그나마 남은 재산도 망명살이 10여 년 만에 바닥을 드러냈다. 칠순에 이른 이석영 부부를 돌볼 이는 맏아들 이규준뿐이었는데, 그마저도 이제는 집에 찾아오기 어려운 신세가 되었다. 이석영 부부와 당시 14세의 '둘째 아들' 이규서가 자신 역시 궁핍하게 살아가던 이회영의 북경 셋집에 의탁하게 된 배경이기도 했다(이규창의 『운명의 여신』에서는 당시 이석영과 함께 지냈을 이규준의 세 딸에 대한 내용을 찾아볼 수 없다. 이와 관련된 의문은 제16장 '만점 운동가, 영점 아버지'에서 따로 다루었다).

서로를 아끼며 존중해온 이석영·이회영 형제는 이렇게 동거를 시작했지만, 한 지붕 두 가족 생활은 그리 오래가지 못했다. 두어 달 후 이회영이 향후 항일투쟁을 위해 천진으로 거처를 옮기게 되었기 때문이다. 이어지는 이규창의 회고다.

우선 둘째 숙부(이석영)는 당분간 계시던 집에 거주하시게 하고 넉넉지는 못하지만 생활비를 드리고, '상해에 있는 큰아들 규준 형의 생각대로 할 것'을 기대할 것이며……나는 부친을 모시고 천진으로 가서 불란서 조계 대길리에 집 두 채를 구하여(세내어) 한 채는 우리가 살고 또 한 채는 상해에서 오는 동지들이 거주할 곳으로 정하여 놓았다.⁴

아들을 찾아 상해로

북경 모아호동 셋집에 따로 남겨졌던 이석영 가족은 그 뒤 1926년 봄쯤에 상해로 이사한 듯하다. 이규준이 상해에 거처를 마련한 후 동지를 보내 은밀히 모시고 왔을 것으로 추정된다. 일제 경찰의 추적이 집요하게 이어지던 상황이라 이규준이 직접 움직이기는 어려웠을 것이다. 다만, 일제의 한 문건에서 1927년 무렵 이규준이 북경에 체류했을 법한 정황도 발견되어 그 동선을 단정하기는 어려울 듯하다.

이규창은 『운명의 여신』에서 1927년 5월 극심한 생활고 때문에 이회영과 함께 천진을 벗어나 상해로 가려 했던 눈물겨운 사연을 털어놓았다. 이 시기에 이석영이 이미 상해에 거주하고 있었다는 사실은 이 대목에서도 간접적으로 확인된다.

1927년 5월 3일 새벽에 부친, 김사집金思濈, 그리고 나와 방문을 잠그고 도주하는 것이다. 천진에서 상해로 가는 진포선 철로를 따라서 새벽길을 가는데 첫 번째 당도한 곳이 천진서 30리 떨어진 양평이란 곳이었다.……상해에는 비록 동생 성재 시영이 있고 아들 규학 내외와 둘째 형님 석영께서 있지만 자녀 둘을 빈민 구제원에 두고 무전여행으로 수천 리를 간다는 게 어디 말이 쉽지 그분의 심정이야 그분 자신이 아니고서 헤아릴 수 있겠는가.[5]

권총 대신 펜을 들다

이규준이 다물단을 결성한 이후, 이명이 아닌 본명으로 처음 이름이 기재된 일제 문건은 '북경 재류 조선인의 개황'이라는 보고서였다. 이 문건에서 이규준은 3차례에 걸쳐 본명으로 거명된다.

첫 번째, '재류 조선인 중요 인물 씨명' 편(10쪽)에서 아버지 이석영, 막내숙부의 이명 李浩榮(이호영)과 함께 이규준의 이름이 기재되어 있다(이규창의 회고에 따르면, 이 무렵 이규준과 이석영은 상해에 머무른 것으로 여겨진다).

두 번째, '불령단체' 편(26~27쪽)에는 다물단과 김달하 사건 등에 대한 간략한 내용이 서술되어 있다. 이와 함께 북경에 머물거나 사는 다물단원 7명의 성명(이규준, 조성번, 황익수, 이양李洋, 최태원, 김종성金鍾聲, 유도일柳道一)이 기재되었는데, 이규준의 이름도 여기에 포함되어 있다.

끝으로 이규준의 이름이 다시 한번 더 거명되는 부분은 다물단의 불온 인쇄물 발행 소식(34쪽)을 서술한 대목에서다. 그 대강의 내용은 이렇다.

다물단 단원들이 최근 『적권赤拳』이라는 불온 잡지를 발행했으며 발행처(북경 적권사赤拳社), 발행인 등은 가명을 사용했다. 동 단원 황훈, 이규준, 이양 등이 직접 만들어 5월 초 창간호를 발행했으나 곤궁한 형편 때문에 종간호와 마찬가지가 되었다. 이 잡지에는 폭력주의를 찬미하고 다물단 반대자에 대해 협위脅威(힘으로 으르고 협박함)하는 내용이 담겼다.[6]

'맨주먹'을 상징하는 잡지 『적권』

적권赤拳이란 우리말로 '맨주먹'이라는 뜻이니, 온몸으로 부딪쳐 의열 투쟁을 하겠다는 상징적인 제호題號라 할 것이다. 또한 당시 변변한 지원 하나 없이 궁핍한 가운데 투쟁을 해야 했던 어려운 현실이 반영된 제호라고도 할 수 있다.

『적권』은 한자 위주의 잡지였는데, 아마도 한문에 능했던 이규준과 황훈이 원고를 쓰고 편집을 맡았을 것으로 보인다. 이 보고서에는 다물단의 정예 단원들이 항상 신식 권총을 지니고 다닌다는 내용도 덧붙여져 있었다. 그러나 다물단이 일본 제국주의에 대항하기 위해 손에 쥔 것은 총만이 아니었다. 『적권』의 원고를 준비하면서 며칠이고 밤새 고심하며 항거의 글을 써내려갔을 이규준과 다물단원들을 떠올려보면 '펜을 쥔 투사'와 '총을 든 선비'의 모습이 교차된다.

다물단이 만든 잡지 『적권』에는 과연 어떤 내용이 담겨 있었을까? 일제 문서철 '이수移輸 불온 인쇄물 기사 개요'에 수록된 『적권』 창간호'라는 문서에서 그 흔적을 찾아볼 수 있다.[7] 이 문서는 조선총독부 경무국 도서과에서 이른바 '불온서적'들을 압수해 그 내용을 간추린 보고서들을 경성지방법원 검사국에서 문서로 철해 놓은 것이다.

"독립운동은 민족적 혈전"

이 문서에는 다물단이 발행한 『적권』 창간호에 대한 기본 정보와 요약 내용이 기재되어 있다. 문서에 따르면 『적권』 창간호는 '1927년 북경 적권사'에서 발행되었으며 국내에 유입되었다가 치안 방해 혐의로 압수된 것으로 나타난다. 또한 창간호의 목차도 적혀 있는데, 서언(봄이 오는 저녁), 창간 취지(창간에 즈음해), 독립운동 방략方略, 독립전선에 설 동지同志, 망국한亡國恨 등 모두 5개 장으로 구성되어 있다.

이 문서는 『적권』 창간호가 한국의 독립운동을 방해하는 인간 사회의 불합리와 불공평함을 파괴하고, 독립운동에 나설 것을 촉구하고 있다고 전했다. 또 창간호가 독립운동을 '민족적 혈전血戰'으로 규정하고, 이를 성취하기 위한 혈전 방법으로 일제 요인들에 대한 암살, 일제 기관 파괴 등을 촉구하는 내용을 담고 있다고 기재되었다.

일제의 시각으로 작성된 보고서이니만큼, 글자 너머 행간의 의미를 봐야 하겠지만, 『적권』 창간호가 '의열 투쟁'을 촉구하는 내용을 담았던 것은 분명해 보인다. 14년 전 '검을 짚고 평화의 꿈을 노래'(「추야강무유감」, 『신흥교우보』 제2호)했던 18세의 소년은 이제 32세의 투사가 되어 '평화를 위해 총칼을 쥐어야 하는 역설'을 토로하고 있었다.

마지막 발걸음

앞에서 살펴본 두 문서는 다물단의 잡지 『적권』이 1927년 북경에서 창간되었으며 이규준이 제작에 관여한 것으로 전하고 있다. 이규준은 김달하 사건 이후 북경 경찰과 일제 영사관 경찰들의 체포 대상 영순위에 올랐다. 이런 상황에서 이규준이 실제로 북경으로 돌아와 활동할 수 있었을까 하는 일말의 의문도 남는다. 이와 관련해 두 가지 가능성을 짚어볼 수 있다.

하나는 이규준과 다물단이 상해에서 『적권』 창간호를 제작해 북경을 비롯해 국내의 경성 등에 배포했을 가능성이다. 『적권』 창간호에는 북경의 '적권사'에서 잡지를 발행한 것으로 기재되어 있지만, 이는 일제 경찰의 추적을 피하고 수사에 혼선을 주기 위한 일종의 기만책일 수 있다. 일제 경찰이 『적권』에 기재된 발행처와 발행인 등에 가명이 쓰인 것으로 보았던 점도 이러한 가능성을 뒷받침해준다.

또 하나는 실제로 이규준과 몇몇 다물단원이 『적권』 창간호를 북경의 은신처에서 제작했을 가능성이다. 북경은 다물단이 뿌리를 두었던 상징적인 도시였다. 아마도 이규준을 비롯한 다물단원들은 '아직 다물단이 살아 있다'는, 북경에서 활발히 활동 중이라는 사실을 널리 알리고 싶어했을 것이다. 그간 일제 경찰의 허를 찌르는 대담한 행보를 보여왔던 이규준이라면, 북경으로 잠입해 비밀리에 잡지를 펴냈을 가능성도 배제할 수 없다.

그 둘 중 어떤 경우이든, 이규준이 몇몇 다물단원과 1927년 『적권』을 창간한 것은 어김없는 사실이다. 하지만 안타깝게도, 이것이 사료를 통해 확인되는 이규준의 마지막 행적이기도 하다.

석가장 미스터리

문　현재(소화 5년, 1930년)에 있어서의 다물단의 상황은 어떤가.

답　단장 황해관黃海觀은 작년 여름 호북성 의창宜昌에서 병사하고, 단원 최태윤崔泰允은 소화 3년(1928년) 봄경 천진 영사관 경찰서에 검거되어 현재 신의주형무소에서 복역 중이나, 기타의 단원은 모두 사방으로 산재하여 있으므로 이전과 같이 그 사업이 진행되지 않고 있다.……현재는 동지 이양李洋이 북경에, 유도일柳道一이 청도靑島에, 이춘李春이 사천성四川省 방면에 있는 정도이다. 그리고 동지 이규준李圭駿도 소화 3년(1928년)

여름에 석가장石街莊에서 병사하였다.[8]

　이규준의 마지막 모습에 대한 단초를 제공하는 문서는 독립운동가 이우민의 경찰 신문조서다. 다물단과 의열단 등에서 활동하던 이우민은 치안 유지법 위반 등의 혐의로 체포되어 1930년 7월 29일 경성 서대문경찰서에서 여러 차례 신문을 받았다. 그중 두 번째 신문조서에서 "이규준이 1928년 여름 석가장에서 병사했다"는 진술을 남겼다.

　이우민의 진술에서 언급된 석가장石街莊은 하북성 성도인 석가장石家莊를 가리키는 것으로 보인다. 저동 육형제 집안의 일각에서는 '이규준이 석가장으로 간다며 상해를 떠난 뒤 희생되었다'는 이야기도 전해진다. 이규준과 함께 다물단에 몸담았던 이규학의 넷째 아들 이종찬(현재 광복회장)의 전언이다.

　　1927년 나의 부모님도 상해로 가서 새로운 생활을 개척하였다. 그때 (뒷부분에서는 1928년으로 바꿔 언급) 규준은 나의 모친을 찾아와 16세 처녀인 딸, 온숙溫淑을 맡기고 내외가 급히 석가장石家庄(하북성 성도)으로 간다고 떠났다. 그 후 나의 부친이 전하는 바에 의하면 규준 내외는 석가장에서 일본 정보기관의 함정에 빠져 희생되었다고 하였다.[9]

이우민 진술 VS 이종찬 전언

양측에서 이규준의 최종 행선지로 거론되는 장소는 다름 아닌 '석가장'이었다. 그렇다면 과연 이규준은 석가장에서 병으로 사망(이우민 진술)했던 것일까, 아니면 일제의 마수로 인해 죽음(이종찬 전언)을 맞았던 것일까?

당시 석가장 지역에는 다물단의 비밀 거점이 있었다. 다물단원 이우민이 운영하던 천진 무역상점의 지점이 그 역할을 했다. 이우민은 사업을 통해 버는 돈으로 다물단원들의 여비나 물품을 지급하는 등 지원 활동을 했다.[10]

당시 이규준이 석가장으로 갔다면 어떤 식으로든 이우민 측과 접촉했을 것이다. 다른 사료가 발굴되지 않는 한 이우민의 진술에 조금은 더 무게가 실릴 수밖에 없는 배경이다. 다만, 이우민의 신문조서가 일제 경찰에 의해 작성된 만큼, 석가장에서 어떤 흑막이 있었더라도 일제가 이를 감추었을 가능성을 배제할 수는 없다.

한 가지 덧붙이자면, 이종찬의 전언 내용 중에도 의문이 남는 대목이 있다. 이종찬은 이규준이 자신의 모친(이규학의 아내 조계진)에게 찾아와 '막딸 온숙'을 맡기고 '규준 내외'가 석가장으로 떠났다고 전했다. 그렇다면, 이규준의 세 딸 중 나머지 둘은 어떤 상황에 놓여 있었던 걸까?

이규준의 둘째 딸 이숙온, 셋째 딸 이우숙은 생전에 이와 관련해 주목할 만한 이야기를 남겼다. 세 자매가 호북성湖北省 한구漢口

에서 힘겹게 지내던 중 맏언니 이온숙이 굶주리던 동생들이 안쓰러워 돈 벌어 오겠다며 혼자 상해행 배에 올랐다고 가족에게 이야기한 것이다.

양측의 이러한 전언과 술회가 사실과 부합한다면, 다음과 같은 가정이 가능하다. 이규준이 맏딸 온숙의 '가출' 소식을 뒤늦게 전해 듣고 상해로 온 온숙을 찾아내 어쩔 수 없이 사촌 이규학의 집에 맡겼을 가능성이다. 당시 이규준에게 특별한 임무가 주어진 상황이었다면, 딸 온숙을 데리고 다시 호북성으로 돌아가기는 현실적으로 어려웠을 것이다.

'내외'는 누구를 가리키는가?

또 한 가지, 이종찬의 전언에서 언급된 '규준 내외'라는 문구는 자칫 오해를 불러일으킬 수 있는 부분이라 신중한 접근이 필요하다. 이규준과 한평우는 1920년 무렵 결별해 남남이 되었다. 그로부터 3년 후에 한평우는 재혼해 새로운 가정을 꾸렸다. 이규준이 옥고를 치른 뒤 가족들과 함께 봉천을 떠나 천진으로 이사했던 것도 한평우와의 결별과 아예 무관하지는 않았을 것이다(한평우는 이규준과 헤어진 뒤에도 오랜 기간 봉천에서 지냈던 것으로 보인다. 한씨 집안 종손 한태구의 이야기에 따르면, 훗날 친정에서는 한평우를 "봉천 할머니"라고 불렀다고 한다).

그렇다면, 이종찬의 전언에서 거론된 '규준 내외' 중에서 이규준의 '아내'는 과연 누구를 가리키는 것이었을까? 어쩌면 이규준의 최후에 대한 의문을 풀 수 있는 작은 퍼즐 조각이 여기에서 발견될 수도 있지 않을까?

1928년 석가장, 그리고 이규준

1927년 가을부터 만주 등지에서는 한인 구축驅逐(세력 따위를 몰아서 쫓아냄) 사건이 연이어 벌어져 중국에 거주 중인 한인들에게 큰 충격을 주었다. 현지 중국 관헌과 군인 등이 한인들을 일제 침략주의의 앞잡이로 몰아 핍박하고 내쫓은 사건이었다.

임시정부가 있는 상해에서는 재만 한인 보호와 대응을 요구하는 교민들의 목소리가 빗발쳤다. 이에 김구가 이끌었던 한국노병회韓國勞兵會를 비롯한 7개 한인 단체가 함께 '재상해 교민에게 전하는 호소문'을 발표하고 대책을 논의하게 된다.[11] 한국노병회는 "10년간 1만 명 이상의 노병勞兵(일하며 싸우는 군인) 양성, 100만 원 이상의 독립군 자금 확보" 등을 목적으로 1922년 결성되어 활동해온 독립운동단체였다.

한인 몰아내기 음모의 배후

일부 중국인들, 특히 만주 군벌의 불량 군인들이 저지른 한인 구축 사건은 일제강점기의 국내에서도 침소봉대되어 언론에 보도되었다. 친일 신문들은 동북 3성 일대에서 수백 명의 한인이 내쫓기고, 집과 학교는 불태워지고, 심지어 거리에서 학살극이 벌어졌다는 기사를 연이어 내보냈다. 국내 여론이 들끓으면서 한국에 거주하는 화교들에 대한 배척운동이 각지에서 일어났다. 이 소식은 한인들이 수백 채의 화교 집이나 상점에 방화를 저지른 것처럼 과장 왜곡되어 '조선발發' 기사로 중국에 타전되었다. 불에 기름을 부은 듯 중국에서 한인 배척 움직임이 다시 거세질 수밖에 없었다.

당시 이규준의 세 딸이 머무르고 있던 호북성에서도 심상치 않은 기류가 흘렀던 듯하다. '유留호북 한인혁명청년회'는 '조선 배지排支(중국에서 몰아내자는 의미) 운동에 대해 중국 민중에게 고함'이라는 제목의 유인물을 각지에서 배포해 양국 국민의 냉정한 대처를 촉구했다. 이 유인물에는 "중국에서 각기 일어나는 상호 배척 운동은 민중의 의사와는 무관한 일제의 음모"라는 내용이 적혀 있었다.[12]

이렇듯 수상한 '가짜 뉴스'가 자꾸 확대 재생산되었던 것은 단지 우연이었을까? 사태가 확산되자 급기야 임시정부 국무총리를 지낸 도산 안창호가 나섰다. 안창호는 당시 중국 『세계신문世界新聞』(1928년 1월 9일) 기자와 만나 한국혁명당 영수로서 담화를 발표했다. 그 요지는 "재만 한교韓僑와 재한 화교가 겪은 참화는 모두 일본인들의 음모가 빚은 결과"라는 것이었다.[13]

의도된 '석가장 비보' 기사

그런데 그로부터 불과 몇 개월 뒤인 1928년 봄, 이번에는 하북성의 성도인 석가장에서 또 하나의 비보가 전해졌다. 석가장 관헌들이 한인 거주민들을 핍박하고 내쫓아 수십 명이 행방불명이라는 소식이었다. 당시 하북성은 북경과 천진까지 아우르던 중국 북부의 중심지라 그 여파도 만만치 않았다. 공교롭게도 이 소식을 처음 전한 신문은 조선총독부의 기관지 『매일신보』였다.

중국 제남濟南에서 중국인 군인이 일본 거류민가에 돌입하여 재산을 약탈하며 부녀를 능욕하고 대항하는 장정은 함부로 찔러 죽이는 악착하고 무도한 짓을 하자 일본 정부에서는 목하 군대를 파견하여 그곳에 있는 동포들의 재산과 생명을 지키고 있는 중인데, 천진에서 도착한 전보에 의하면 제남 서편으로 200여 리나 상거相距(서로 떨어진)된 석가장石家莊이라는 곳에도 이 같은 무참한 짓이 일어나 내지인 20명, 조선인 50명이 간 곳 없이 된 게 판명되었는데 영사관 경찰서에서는 극력 그 간 곳을 찾는 중이나 종적을 몰라 초조 중이라더라.[14]

며칠 후 『매일신보』는 "산서山西의 일본군이 일시 소식 불명으로 전해지던 석가장 거류 내지인 23명, 조선인 50명을 보호 중"이라고 후속 기사를 보도했다. 먼저 한인 구축 문제를 왜곡시키고 부풀려 기사를 띄운 뒤에, 일제 군대를 일본인과 한인의 보호자로 내세워 개입을 정당화하려는 모양새였다. 부지불식간에 중국인들에게 '한인은 일제의 편'이라는 이미지를 심어준다는 점도 큰 문제였다.

이즈음 중국에서는 일제에 대한 여론이 최악으로 치닫고 있었다. 1927년 일제가 일본 거류민 보호를 명분으로 관동군의 일부를 중국 산동山東에 출병시킨 이후 중국 일대에서 반일 감정이 격화되기 시작했다. 일제는 그 후 산동에서 철수했다 다시 상륙해 1928년 5월 3일 이른바 '제남 사건'을 일으킨다. 산동성 제남에 배치된 일본군이 중국 국민혁명군을 기습해 최소 수백 명이 넘는 중국 군민이 사상당하는 일이 벌어진 것이다. 그런데 중국에서 배일 운동이 격렬하게 불붙던 와중에 공교롭게도 『매일신문』, 『상해매일신문』 같은 친일 매체들에 의해 '석가장 한인 구축' 소식이 불거졌던 것이다.

위험한 임무

당시 독립운동단체들은 만주를 비롯한 중국 각지와 국내에서 벌어지는 양국 국민의 배척 기류 뒤에 일제의 음모가 도사리고 있는 것으로 여겼다. 일제가 중국인들의 끓어오르는 배일 감정을 한인 쪽으로 분출하도록 교묘히 유도해, 한인과 중국인을 이간질시키고 독립운동의 기반을 흔들려 하고 있다는 시각이었다.

석가장 소식을 접한 상해의 임시정부를 비롯한 독립운동단체들도 일제의 이간계를 떠올리고 대응책을 고심했을 것이다. 현지에서 암약 중인 일제의 밀정과 비밀경찰들이 사건을 왜곡시키고 악의적으로 괴담을 퍼뜨렸을 개연성이 컸기 때문이다. 이규준의 석가장행行은 이런 분위기 속에서 감행되었다. 혹시 그에게 한인 구축 사태의 진상을 파악하고 일제의 첩자들을 저지하라는 비밀 임무가 부여되었던 것은 아니었을까? 아니, 담대하고 도전적이던 그간의 행적으로 보아 이규준이 위험한 임무를 자청했던 것일지도 모른다.

또 다른 상상 한 자락

1928년의 석가장과 관련해 눈길을 끄는 소식이 또 한 가지 있다. 바로 "경한선京漢線 일부 개통"을 알리는 신문 기사다. 경한선은 북경에서 호북성 한구까지 연결되는 철길인데, 이 중에서 한구와 석가장 구간이 먼저 개통되었다는 내용이 담겼다.[15] 당시 한구에는 이규준의 세 딸 중 어린 숙온과 우숙만이 남겨져 있었고, 일제의 '제남 사건' 이후 엉뚱하게 한인 배척이라는 불똥이 각지로 번지고 있던 상황이었다. 이런 와중에 가장 빠르고 안전하게 한구에 다다를 수 있는 새 철길이 열렸던 것이다.

독립투사로서 이규준은 흔들림이 없었겠지만, 아버지로서도 마냥 그러했을까? 석가장으로 가는 내내 멀리 둔 어린 두 딸이 자꾸 아른거리고 걱정되었을 것이다. 어쩌면 임무를 마치는 대로 두 딸을 데리러 가려고 마음을 다잡고 있었는지도 모르겠다. 가슴이 아리는 상상이기는 하지만, 석가장에서 최후를 맞이하던 이규준의 손에 한구행 열차표가 쥐어져 있었기를 바라는 마음이다.

제16장

만점 운동가,
영점 아버지

아버지 이규준이 천진, 북경, 상해를 오가며 의열 투쟁을 하던 시기에 세 딸 온숙, 숙온, 우숙은 어떻게 지냈을까? 김달하 처단 사건 이전까지는 천진에 있던 할아버지 이석영의 슬하에서 어린 시절을 보냈다. 이 무렵 이석영은 이미 가세가 기울 대로 기울었지만, 부인 밀양박씨가 어려운 가운데서도 살림살이를 줄여가며 어린 손녀들을 보살폈다.

당시 이규준은 '이단해'라는 이명으로 활동하며 위험한 일에 관여하던 터라 가족과는 되도록 거리를 두었다. 신원이 노출되는 것을 피하고, 또 자신으로 인해 부모와 딸들에게 위해危害가 가해지는 것을 막기 위해서였다. 이규준이 천진에 따로 거처를 두고 혼자 드나들었던 것도 그런 이유에서였다. 실제로 일제 경찰은 '천진 프랑스 조계지 대길리 12호'에 이단해의 거처가 있다는 사실을 일찌감치 파악하고 있었지만, 이를 이석영 가족과 연결 짓지는 못했다.¹

아마도 이규준은 인적이 없는 늦은 밤이나 이른 새벽에 이석영의 거처로 은밀히 찾아가 부모에게 안부를 전하고 잠든 딸들의 얼굴을 바라보고 나서 다시 떠났을 것이다. 그것이 그 시절 독립운동가들과 의열 투쟁가들이 가족과 해후하는 방식이었다.

김달하 사건 이후 이규준이 일제 경찰의 집요한 추적을 받게 되면서 이석영 가족은 결국 천진을 떠나야 했다. 이석영이 가족의 새로운 거처로 삼은 곳은 둘째 동생 이회영이 살고 있던 북경의 셋집이었다. 그런데 이규창의 회고를 보면 의문이 생기는 지점이 있다. 바로 "둘째 숙부 석영님께서 '천진서 계실 수 없는 형편'이므로 내가 천진으로 가서 숙부님, 숙모님, 규서 사촌 형 세 분을 모시고 집으로 와서 동거하게 되었다"는 대목이다.² 그렇다면 당시 이석영 부부와 함께 지내고 있었을 이규준의 세 딸 온숙, 숙온, 우숙은 과연 어떻게 되었을까?

> 을축년(1925년) 반년은 이같이 풍파를 그날그날을 지내가니 어찌 생활할 도리가 없어 생각다 못해 다시 고국에 와 생활비나 얻어볼까 하고 내외가 의논하던 차에……³

이 무렵 북경에 있던 이회영의 형편은 "생활할 도리가 없"을 정도로 곤궁했다. 아내 이은숙이 귀국해 어렵게 구해 보내주는 돈으로 아들 규창과 생계를 이어갔다. 그러던 차에 둘째 형 이석영 부부 가족까지 한집에 살게 되었으니, 허리띠를 더욱 졸라맬 수밖에 없었다. 이런 형편에 종손녀從孫女(형제의 손녀) 셋까지 함께 보살핀다는 것은 현실적으로 불가능한 일이었다.

이석영도 이러한 사정을 익히 알았기에, 손녀들의 거취를 깊이 고민했을 것으로 보인다. 아마도 이석영은 온숙, 숙온, 우숙을 아들이 있는 상해에 보내기로 하고 이규준에게 기별을 넣었을 것이다. 그리고 천진의 거처를 정리해 어렵사리 마련한 돈을 쪼개어 상해로 부쳤을 것이다. 자신은 초막에서 비지로 연명해도 아들과 손녀딸들만큼은 조금 더 나은 생활을 하기를 간절히 바랐을 것이기 때문이다.

백범 김구의 보살핌

이규준의 세 딸, 온숙·숙온·우숙의 상해살이는 이렇게 시작되었다. 하지만 제대로 된 보살핌을 받기는 어려웠다. 아버지 이규준이 독립투쟁에 매진할수록 딸들과의 거리는 더 멀어졌기 때문이다. 이규준은 이따금 딸들을 보러 거처에 들르기도 했지만 한 달에 한 손으로 꼽을 정도였다. 대부분의 나날은 어린 세 딸이 스스로 생계를 감당해야 했다. 자연히 하루 한 끼라도 먹는 날보다 굶는 날이 차츰 많아졌다. 둘째 딸 숙온이 자신의 맏딸 김용애에게 남긴 이야기에 따르면 너무 기운이 없어 허구한 날 학교에도 가지 못했다고 한다.

아마도 이규준은 비밀스러운 임무를 띠고 이곳저곳을 다니면서도 집에 두고 온 세 딸이 못내 마음에 걸렸을 것이다. 그래서 독립운동을 함께하는 동지들이나 선후배들에게 '틈이 나면 한 번만 아이들을 살펴달라'고 부탁했을 것이다.

온숙, 숙온, 우숙에게는 가끔이라도 이렇게 찾아와 쌀이나 돈을 놓고 가는 이들이 또 다른 아버지이자 보호자였다. 그리고 그런 이들 중에는 백범 김구도 있었다. 이숙온의 맏딸 김용애의 말을 들어보자.

어머니께서 생전에 말씀하시길 당시 세 자매가 정말 어렵게 하루하루 생활했다고 하셨어요. 프랑스 조계에 사셨다는데 김구 할아버지가 가끔 들르셔서 쌀도 주고 가시고 돈도 주며 돌봐주셨다고 해요.

그 시절 백범이라고 주머니 사정이 더 나았을까? "동지들의 집으로 다니면서 자고 아침저녁을 빌어먹는 것이니 거지 중에도 상거지였다"고 고백할 만큼 궁핍한 신세였다.[4] 아마 백범은 끼니를 거르고 체면을 구기며 구한 것들을 선물처럼 들고 이규준의 세 딸에게 찾아갔을 것이다.

나라를 되찾아가는 과정에서 정작 자신의 가족은 잃어가는 것이 독립운동가들이 감내해야 하는 삶의 아이러니였다. 그런 가운

온숙·숙온·우숙이 어린 시절 어렵게 생활하자, 백범 김구는 가끔 찾아와 쌀이나 돈을 놓고 가기도 했다. 1977년 8월 한국의 가족과 상봉했던 대만의 이우숙이 언니 이숙온과 함께 가장 먼저 찾았던 김구 동상 앞에 서 있다.

데서도 마음을 쪼개어 돌봐주는 또 하나의 가족이 생기는 것은 그나마 남겨진 이들에게는 한 조각 위안이 되었다.

상해를 등진 이유

유랑민처럼 떠돌이로 사는 삶은 독립운동가와 그 가족에게는 숙명 같은 일이었다. 1926년 봄의 어느 날인가 이규준과 세 딸은 다시 이삿짐을 싸고 낯선 땅으로 거처를 옮기게 된다. 호북성 한구가 바로 새로운 이주지였다.

이규준은 왜 세 딸을 데리고 상해를 떠나야 했을까? 그 구체적인 곡절을 파악하기는 어려우나, 갑작스럽게 거처를 옮긴 배경과 무관하지 않아 보이는 정황이 발견된다. 다름 아닌 1926년 4월 8일 벌어졌던 상해 주재 일본 총영사관 폭탄 투척 사건이다.[5]

사건의 내막이 대략이나마 드러난 것은 그로부터 3개월 뒤인 7월 6일 상해 주재 일본 총영사가 내각 외무대신에게 보낸 문서에서였다. '조선인이 소지한 폭탄 권총의 출처에 관한 건'이라는 문서에서 총영사는 일본 총영사관에 투척되었던 폭탄의 출처에 대해 이렇게 적고 있다.

> 국민 제1군장軍長 악유준岳維峻이 조선인 참모 신익희申翼熙를 사이에 넣어 북경 이호영李浩榮에게 조선인 장졸將卒을 모집해달라고 의뢰한 적이 있으며……이호영은 그 운동비로서 악유준으로부터 은 1만 원과 폭탄 탄환 수개를 교부받았고, 그중 은 1,000원(독립유공자 공훈록에는 은 5,000원으로 기재)과 폭탄 전부를 재상해 조선인 비밀결사 '다물단'에 기부하였음.……다물단은 작년 가을 무렵……본거지를 북경에서 이곳으로 옮겼는데……독립운동을 표방하는 극

• 저동 형제들의 여동생 경주이씨가 신익희의 형 신재희의 아내인데, 신재희는 이석영·이호영 등에게 매제가 된다.

단파의 한 단체이며, 이호영의 친척에 해당하는 '이 모(성명 불상)'가 이 단체에 재적하는 관계상 이호영은 이 단체에 폭탄 등을 기부한 것임.[6]

이 문서에는 또 다른 의열 투쟁 단체인 병인의용대丙寅義勇隊 대원이 다물단원에게서 폭탄 2개를 받아 상해 총영사관에 투척한 것으로 기재되어 있다. 아마도 일본 영사관 경찰은 사건 직후부터 배후를 캐는 데 혈안이 되었을 것이고, 자연히 이규준의 막내숙부 이호영을 비롯해 "이호영의 친척으로 다물단에 몸담고 있는 '이 모'"를 쫓기 위해 수사망을 집중했을 것이다. 그런데 여기서 '이 모'는 다름 아닌 '이규준'을 가리키는 것이 분명해 보인다. 이규준으로서는 상해를 떠날 수밖에 없었던 나름의 사정이 있었던 셈이다.

프랑스와 일본의 짬짜미

이규준이 상해를 떠나던 무렵, 프랑스 조계지의 분위기는 이전과 달랐다. 프랑스와 일본이 양국의 이익을 위해 일종의 야합을 했기 때문이다.

당시 프랑스는 베트남을 식민 지배하고 있었는데, 쿠옹데Cuong Dé 왕자 등 독립을 꿈꾸는 베트남인들이 일본에 망명해 활동 중이라 골머리를 앓고 있었다. 그러던 차에 일제가 이들의 동향에 대한 정보를 제공해주는 대가로 프랑스 조계지의 한인들에 관한 정보를 제공해줄 것을 요구했고, 프랑스 외교 당국이 이 제안을 받아들였던 것이다.

프랑스 조계지에서 활동 중인 한인 혁명가들의 동정과 거주 정보 등이 양국 외교망을 통해 일제 경찰로 하나둘씩 전해지기 시작했다. 이를 계기로 일본 영사관 경찰들이 월권해 한인 인사들을 체포하는 일도 잦아졌다. 심지어 나중에는 일제가 테러 사건을 조작해 독립운동가들에 대한 체포를 요구하는 일까지 벌어졌다. 이러한 일련의 움직임은 상해가 한인 혁명가들에게 더는 안전지대가 아니라는 사실을 의미하는 것이었다.[7]

독립투사의 딸로 산다는 것

이규준과 온숙, 숙온, 우숙 세 딸이 새로 이삿짐을 푼 곳은 호북성 한구의 프랑스 조계지에 자리한 작고 허름한 가옥이었다. 한구는 훗날 무창武昌, 한양漢陽과 통합되어 호북성의 성도인 무한武漢 시를 형성하는 요충 지역이었다.

당시 한구는 세계 열강의 조계지가 설치된 상해, 천진, 광주廣州 등 중국의 여러 도시 중에서 한인들에게 가장 우호적인 곳으로 꼽혔다. 배일 정서의 뿌리가 깊은 데다 1920년대 중국에서 '중한호조사中韓互助社(원명 중한국민호조사)' 조직이 최초로 결성된 도시였기 때문이다. 중한호조사는 이름 그대로 한국과 중국이 서로 돕기中韓互助 위해 만들어진 단체였다. 한국과 중국이 연대해 일제의 침략과 지배에 공동으로 대응하고자 양국의 애국지사들이 결사를 설립해 활동한 것이다.

게다가 한구는 다물단이 활약했던 연고 지역이기도 했다. 1925년 가을에는 황해관을 비롯한 다물단원 몇 명이 요리점을 운영하는 한인 부호에게서 군자금을 받아내기 위해 한구로 파견된 적도 있었다.[8] 아마도 이규준은 한구를 근거지로 삼아 인근의 예전 동지들을 찾아가 만나고 다시 투쟁에 나설 방안을 모색했을 것이다. 이규준의 마지막 행적이 상해에서 석가장으로 이어진 것을 보면, 한구에서 상해로 활동 반경을 차츰 넓혀갔던 것으로 보인다.

이규준의 중한호조사 인맥

1920년대 초 한구에서 일고 있던 한·중 연대 움직임은 상해에 있는 임시정부에도 비상한 관심사였다. 상해임시정부 또한 중국과 연대할 터전을 마련하기 위해 '한중친목회'를 구상 중이었기 때문이다. 상해임시정부는 1921년 임시정부 요원들을 한구로 파견해 독립운동을 선전하고 중한호조사 결성에도 참여하도록 했다. 이때 파견된 요원들 중에는 이규준과 동지로서 인연을 맺었던 이들이 포함되어 있어 눈길을 끈다. 그 대표적인 인물이 이우민과 조중구趙重九였다.

이우민은 다물단과 의열단에서 활동했고 훗날 이규준이 석가장에서 병사했다는 진술을 남겼던 사람이다. 또한 조중구는 이규준이 신흥교우단 시절 관여했던 '윤길 사건'의 당사자 중 한 사람이었다. 당시 조중구는 윤길 등과 함께 서간도에서 광제회를 조직하고 윤기섭·이규준 등과 협의해 국내에서 독립군 자금 조달에 나선 바 있다.

상해에서 결성되었던 '중한국민호조사 총사'로 범위를 좀더 넓혀 보면, 이규준이 중한호조사에 의외로 두터운 인맥을 형성하고 있었던 사실을 알 수 있다. 상해 중한국민호조사 총사에는 한국 측에서 김구, 김규식, 윤기섭, 이탁李鐸 등 다수의 애국지사가 참여했다. 이들 가운데 김구를 비롯해 윤기섭(신흥무관학교 교장 역임), 이탁(신흥강습소 설립 참여) 등은 모두 이규준과 특별한 관계를 맺고 있었다. 상해에 머물던 이규준이 호북성 한구에 세 딸의 새 거처를 마련하던 때에도 이러한 '중한호조사 인맥'이 일정 부분 도움을 주었을 것으로 보인다.[9]

가혹한 나날들

이규준의 세 딸, 온숙·숙온·우숙은 한구에서 어떤 나날을 보냈을까? 아마도 한구로 옮긴 초창기에는 살림은 곤궁하나 마음만은 한결 든든했을 것이다. 아버지가 집에 머무는 날들이 제법 되어 끼니 걱정이 줄고 낯선 환경에 대한 두려움도 덜 수 있었기 때문이다. 하지만 이규준이 터전을 잡고 독립투쟁에 매진하게 되면서 상황은 다시 반전되었다. 이전의 상해살이를 연상시키는 나날이 되풀이될 수밖에 없었기 때문이다.

이규준의 둘째 딸 이숙온이 생전에 자신의 맏딸 김용애에게 들려준 '세 자매의 한구 생활'은 한마디로 비참한 기억들로 가득 차 있었다.

아버지가 가족 돌볼 틈 없이 독립운동에 전념하셨기 때문에 우리 세 자매가 겪은 고통은 말로 표현하기 어려울 정도였다. 그중에 굶주림은 독립운동가의 가족들이 겪는 숙명과도 같은 것이었다. 나는 요령도 없는 데다 세 자매 중에서 제일 작고 허약해 하루하루가 더 힘들었다. 가끔 아버지나 아버지를 아는 분들이 가져다주시는 먹거리가 음식의 전부였다. 먹을 게 떨어지면 세 자매가 마치 시체라도 된 듯 가만히 누워 지내야 했다. 그래야 허기를 조금이라도 더 견디고 버틸 수 있었다.

이 시기에 세 자매를 고통스럽게 만든 것은 굶주림뿐만이 아니었다. 자연의 심술궂은 변화는 어린 소녀들에게 거대하고 무서운 흉기와 다를 바 없었다. 땔감이 떨어진 집에서 혹독한 추위를 견디다 동상에 걸리는 건 예사였다. 때로는 엄청난 홍수가 마을을 덮쳐서 세 자매의 초라한 거처뿐만 아니라 어린 마음까지 사납게 할퀴고 지나가기도 했다.

폭우라도 쏟아지는 날이면 우리 세 자매는 손을 꼭 잡고 밤을 꼬박

새우기도 했다. 집이 침수되어 몸마저 잠길까봐 두려웠기 때문이다. 춥고 배고프고 무서워서 그저 누군가 찾아와주기를 애타게 기다릴 뿐이었다.

1926년 7월 20일 『조선일보』는 장강長江이 범람했다는 기사를 '한구발發' 소식으로 실었다. 중국 호북성 각지에서 보름이 넘게 계속된 호우로 인해 대제방이 무너져 근래 보기 드문 홍수로 피해가 커지고 있다는 내용이었다.[10] 이규준의 세 딸이 물에 잠겨가는 집에서 두려움에 떨며 하루하루를 보내던 시기도 이 무렵이 아니었을까 생각된다.

20여 일간 이어지던 폭우로 인해 한구를 비롯한 호북성 각지는 저마다 고립되다시피 했다. 아마도 당시 이규준은 어떻게든 세 딸이 있는 한구로 달려가려 시도하다가 발을 동동 굴렀을 것이다. 또한 나중에 한구로 돌아와 살아남은 세 딸의 모습을 확인하고 안도의 한숨을 깊이 내쉬었을 것이다.

아버지를 찾아 상해로

이규준은 1927년 잡지 『적권』을 발행하는 등 상해를 근거지로 삼아 각지를 오가며 의열 투쟁에 나섰던 것으로 보인다. 아버지 이규준의 부재 기간이 길어지던 1928년 어느 날 맏딸 이온숙은 중대한 결단을 내린다. 허구한 날 굶주리는 두 동생이 안쓰러워 돈을 벌어 오겠다며 상해행 배에 올라탄 것이다(둘째 딸 이숙온의 회고). 이온숙의 나이 18세 때의 일이었다.

한구는 내륙지방에 있는 도시지만, 장강 줄기를 따라 상해까지 뱃길이 열려 있었다. 훗날 이온숙의 가족이 전한 이야기와 둘째 딸 이숙온의 회고에 따르면, 당시 이온숙이 탔던 배의 선장이 그녀의 처지를 가엽게 여겨 상해에 도착한 뒤 한 수녀원에 맡겼다고 한다. 이온숙은 수녀원에 온 방물장수에게 친척의 주소를 건네주었고, 이 친척이 나중에 이온숙을 데리러 왔다고 한다.

해당 친척이 누구였는지는 확실치 않지만, 아마도 아버지 이규준이 허물없이 지내던 사촌이자 다물단 동지인 이규학이 아니었을까 하는 생각이 든다.

방물장수에게서 조카 이온숙에 대한 이야기를 들은 이규학은 사촌 이규준에게 이 소식을 전했을 것이다. 그리고 급한 임무를 수행해야 했던 이규준이 이규학에게 양해를 구한 뒤 맏딸 온숙을 데리고 가서 이규학·조계진 부부에게 맡겼던 것으로 보인다. 이는 "(1928년경) 규준은 나의 모친(이종찬의 어머니 조계진)을 찾아와……온숙을 맡기고 내외가 급히 석가장으로 간다고 떠났다"는 이종찬의 이야기와도 대체로 부합하는 내용이다.[11]

남겨진 두 딸

소녀가장처럼 자신들을 돌봐주던 맏언니 온숙이 상해로 떠난 뒤 호북성 한구에 남겨진 숙온·우숙 자매는 과연 어떻게 지냈을까? 아마도 이전보다 더 혹독한 나날을 견뎌내야 했을 것이다. 맏언니 온숙은 물론 아버지 이규준마저 소식이 없어 두렵고 애타는 심정으로 하루하루를 보냈을 것이다.

가족들의 전언에 따르면, 둘째 숙온은 동생 우숙을 마냥 굶길 수가 없어서 궁리 끝에 수를 내기도 했다고 한다. 방 한 칸을 치워 놓고 하숙을 쳐서 먹거리라도 마련하려 했던 것이다. 15세와 12세의 두 자매는 그렇게 서로를 의지하며 굶주림과 외로움, 기다림으로 점철된 힘겨운 시간을 보내야 했다. 그나마 아버지의 지인들이 이따금씩 찾아와 도움을 주지 않았다면 숙온과 우숙이 또 어떤 변고를 겪었을지 모를 일이었다. 망국의 시대에 열혈 독립운동가를 아버지로 둔다는 것은 어린 소녀들이 감당하기에는 너무 힘겨운 운명의 굴레였다.

"아이들을 고아원에 보내시오"

일제강점기에 독립운동가들의 가족이 겪는 고통스러운 삶은 필설筆舌(글과 말)로 형용하기 어려울 정도였다. 이규준의 둘째 숙부 이회영이 60세의 나이에 극심한 생활고로 인해 어린 두 자녀를 천진 빈민구제원에 의탁하는 장면은 100여 년의 시공을 넘어, 그 시절 독립운동가 가족의 아픔을 절절하게 전해준다.[12]

의열 투쟁 자금을 마련하려다 이른바 '외국 위체爲替(환어음) 변조 사건'으로 인해 모진 옥고를 치르다 순국했던 신채호의 일화도 가슴을 먹먹하게 만든다. 신채호가 옥중에 있던 때 둘째 아들(신두범)이 태어난다. 신채호의 아내 박자혜朴慈惠는 서울 인사동에서 산파로 일했으나 일거리가 끊어져 풀장사로 연명하던 상황이었다. 아마도 두 어린 아들을 키우기가 힘겹고 막막했을 것이다. 이러한 가족의 현실을 접한 신채호는 비통한 심정으로 아내에게 편지를 보냈다. 그 편지에는 "정 할 수 없거든 아이들을 고아원에 보내시오"라는 눈물 젖은 글이 적혀 있었다.[13]

아마도 어린 딸들을 남겨두고 험지를 떠돌아다니던 이규준의 심정 또한 신채호의 비통한 마음과 다를 바 없었을 것이다. 어쩌면 온숙, 숙온, 우숙의 얼굴이 불현듯 떠올라 때로는 발걸음을 한참이나 멈추었을지도 모른다. 그럼에도 다시 한 걸음 앞으로 나아가야만 하는 게 독립운동가가 짊어진 시대적 숙명이었다.

> 나라가 없고서 한 집과 한 몸이 있을 수 없고, 민족이 천대받을 때 혼자만이 영광을 누릴 수 없다. 개인은 제 민족을 위해서 일함으로 인류와 하늘에 대한 의무를 수행한다. (도산 안창호 어록 중에서)

제17장

남겨진 이들의 삶

　이규준이 마지막 행선지인 석가장으로 떠나던 무렵, 아버지 이석영은 상해에 머물고 있었다. 그의 나이 어느덧 74세, 구국의 꿈을 품고 서간도로 망명한 지 거의 20년의 세월이 흘러가고 있었다. 고질병인 천식과 류머티즘은 나이 들수록 이석영을 괴롭혔고, 끝이 보이지 않는 간난艱難은 세월이 쌓일수록 그를 초췌하게 만들었다.

　하지만 병마와 궁핍한 생활에 시달리면서도 이석영은 결코 자신의 처지를 비관하거나 남을 원망하는 일이 없었다. 옛 영화를 그리워하며 한탄에 젖어 살지도 않았다. 자기 자신에게 부끄럽지 않은 인생행로를 걸어왔다고 자부할 만한 삶이었기 때문이다.

그가 모든 것을 바쳐 세우고 일으킨 신흥무관학교는 비록 역사 너머로 저물었지만, 그 유산은 오히려 더욱 찬연하게 빛나고 있었다. 일사보국—死報國의 애국정신을 드높인 신흥무관학교는 독립군의 요람이자 항일투쟁의 표상이었다. 중국과 러시아, 국내 각지에서 묵묵히 헌신하는 수많은 신흥무관학교 출신의 독립운동가가 바로 그 살아 있는 증거였다. '신흥무관학교의 아버지'라는 이름 하나만으로도 이석영의 인생은 충분히 빛나는 것이었다.

청천벽력

그러나 1928년 어느 날, 이석영의 철석간장鐵石肝腸(굳센 의지나 지조가 있는 마음)마저 뒤흔드는 충격적인 소식이 전해진다. 석가장으로 떠났던 맏아들 이규준의 행방이 묘연하다는 전언이었다. 처음에는 애써 대수롭지 않게 여기려는 마음도 있었을 것이다. 과거에도 소식이 끊겨 걱정이 목 밑까지 차오를 무렵이면 불쑥 나타났던 아들이기 때문이다. 어쩌면 불안한 예감을 그런 반전의 기억으로라도 씻어내고 싶었을 것이다. 그런데 이번에는 달랐다. 연락이 두절된 지 몇 달이 지나도록 이규준의 종적은 드러나지 않았다.

속이 타들어가던 이석영은 아마도 이리저리 인편人便을 통해 사정을 알아보았을 것이다. 하지만 똑 부러지는 소식은 없었다. 누군가는 일제 비밀경찰의 함정에 빠져 변고를 당한 것 같다고 했고, 누군가는 갑작스러운 병마로 쓰러지고 말았다고도 했다. 그러나 그 누구에게서도, 어디에서도 이규준의 최후는 확인되지 않았다. 그렇게 이규준은 아버지 이석영과 어머니 밀양박씨, 세 딸 온숙·숙온·우숙의 곁에서 '사라진' 사람이 되었다.

가족에게 때로는 실종이 사망보다 더 고통스러운 법이다. 혹시 포기하면 정말 돌아오지 못할까봐, 한 가닥 희망을 끝까지 부여잡고 마음의 멍을 키우며 살아가도록 만들기 때문이다. 이석영 부부 역시 그러했을 것이다. 어디선가 살아만 있기를 바라는 마음이 너무 간절해 맏아들 규준을 차마 가슴에 묻을 수조차 없었을 것이다. 긴 가뭄 속 논밭처럼, 마음을 조각조각 갈라놓는 지극히 아프고 슬픈 기다림이었다.

이석영에게 이규준은 어떤 아들이었던가? 나이 42세에 어렵사리 얻은 소중하디 소중한 집안의 대들보였다. 한학에 밝고 신학문까지 두루 갖춰 내심 그 총명함을 자랑하고픈 자식이기도 했다. 그뿐이랴. 신흥무관학교 시절, 아버지 생신을 앞두고는 모질고 험한 통화현 산길 120리(약 47킬로미터)를 오가며 쌀을 구해오던 효자였다. 선이 굵고 정의로우며, 담대하고 결단력이 좋아 독립운동가로서도 큰 기대를 모았던 대장부 중 대장부였다. 아니, 아버지와 아들의 인연을 떠나, 살아간 날보다 살아낼 날이 훨씬 더 많아야 하는 33세의 아까운 젊은이였다.

맏아들 규준을 다시 볼 수 없다는 사실을 끝내 인정할 수밖에 없었던 순간, 이석영은 절통切痛해 비로소 눈물을 쏟아냈을 것이다. 나라를 되찾는 일에 몸을 던질 때부터 희생은 각오했을 테지만, 그 대상이 맏아들일 줄은 상상조차 하지 못했던 일이다. 어쩌면 자신 대신 아들을 데려간 하늘을 원망했을지도 모른다. 그날 이후 이석영의 몸과 마음은 하루가 다르게 쇠약해졌다. 그렇게 70대 중반의 노인은 나이보다 더 빠르게 늙어가고 있었다.

이석영이 일시 귀국한 사연

이관직이 쓴 『우당 이회영 선생 실기』에는 중국에서 20여 년을 지냈던 이석영이 한때 귀국했던 사연이 서술되어 있다.[1] 아마도 맏아들 이규준이 행방불명된 뒤 심신이 허물어지던 시기의 일이 아니었을까 여겨진다.

한번은 이석영이 중병을 앓고 있다는 소식을 듣고, 동생 이호영이 중국으로 건너왔다. 이호영은 형을 모시고 국내로 돌아가 병원에서 입원 치료를 받도록 했다. 그런데 다행히 병세가 나아지자 이석영은 다시 중국으로 돌아가기를 간절히 원했다. 이미 팔순에 가까운 나이라, 이호영을 비롯해 주변 사람들이 이를 만류했다. 그럼에도 이석영은 고집을 꺾지 않았고, '금강산 구경'을 핑계로 여비를 받아낸 뒤 기어코 중국 상해로 돌아갔다는 것이다.

이관직의 기록에는 중국으로 복귀하려 하니 차비를 달라고 청하는 이석영과 그런 형이 걱정되어 '드릴 수 없다'고 잘라 말하는 이호영의 눈물겨운 실랑이도 벌어졌다고 한다.[2] 대체 무엇이 이석영으로 하여금 늙고 병든 몸을 이끌고 머나먼 중국 상해로 다시 걸음을 옮기도록 만들었던 것일까? 혹시라도 자신이 자리를 비운 사이 맏아들 규준이 돌아올까 싶어 노심초사했던 것은 아닐까? 애끓는 아비의 마음은 병마로도, 세월로도 결코 삭일 수 없었을 것이다.

동생 이규서의 슬픈 운명

맏아들 규준을 잃은 뒤 이석영은 흔들리던 마음을 어떻게 다잡았을까? 아마도 '둘째 아들' 규서가 곁에서 성장하는 모습을 한 가닥 위안으로 삼았을 것이다. 형 이규준과는 열여섯 살 터울이었으니, 당시 이규서는 17세의 소년이었다.

이규준의 변고 소식을 듣게 된 이후 아마도 이규서는 자신을 더욱 채찍질했을 것이다. 어떻게든 형의 빈자리를 조금이라도 메워, 주름 가득한 아버지의 얼굴에 웃음을 되찾아 드리고픈 마음도 있었을 것이다.

아버지가 늘 믿고 성원을 보냈던 형 이규준의 발자취를 그대로 따라가려 했던 것일까? 이규서는 10대 시절부터 임시정부 계열의 '화랑사花郞社'라는 소년운동단체에 몸담았다. 훗날 이규서와 비운의 운명을 같이하게 되는 연충렬延忠烈도 이때 만났다.

성인이 될 즈음에는 독립운동단체인 상해한인청년당 결성에 참여해 주요 간부로 활동했다. 상해한인청년당은 "조국의 완전 독립을 위해 한국 청년의 단체적 군사훈련을 실시하고 혁명 역량을

총집결"하는 것을 목적으로 1932년 1월에 결성된 단체였다.³

의열 투쟁 단체에서 활동하다

1932년 12월 8일 상해 주재 일본 총영사가 내각 외무대신에게 보낸 '재상해 조선인 각종 단체 일람표'에 따르면 상해한인청년당은 의열 투쟁을 벌였던 것으로 나타난다. 이 일람표의 상해한인청년당 '활동 상황'란에는 "가장 활발히 움직여 수차례 '자객'을 조선 및 관동청 관내에 보냈다"고 기재되어 있다. '자객'이란 다름 아닌 일제 요인이나 밀정 등을 처단하는 임무를 맡았던 특파원을 가리키는 것이었다. 또한 일람표에는 이규서가 연충렬·서재현徐載賢과 함께 이 단체의 이사를, 김석金晳이 이사장을 맡고 있는 것으로 적혀 있다.⁴

21세의 나이에 이규서가 독립운동단체의 이사를 맡은 것을 보면, 그가 똑똑하고 열정적인 사람이었다는 것을 미루어 짐작할 수 있다. 아마도 신흥무관학교를 설립한 이석영의 아들, 다물단을 이끈 이규준의 동생이라는 배경이 일종의 후광 효과도 가져다주었을 것이다.

그런데 그로부터 불과 1년여 만에 이규서는 불귀의 객이 되고 만다. 대체 그에게 무슨 일이 벌어졌던 것일까?

이규창이 전한 내막

이규서와 사촌지간인 이규창의 『운명의 여신』에는 그 전후 사정이 이런 요지로 기록되어 있다.

1932년 이회영은 구국의 뜻을 펼쳤던 만주로 다시 가서 독립운동의 새로운 불길을 일으키겠다는 비장한 결심을 한다. 당시 만주는 만주사변 이후 일제가 괴뢰국인 만주국을 세워놓고 사실상 지배하고 있던 험지 중 험지였다. 주변 동지들이 위험한 만주행을 만류했지만 이회영의 의지를 꺾을 수는 없었다.

이회영은 그해 11월 초순, 아들 이규창을 데리고 상해를 방문한다. 만주로 떠나기 전에 가장 각별했던 둘째 형 이석영을 만나 하직 인사를 하기 위해서였다. 살아서 다시 볼 수 있을지 기약할 수 없던 터라 형제의 만남은 더욱 애틋했다. 당시 이회영은 그간 주변에 비밀로 하던 자신의 행선지를 이석영에게 밝힌다. 공교롭게도 이 자리에는 이석영의 둘째 아들 이규서와 그의 동료 연충렬도 함께 있었다. 연충렬은 임시정부에 몸담고 있던 독립운동가 엄항섭의 처남으로, 이규서와 함께 상해한인청년당에서 활동 중이었다. 당시에는 이 둘을 달리 의심하거나 꺼림칙하게 여길 이유가 없었다.

그런데 그 뒤에 이회영은 상해에서 비밀리에 배에 올라 대련大連으로 가던 도중 일제 경찰에 전격 체포되고 만다. 그 후 여순감옥에서 살인적인 고문을 당하다 끝내 순국했다. 향년 65세였다. 뒤늦게 소식을 듣고 애통해하던 이회영의 아들 이규창은 '해괴한 소문'을 전해 듣는다. 이회영과 둘째 백부 이석영이 만났을 때 곁에 있었던 사촌 이규서와 그의 동료 연충렬이 '이회영이 만주로 가는

데 대련을 경유한다'고 일제 영사관에 밀고했다는 내용이었다.

이규창에게서 소문을 전해 들은 동지 백정기白貞基, 엄형순嚴亨淳 등은 진위를 확인해 처리하기로 하고 행동에 나섰다. 백정기, 엄형순 등은 이규창과 함께 아나키스트 계열의 한인 단체인 남화한인청년연맹에 몸담고 있었다. 이규창은 약속을 잡아 이규서와 연충렬을 한적한 곳으로 유인했고, 백정기와 엄형순이 이 둘을 맡아 처리했다. 보름여 뒤에야 이규창은 백정기에게서 결국 두 사람을 처단했다는 이야기를 들었다.

이규창은 사건의 내막에 의문을 품고 있던 중 독립운동가로 행세하던 일제 밀정인 상해조선인거류민회장 이용노李榮魯가 당시 이규서·연충렬과 가까이 지냈던 것을 알게 된다. 이규창은 노회한 이용노가 어리고 순진한 이규서와 연충렬을 꾀어 이회영의 동선을 알아낸 뒤 일제 경찰에 밀고한 것으로 판단했다. 결국 이규창은 엄형순과 함께 이용노를 처단했고, 이 사건으로 중국 경찰에 체포된 뒤 일제 경찰에 넘겨진다. 그 후 국내로 압송되어 재판을 받고 해방될 때까지 오랜 기간 옥고를 치렀다.[5]

죽음마저 이간책의 도구로 쓴 일제

먼 훗날 이규창이 『운명의 여신』에서 속사정을 밝히기 이전까지, 이규서와 연충렬의 마지막은 과연 세상에 어떻게 전해지고 있었을까? 처음에 한동안은 실종된 것으로, 그 후에는 밀정 의혹으로 인해 피살된 것으로 소문이 돌았던 것으로 보인다. 공교롭게도 문헌상으로 두 사람의 최후가 최초로 언급된 것은 일제 문건에서였다.

일본의 상해 총영사는 1934년 6월 19일 '상해 및 동관계 불령선인 단체의 건'이라는 문건을 내각 외무대신에게 보고했다. 이 문건에 첨부된 '불령선인 단체 일람표'의 '상해한인청년당' 항목에는 이규서·연충렬 사건에 대해 이렇게 기재되어 있다.

간부 이규서·연충렬은 일본 관헌 밀정의 혐의를 받고 남경南京 방면에서 소화 8년(1933년) 1월경 암살당하였다고 전해지며······.[6]

'실종' 무렵 이규서와 연충렬은 중국 상해에서 활동 중이었다. 그런데 이 문건은 상해와 멀리 떨어진 '남경 방면'에서 두 사람이 암살당한 것으로 전하고 있다. 왜 둘이 죽임을 당한 장소를 남경 부근이라고 서술했던 것일까?

이 일람표 옆칸에 부연되어 있는 "(두 사람이) 김구파金九派에게 암살되었다고 전한다"는 글에서 그 단초를 찾아볼 수 있다. 상해 총영사관 등 일제 기관들은 이규서와 연충렬의 죽음에 김구가 관여한 것처럼 사건을 왜곡시키려 했던 것이다. 그런데 당시 김구가 남경으로 근거지를 옮겨 활동하고 있었으니, 이규서·연충렬 사건의 무대를 남경으로 바꿔 적은 것으로 보인다.

1932년 윤봉길의 상해 홍구공원 의거 이후 일제 군경은 김구를 붙잡거나 제거하려고 혈안이 되어 있었다. 이를 위해 밀정들에게 거금을 풀고 갖가지 모략과 공작을 펼쳤다. 김구와 측근들, 주변 인사들을 반목시키려는 간교한 이간책도 그중 하나였다. 아마도 이 보고서에 기재된 '김구 연루설'도, 일제 경찰이 밀정들을 통해 일부러 퍼뜨렸던 괴담 중 하나였을 것이다.

이규서와 연충렬의 일가 중에는 김구와 가까운 독립운동가가 적지 않았다. 이규서의 셋째 숙부 이시영은 김구와 오랜 기간 함께하며 상해임시정부를 이끌었던 주역이고, 연충렬의 매형 엄항섭은 김구의 곁을 끝까지 지킨 최측근이었다. 또한 연충렬의 유일한 혈육인 누나 연미당延薇堂(엄항섭의 아내)은 당시 여자청년동맹을 이끌며 김구의 활동을 지원하는 역할을 하고 있었다.

일제 기관들은 두 젊은이의 죽음마저 이간책의 도구로 악용했지만, 결과적으로 이들의 음모는 성공하지 못했던 것으로 보인다. 그 뒤로도 엄항섭과 연미당 등이 김구 가까이에서 흔들림 없이 독립운동에 매진했기 때문이다.

조선총독부 기관지에 실린 이규서·연충렬의 죽음

이규서와 연충렬의 피살 소식이 세상에 처음 공개된 것은 두 사람이 '실종'된 지 4년여가 흐른 뒤였다. 이번에는 조선총독부 기관지『매일신보』가 기사를 통해 두 사람의 죽음을 언급했다. 의열투쟁을 하다 체포된 오면식吳冕植의 사형 선고 소식을 다룬 기사에서 그의 범죄를 나열했는데, 이 중에 이규서와 연충렬에 대한 살해 혐의도 포함되어 있었다.

> 소화 7년(1932년) 음력 7월에 무정부주의자 이회영이 일본 영사 경찰의 손에 체포된 것은 이규서와 연충렬의 밀고(때문이)라고 하여 남상역南翔驛(상해 근교의 철도역) 부근 철교에서 노끈으로 목을 매어 질식 즉사케 하고…….[7]

이규창은 『운명의 여신』에서 백정기와 엄형순이 이규서와 연충렬을 처단했다고 서술한 바 있다. 그런데 이 기사에서는 제3의 인물인 오면식이 이규서와 연충렬을 살해한 것으로 기록되어 있다. 대체 어떻게 된 사정일까? 오면식, 백정기, 엄형순 등은 아나키스트 계열인 남화한인청년연맹에서 함께 활동하던 사이였다. 이는 남화한인청년연맹 소속 독립운동가 여러 명이 이규서와 연충렬의 죽음에 개입했다는 것을 시사하는 대목이다.

『매일신보』는 "사상에 광분한 살인마"라는 선정적인 제목까지 써가며 오면식 사건을 보도했다. 기사에서도 살해 동기나 방법을 자극적으로 묘사하는 등 '악행'을 부각시키는 데 집중했다. 아마도 조선총독부는 무정부주의 독립운동가인 오면식이 대중에게 투쟁가가 아니라 연쇄 살인마로 비치기를 바랐을 것이다. 당시 이규서와 연충렬의 죽음을 보도한 신문 기사는 이것이 처음이자 마지막이었다.

시대가 낳은 비극

『매일신보』가 의도적인 선정 보도를 한 탓이었을까? 기사에서 기술된 이규서와 연충렬의 최후는 끔찍했다. 대체 무엇이 앞길이 창창하던 두 젊은이를 욕된 죽음의 길로 내몰았던 것일까? 과연 기밀을 누설해 화를 자초했던 걸까? 아니면 세상에 알려지지 않은 또 다른 사정이 숨어 있는 것일까?

이미 90년여의 세월이 흘렀지만 이규서·연충렬 사건을 둘러싼 의문은 여전히 남아 있다. 두 사람이 이회영의 행선지를 밀고(누설)했다는 주장만 있었을 뿐 이를 뒷받침하는 문서나 기록은 아직까지 확인되지 않았기 때문이다. 이규창으로 하여금 이규서와 연충렬에 대한 의심을 품게 만들었다는 '해괴한 소문'의 출처도 의문스럽기는 마찬가지다.

이규서·연충렬 사건은 한국의 독립운동사에서도 아이러니하고 비극적인 사건 중 하나로 꼽힐 만하다. 두 사람 모두 광복을 위해 평생 헌신해온 독립운동가 집안의 2세였기 때문이다. 이규서의 아버지는 신흥무관학교를 세운 이석영이었고, 연충렬의 아버지는 북간도 지역의 항일운동을 이끌었던 연병환延秉煥이었다. 특히 연병환은 오랫동안 중국 세관에서 공직 생활을 하면서 상해임시정부를 지원해주었던 숨은 공헌자이기도 했다.

결과적으로는, 상징적인 독립운동가 두 사람의 혈육이 열혈 의열 투쟁을 하던 이들의 손에 의해 유명을 달리하게 된 것이니, 남겨진 가족들에게 이보다 더 비통하고 기막힌 일이 또 있었을까? 아끼던 둘째 동생 이회영과 애지중지해온 둘째 아들 이규서를 한꺼번에 잃게 된 이석영에게는 악몽보다 더 끔찍한 현실이었을 것이다.

큰 별이 지다

맏아들 규준에 이어 둘째 규서마저 변고를 당한 후 이석영의 삶은 더욱 피폐해졌다. 육신은 숨쉬고 있었으나 마음은 더는 살아있는 것이 아니었을지도 모른다. 부인 밀양박씨만이 곁에 남아 넋이 나간 듯 하루하루를 지내던 이석영을 보살폈다.

말년에 이석영 부부의 생활은 극도로 곤궁했다. 상해 뒷골목 이곳저곳을 표류하듯 머물면서 기아선상에서 겨우 연명하는 형편이었다. 이관직이 『우당 이회영 선생 실기』에서 "영석(이석영의 호) 선생의 초췌해진 늙은 얼굴은 눈 뜨고는 차마 볼 수 없었고, 또 귀를 열어 차마 들을 수 없었다不忍見 不忍聞"고 서술했을 정도다.[8] 윤봉길 의거 이후 임시정부 요인들과 독립운동가들이 이미 대부분 상해를 떠난 터라, 의탁할 만한 이도 주위에 거의 없었을 것이다.

하루가 다르게 기력을 잃어가던 이석영은 1934년 2월 16일 마침내 영면에 들었다. 향년 80세, 구국의 꿈을 품고 고국을 떠나온 지 사반세기 만의 일이었다. 그의 마지막 길은 쓸쓸했다. 상해에서 지낼 때 서로 의지가 되었던 셋째 동생 이시영마저 영원한 이 신흥무관학교를 세워 독립군 양성의 초석을 이룬 이석영은 상해에서 1934년 2월 16일 마침내 세상을 떠났다. (『동아일보』, 1934년 2월 28일)

별 길을 배웅하지 못했다. 일제 군경의 마수를 피해 항주로 거처를 옮겼기 때문이다.

당시 『동아일보』는 「영석 이석영 씨 상해 객창에서 영면」이라는 기사를 통해 그의 서거를 애도했다.

영석 이석영 씨가 지난 16일 오후 2시에 상해 불조계佛租界 아이배로亞爾培路 서가고교우徐家庫僑寓에서 향년 80세를 일기로 서거하였다. 씨氏는 경술년에 자기의 가산 전부를 팔아가지고 가족을 데리고 조선 땅을 떠난 후 30년에 가까운 세월을 북만주와 북경, 상해 등지로 유랑하며 파란중첩한 생활을 계속하다가 모진 병마에 걸리어 작년 겨울 이래 신음하던바 드디어 그와 같이 세상을 떠났다 한다. 임종 시에는 동씨同氏의 아우인 이시영 씨도 딱한 사정으로 항주에 있게 되어 만나보지 못하고 쓸쓸히 영면하였다고 한다.

그런데 장례식은 지구知舊의 도움으로 무사히 (치러) 지난 20일에 상해 홍교로虹橋路 공동묘지에 안장하였다고 한다.[9]

백범과 동지들의 수백금

장례를 무사히 치르게 도와준 이석영의 '지구知舊', 즉 오랜 친구는 누구였을까? 이관직의 『우당 이회영 선생 실기』에 따르면 그중 한 사람은 백범 김구였다.

> 후덕군자인 백범 선생이 영석 선생의 별세하심을 들으시고 평소에 선생의 영덕청절令德淸節(아름다운 덕과 맑고 깨끗한 절개)을 사랑하고 존경하는 각별한 심정으로 수백금數百金을 동지들에게서 거두어 장례비로 전하였으니……[10]

아마도 백범은 신민회 시절부터 애국지사들을 후원하던 이석영을 알게 되었을 것이고, 신흥무관학교의 설립자로서, 또한 불굴의 투사였던 이규준의 아버지로서 이석영을 존경했을 것이다. 두 사람의 연배가 스물한 살 차가 나니, 그야말로 세대를 초월한 우의友誼였다.

돌아보면, 이석영의 삶은 칠흑 같은 시대를 비추는 은은한 달

빛과 같았고, 또 한편으로는 만장萬丈에 이르는 파도와 물결이 휘몰아치는 것처럼 기구했다. 삼한 최고의 명문가에서 나고 자라 이역만리 상해 거리의 임시 거처에서 초라한 빈민으로 생을 마감하기까지, 그의 삶을 관통하는 키워드는 다름 아닌 '헌신'이었다.

이석영은 당대 최고의 부자 중 하나였지만, 그 부를 결코 누리려 하지 않았다. '친일'하던 이들이 밑 빠진 독처럼 여겼던 광복의 꿈에 자신이 지녔던 억만금을 묵묵히 실었을 뿐이다. 신흥무관학교 설립은 조국을 위한 투자의 결정판이었다. 그런데 이석영은 단지 거금만 댄 것이 아니었다. 자신이 지닌 모든 것을 조국에 내놓은 것이었다. 자신의 인생은 물론 심지어 맏아들의 운명까지도. 그야말로 '압도적인 헌신'이었다.

이석영이 마지막으로 몸을 뉘인 곳은 상해 홍교로虹橋路 공동묘지였다. 안타깝게도 현재로서는 이석영의 유해가 어디에 있는지 알 수 없다. 그간의 도시개발로 인해 묘지가 훼손되었기 때문이다. '홍교로'는 우리말로 바꾸면 '무지개다릿길'이라는 뜻이다. 무지개다리 너머에 깃들었던 그의 영혼이 이제는 지극히 평안했으면 하는 바람이다.

『한민』이 전하는 이석영 부부의 생애

인생의 대부분을 함께 보냈던 남편 이석영의 빈자리가 너무 크고 깊었던 것일까? 이석영이 서거한 지 2년여 뒤인 1936년 5월 11일 부인 밀양박씨마저 노환으로 세상을 등지고 만다. 향년 80세, 국내 최고 명문가의 마님이 이역만리에서 망명객의 아내로 지내온 세월이 어찌 녹록했을까? 아들 규준까지 잃고 기구한 노년을 보내야 했으니 한이 남지 않을 리 없었을 것이다.

당시 한국국민당이 펴내던 신문인 『한민』(제3호)에는 이미 고인이 된 이석영 가족의 염원과 한을 상기시키는 두 건의 기사가 실렸다. 하나는 부인 밀양박씨의 별세 소식, 또 하나는 '서간도 초기 이주와 신흥학교시대 회고기'였다.

특히 '회고기'에는 "이석영 씨의 공功"이라는 소제목으로 신흥무관학교의 숨은 공로자인 그의 삶을 돌아보는 내용이 담겼다. 맏아들 이규준에 대해서는 "다물단 단장으로 있다가 수년 전 석가장에서 작고하였다"고 서술되어 있다. 그런가 하면 둘째 아들 이규서는 '실종'된 것으로 기재되어 있다. 이는 아버지 이석영을 위한 배려의 표현일 수도 있겠지만, 다른 한편으로는 당시 좌익 계열의 조선민족혁명당, 무정부주의 계열의 남화한인청년연맹과 대립하고 있던 임시정부 측의 이규서 사건에 대한 시각과 정서를 반영하는 것으로도 풀이된다. 그날의 『한민』 기사 중에서 이석영 부부 관련 내용이다.

이 부인 별세

고故 이석영 씨의 부인께서 상해에 있는 그의 조카 이규홍李圭鴻(이시영 씨의 차남) 군의 집에 의탁하여 계시다가 노환으로 인하여 본월 11일에 불행히 별세하셨는데 향년이 82세이시다. 그는 말년에 기구한 신세로 지내시다가 종시終是(끝내) 이역에서 돌아가셨으니 실로 유한遺恨이 많으셨으리라 한다.

이석영 씨의 공功

서간도 이주의 선진자先進者, 그중에도 신흥학교新興學校의 유일한 공로자功勞者가 이석영 씨인 것을 아는 이가 매우 드문 듯하다. 그의 공功을 가히 알 만한 이들도 그의 공을 세상에 공포公布(대중에게 널리 알림)치 않는 것 같다.

그는 누거만累巨萬(매우 많은)의 재산 전부를 가져다가 이주동포移住同胞 접제接濟(살아갈 방도를 세움)와 신흥학교 경영에 전부 탕진蕩盡(다 써서 없앰)하고 말았다. 그는 본래 국내에서 누대잠영거족累代簪纓巨族(대대로 높은 벼슬을 해온 문벌 높은 집안)으로 호화로운 생활을 하다가 망국의 한을 품고 고국을 떠나 이역에 와서 재산 전부를 없이 하고 나중에는 지극히 곤궁한 생활을 하면서도 일호一毫(극히 작은)의 원성怨聲이나 후회의 기색이 없고 태연하여 장자長者(덕망이 뛰어난 어른)의 풍風(기풍)이 있었을 뿐이다.

말년에 기한飢寒(굶주림과 추위)에 쪼들리다가 2년 전 상해 일우一隅(한쪽 구석)에서 굶어 돌아가다시피 되신 이가 그처럼 공로 많은 이석영 씨인 줄 아는 이가 몇이나 되는지?

또 금년 5월 11일 상해 그의 조카 집에서 역시 가련한 신세로 돌아가신 이가 그의 가장家長을 따라 서간도에 와서 영귀榮貴(지체가 높고 귀함)하던 몸으로써 친수親手(손수)로 독립군의 밥을 지어 먹이고 옷을 지어 입히던 이석영 씨의 부인인 것을 아는 이가 몇이나 되는가?[11]

세 자매의 인생 여정

아버지 이규준이 석가장에서 '실종'된 뒤 세 딸 온숙·숙온·우숙 자매는 그야말로 사고무친四顧無親의 신세가 되었다. 노년을 곤궁하게 지내던 할아버지 이석영은 깊은 병까지 얻어 미처 손녀들을 살펴볼 경황이 없었을 것이다. 홀로 상해로 왔던 온숙은 온숙대로, 호북성 한구에 남아 있던 숙온과 우숙은 또 그들대로 저마다 살길을 찾아야 했다.

이 무렵 이규학의 집에서 함께 살고 있던 맏딸 이온숙의 삶은 어땠을까? 훗날 자신의 맏딸 최광희崔光姬에게 남긴 회고담에 따르면, 상해에 온 뒤 이온숙은 한동안 일자리를 구해 보려 애썼다고 한다. '돈을 벌어 오겠다'던, 한구에 두고 온 두 동생과의 약속 때문이었다. 하지만 타지 출신의 한인 소녀가 할 만한 일은 거의 없었다. 그런 이온숙에게 이규학의 아내 조계진은 구직이 아닌 결혼을 권했다고 한다. 가정을 꾸려 빨리 안정적인 생활을 하는 게 낫다는 이유에서였다. 제 몸 하나 건사하기도 힘들던 상황이었으니 달리 따르지 않을 까닭도 없었다.

한겨울의 백년가약

결국 이온숙은 1929년 12월 7일 한인 청년 최경섭과 백년가약을 맺었다. 이온숙의 나이 19세 때의 일이었다. 남편 최경섭은 외교 활동가인 우사尤史 김규식에게서 영어를 배우고 상해 세인트존스대학을 나온 인텔리 청년이었다. 홀어머니가 온갖 풍상을 겪으면서도 그를 반듯하게 키워냈고, 미국 유학까지 계획하던 중에 이온숙과 만나게 되었다고 한다. 이온숙은 혈혈단신과 다름없는 처지였지만, 당대 최고 명문가의 후손이자 독립운동가 이석영의 손녀라는 사실만으로도 일등 신붓감으로 꼽힐 만했다.

이날 최경섭과 이온숙의 결혼식에는 당시 한인 사회에서 깊은 존경을 받던 한 애국지사가 주례로 단상에 올랐다. 바로 도산 안창호였다. 안창호가 결혼식 주례를 맡은 것은 매우 이례적인 일이었다. 게다가 두 집안 모두 '혼주'이어야 할 가장이 없는 상황이었다. 대체 어떤 인연으로 안창호는 두 사람의 결혼식을 주관하게 되었을까?

안창호가 기꺼이 주례에 선 까닭

이 무렵 안창호는 상해에서 한국독립당을 결성하기 위해 온 힘을 쏟고 있었다. 한국독립당은 독립투쟁 전선의 통일과 파벌 청산 등을 목표로 내세운 민족주의 계열의 정당이었다. 안창호를 비롯해 26명에 이르는 애국지사가 설립자로 참여했는데, 그중에는 백범 김구·성재 이시영·완운 윤기섭 등도 포함되어 있었다. 이들 세 사람은 안창호는 물론 이석영·이규준 부자와도 각별한 인연이 있었다.

김구와 이시영은 대한제국 말 구국을 위한 비밀결사인 신민회에서 안창호와 함께 활동한 동지였고, 윤기섭 또한 안창호를 도와 신민회의 외곽 단체인 청년학우회를 조직하고 참여한 바 있었다. 이들은 모두 상해임시정부에 차례로 합류해 항일독립운동을 이끌었던 동반자이기도 했다.

김구와 윤기섭은 이석영·이규준 부자와도 가까웠다. 김구는 신민회 시절에 젊은 애국지사들을 뒤에서 조용히 돕던 명망가 이석영의 존재를 알게 되었을 것이다. 그 뒤 형제들과 함께 서간도로 이주해 신흥무관학교에 모든 가산을 쏟아부은 이석영의 행적은 김구를 감명시키기에 충분했을 것이다. 훗날 이석영이 쓸쓸히 타계했을 때 멀리 항주에 있던 김구가 장례 비용을 모은 것은 그가 얼마나 이석영을 존경해왔는지를 짐작하게 해준다. 게다가 이석영의 맏아들 이규준은 상해임시정부 독립운동 자금 모집 활동과 의열 투쟁을 하면서 김구와 깊은 신뢰를 쌓았던 사이였다.

윤기섭은 오랜 기간 신흥무관학교에서 교사와 교장을 지내는 등 이석영·이규준 부자와 두터운 관계였고, 이시영은 이석영의 셋째 동생이자 이규준이 의지하고 따랐던 숙부였으니 더 이야기할 나위가 없을 것이다.

아마도 이들 세 사람은 이석영에 대한 숭모崇慕의 마음과 함께 독립운동의 동료이자 후배인 이규준의 안타까운 죽음에 대해 선배로서 일종의 부채의식도 지니고 있었을 것으로 보인다. 이러던 차에 이규준의 맏딸 이온숙의 혼인 소식을 접하고, 당시 한국독립당 결성을 위해 긴밀히 교류하고 있던 안창호에게 주례를 부탁했던 것이 아닐까 생각된다. 특히 이들 중 안창호와의 인연이 남달랐던 김구가 앞에 나섰을 개연성도 적지 않은 듯하다(상해임시정부 초창기에 김구가 당시 내무총장이던 안창호에게 청사 문지기를 자원했던 일화도 유명하다).

김구에게는 과거 이규준의 어린 세 딸을 간간이나마 보살폈던 인연이 있었다. 그러니 조카딸처럼 여겼던 이온숙이 결혼한다는 이야기를 듣고 가만히 있을 수는 없었을 것이다. 더욱이 안타깝게도 아버지 없이 치러야 하는 혼사가 아니던가? 자신은 참석하지 못할 피치 못할 사정이 생기자, 김구가 젊은이들 사이에 명망이 높던 안창호에게 간곡히 주례를 청했던 것은 아니었을까? 안창호도 이석영에 대한 존경의 마음이 컸던 데다 이규준의 의열 투쟁과 변고를 익히 알고 있던 터라 기꺼이 이온숙의 혼례에서 주례를 맡은 게 아니었을까?

평소 안창호는 독립투쟁에서 군자금의 중요성을 누구보다도 강조했다. 임시정부 각료 시절에는 '독립운동에 돈을 바치는 이들에게 절을 하겠다'는 취지의 이야기까지 했다. 그런 안창호에게, 독립군 양성을 위해 억만금의 재산을 모두 바치고도 아무런 대가

1929년 12월 7일 중국 상해에서 열린 이규준의 장녀 이온숙과 최경섭의 결혼사진. 뒷줄 중앙의 안창호가 주례자였고, 그 왼쪽에 아기를 안고 있는 사람이 이규학의 아내 조계진이다.

도 바라지 않았던 이석영의 모습이 어떻게 비쳤을지 능히 짐작할 수 있을 듯하다.

당시 최경섭과 이온숙의 혼례를 이끈 '주례 선생님' 안창호의 모습은 두 사람의 결혼사진에 오롯이 남아 있다. 이 단출한 결혼사진의 앞줄에는 신랑신부와 양측 친구들이(추정), 뒷줄에는 안창호를 중심으로 오른쪽에는 신랑의 어머니, 왼쪽에는 아기를 안은 여성이 자리해 있다. 이 여성은 이규준과 함께 다물단에서 활동했던 이규학의 아내 조계진이다. 안창호가 신랑신부 중 신부 이온숙의 뒤편에 선 모습이 이례적이다. 오랜 세월 장롱 깊숙이 묻혀 있던 이 사진에는 어떤 사연이 숨겨져 있을까?

격동의 시대가 갈라놓은 자매들

이온숙은 최경섭과 결혼한 뒤 상해에서 신혼살림을 꾸렸다. 1년여 뒤에는 상해 서쪽에 있는 인접 도시 소주蘇州로 이사해 살게 되었는데, 그 얼마 후부터 동생 숙온·우숙과 소식이 끊겼다고 한다. 아마도 중국과 일본이 상해에서 무력충돌했던 제1차 상해사변(1932년) 무렵이 아니었을까 생각된다.

당시 조계지에서 양국 군대 간 전투가 벌어지자 일본은 3개 사단을 파병해 중국군을 상해 부근에서 퇴각시켰다. 이후 당사국인 중국과 일본을 비롯해 상해에 이해관계가 있던 영국, 미국, 프랑스, 이탈리아 대표들이 정전 협정을 추진했다. 그러나 정전 협정 예정일인 4월 29일 윤봉길 의거로 일본의 파견군 사령관 등이 사망하면서 협정은 뒤로 미루어지게 된다.

잠시 이어진 백범과의 인연

홍구공원에서 일어난 윤봉길 의거 직후 상해에서는 무시무시한 검거 삭풍이 휘몰아쳤다. 의거와 직접 관련이 없더라도 이름이 알려진 독립운동가라면 무조건 잡아들였다. 의거 당일 안창호도 체포되어 상해 영사관 경찰서에 구금되었다. 일제 군경의 보복 탄압을 보다 못한 김구는 5월 초 상해 각 신문에 자신이 의거의 주모자라고 발표한 뒤 상해에서 탈출한다. 결국 임시정부도 상해에서

458리(180킬로미터)가량 떨어진 항주로 이전할 수밖에 없었다.

이온숙이 맏딸 최광희에게 남긴 회고담에 따르면, 이규준의 딸 이온숙과 백범 김구의 인연은 소주에서 잠시 다시 이어졌다. 백범이 일제 군경의 추적을 피해 소주로 잠입했을 때 짧은 기간이지만 이온숙이 자신의 집을 은신처로 제공했던 것이다. 어린 시절 자신과 두 동생을 굶주림에서 구해주었던 백범에 대한 작은 보은이기도 했다. 이후 백범은 가흥嘉興, 해염海鹽 등지로 피신해 일제의 마수에서 벗어날 수 있었다.

호북성의 두 자매 그 후

호북성 한구에 남겨졌던 이숙온·이우숙 자매는 그 후 어떻게 되었을까? 숙온과 우숙은 한동안 역경의 나날을 둘이 함께 헤쳐 나가야 했다. 그런데 이 무렵 어머니 한평우와의 재회도 이루어졌다고 한다. 전 남편 이규준의 '실종' 소식을 전해 듣게 된 한평우는 딸들이 걱정되어 어렵사리 한구까지 찾아갔다. 그리고 둘만 덩그러니 남겨진 사정을 파악하고 친정 식구들에게 도움을 요청했다고 한다. 이미 오래전 재가를 해서 자신이 나설 수 없는 처지였기 때문이다.

먼 훗날 두 언니를 찾는 막내 이우숙의 애절한 사연을 『동아일보』가 보도했는데, 이 기사에서도 이러한 정황이 확인된다. 기사에서 이우숙은 오랜 세월이 흐른 뒤지만 외사촌 한기준韓基駿과 한

1967년 가족을 찾는 이우숙의 『동아일보』 기사에는 한일병합 직후 온 가족을 이끌고 독립운동하러 중국으로 간 조부 이석영과 함께 이온숙, 이숙온과 남편 김현수, 외사촌 한기준·한기봉 형제의 이름이 실렸다. (『동아일보』, 1967년 10월 14일)

기봉韓基鳳 형제의 이름을 정확하게 기억하고 있었으며, "둘째 언니 숙온이 김현수 씨와 결혼한 사실도 외가를 통해 알고 있었다"고 밝혔다.[12] 이는 그 시절 이우숙이 외가 쪽과 교류하고 있었다는 사실을 방증하는 대목이기도 하다.

한기준·한기봉 형제는 어머니 한평우의 친정 조카로, 한평우의 아버지 한기동이 양자로 입적시켜 대를 잇도록 했던 한경우의 아들들이다. 아마도 한평우는 친정오빠 한경우가 이미 사망(1926년)한 터라 국내에 있던 두 조카에게 도움을 청했던 것으로 보인다. 당시 한기준은 미국 선교사 헨리 아펜젤러Henry G. Appenzeller가 세운 배재중학교에서 교사로 일하고 있었는데, 서대문경찰서의 감시 대상에 오를 정도로 민족의식이 깨어 있던 사람이었다.[13]

이숙온, 배필을 만나다

당시 이숙온·이우숙은 호북성 한구에서 외가 쪽의 도움으로 이전보다 조금은 나은 생활을 할 수 있었다. 이우숙은 인근 무한에 있는 제일여자중학교에 다니며 학업을 이어갔고, 세 살 위의 언니 이숙온은 성장한 뒤 상해로 떠나게 된다. 이우숙은 당시 상황에 대해 "두 언니들은 외사촌 한기준·한기봉 형제들과 함께 한국으로 돌아갔다"고 말했는데,[14] 아마도 외가에서 이숙온이 성년이 되자 배필감을 찾아주려 데리고 갔던 일을 그렇게 기억했던 것이 아닐까 여겨진다.

실제로 이숙온은 상해에서 평생의 반려자를 만나게 된다. 독립운동을 하던 충북 보은 출신의 청년 김현수였다. 시골 마을에서 육형제 중 막내로 태어난 김현수는 남달리 총명해 주위의 기대를 한 몸에 받았다고 한다. 형들이 막내만큼은 공부를 시켜야 한다며 경성으로 유학을 보냈을 정도다. 그런데 김현수는 종로구에 있던 동성중학교를 졸업한 뒤 낙향하지 않았다. 독립운동을 하겠다며 혈혈단신으로 만주로 떠났던 것이다. 이후 만주와 천진 등지를 거치며 독립운동을 하다가 상해에서 운명처럼 이숙온을 만나 결혼에 이르게 되었다.

그 얼마 뒤 김현수는 형들의 독촉으로 인해 아내 이숙온과 함께 귀국하게 된다. 하지만 김현수는 고향에 정착하기보다는 이곳저곳 옮겨다니며 독립운동에 관여했다. 첫째인 장녀(김용애)는 대전, 둘째인 장남은 합천, 셋째인 차남은 청진, 넷째인 차녀는 부령 富寧(함경북도 북동부에 있던 군), 막내는 광복 후 서울에서 출생한 것만 봐도 그 고된 삶의 궤적을 짐작할 수 있을 듯하다.

김현수·이숙온 부부는 해방되던 해에 동두천에서 월남해 대전을 거쳐 서울로 올라왔다. 독립운동을 하던 이들과 그 가족들이 대거 중국에서 귀국해 서울에 모여들던 시기였다. 이숙온은 모진 세월이 갈라놓았던 언니 온숙과 동생 우숙을 다시 만날 수 있기만을 간절히 바랐다. 혹시 근황이라도 전해 들을 수 있지 않을까 싶어 여기저기 수소문을 하기도 했다.

내심 가장 기대했던 곳은 할아버지 이시영의 무교동 집이었다. 당시 이시영의 집은 일가친척들로 바글바글했다. 오랫동안 못 만났던 친척들도 만나고 소식도 전해 듣는 상봉의 장소였다. 천만다행으로 그곳에서 언니 온숙과 연락이 닿게 되었다. 이온숙은 형부 최경섭과의 사이에서 아들 셋을 내리 낳고 딸(최광희)까지 슬하에 두고 있었다. 손이 귀했던 집이라 시어머니의 사랑을 많이 받았다고 했다. 하지만 얼굴에서는 남모를 세월이 새겨놓은 마음고생의 흔적들이 배어 있었다. 소녀로 헤어졌던 두 자매는 그렇게 서로 어머니가 되어서야 해후를 했다.

그러나 재회의 기쁨도 잠시, 이온숙과 이숙온의 표정은 밝지 않았다. 함께 수소문도 해보았지만, 막내 우숙의 소식을 끝내 들을 수 없었기 때문이다. 두 자매의 몸은 천근 같고 마음은 만근과도 같았다.

이우숙의 인생유전

호북성 한구에 홀로 남게 된 이우숙은 두 언니와 사뭇 다른 인생행로를 걸었다. 이우숙이 다녔던 제일여자중학교는 호북성이 교원을 양성하기 위해 설립한 고급중학교(현재의 고등학교)였다. 졸업 후 이우숙은 주위에서 재원才媛(재주가 뛰어난 젊은 여성)으로 주목을 받으며 지냈는데, 이 무렵 중국인 청년 장황권張黃權과 인연이 닿게 된다.

장황권은 호북성 일대에서 명성이 높던 부호의 아들이자 엘리트 군인이었다. 당시 중국국민당이 세운 육군군관학교(황포군관학교黃埔軍官學校) 무한 분교를 제7기생으로 졸업해 공병 장교로 복무하고 있었다. 중국국민당 육군군관학교는 일본군에 맞서 싸우기 위해 많은 독립운동가가 입교해 한인 사회에서도 이름이 알려진 곳이었다.

혈통적 차이를 극복하고 사랑을 키우던 두 젊은이는 1936년 마침내 화촉을 밝혔다. 이우숙의 나이 20세 때였다. 사실, 이우숙은 어린 나이에 아버지와 할아버지를 여의고 자매끼리 힘겹게 살아왔기에 집안의 내력을 거의 모르던 상황이었다. 중국인 남편과 결혼해 이대로 지내게 되면 한국인이 아니라 중국인으로 평생을 살아갈지도 몰랐다. 아마도 어머니 한평우는 막내딸이 자신의 뿌리를 영영 잊을까봐 못내 걱정이 되었던 듯하다. 한평우는 결혼식 전날 막내딸에게 아버지 이규준과 할아버지 이석영에 대한 이야기를 하나씩 들려주었다고 한다.

출가하기 전날 밤, 이 여인(이우숙)은 어머니한테서 이씨 가문의 얘기를 처음으로 자세히 들었다. 조부 이석영 씨의 관직이며 망명 내력 같은 것을 눈물 속에서 들었다는 것이다.[15]

두 사람이 결혼하던 즈음, 중국 정세는 요동치고 있었다. 제2차 국공합작(1937년) 이후 일본과 전면전이 시작되었고, 곧이어 제2차 세계대전(1939~1945년)이 일어나면서 중국 대륙 전역이 전쟁터로 변해갔다. 이우숙은 남편을 따라 여러 전선戰線을 떠돌아야 했다. 자신과 어머니 한평우, 외가를 희미하게나마 이어주던 서신 교류도 이때 완전히 끊기고 말았다. 그로부터 기나긴 세월 동안 이우숙은 지독히 괴로운 생이별의 아픔을 홀로 감내해야만 했다.

제2차 세계대전이 끝난 후에도 중국 대륙에서는 포성이 멈추지 않았다. 중국국민당과 중국공산당이 충돌해 내전(국공내전)이 불붙었던 것이다. 1949년 국민당이 공산당에 패퇴해 본토에서 대만으로 정부를 옮기면서 이우숙도 남편과 함께 대만에 정착하게 된다. 남편은 예편한 뒤 공무원으로 일하고, 이우숙은 중학교 교원으로 근무하며 가정을 꾸려 갔다. 장재전張才全, 장재곤張才崑 등 사남매를 키우는 사이에 세월은 다시 유수처럼 흘렀다.

가족이 가까이에 있었지만, 이우숙의 가슴 한편은 늘 아리고 공허했다. 고국에 있을 '또 하나의 가족' 때문이었다. 어머니와 두

1977년 8월 세 자매는 서울 연희동 김용애의 자택에서 극적으로 만났다. 앞줄 안경 쓴 사람이 김용애, 그 뒤쪽 왼쪽은 한평우, 오른쪽은 이온숙이다. 이온숙의 오른쪽에 이숙온의 차녀인 김신자가 있다. 한평우의 왼쪽 뒤쪽에 이숙온, 맨왼쪽 안경 쓴 사람이 김현수다.

뒷줄 왼쪽부터 이숙온, 이온숙, 이우숙이다. 이우숙의 옆에 안경 쓴 사람이 김현수이고, 그 앞에 있는 사람이 이숙온과 김현수의 장남 김용우다.

제17장 남겨진 이들의 삶

언니의 얼굴이 자꾸 아른거렸다. 그리움은 나날이 깊어지는데, 생사조차 알 수 없으니 가슴이 타들어갈 수밖에 없었다. 이우숙은 대북臺北(대만의 수도)에 있는 한교협회韓僑協會(교민협회)에 찾아가 고국에 있는 혈육을 찾아달라고 눈물로 호소를 했다. 때마침 대만을 방문한『동아일보』기자가 이 사실을 전해 듣고 이우숙을 인터뷰해 이석영·이규준 부자의 혈손들에 얽힌 기구한 사연이 세상에 알려지게 된 것이다.

 길고 처연했던 기다림에 대한 하늘의 보상이었을까? 아니면 만남과 이별이 반복되는 세상의 이치 덕분이었을까?『동아일보』보도를 계기로 이우숙은 1977년 8월 어느 날 어머니 한평우, 두 언니 온숙·숙온과 극적으로 다시 만나게 된다. 당시 세 자매의 눈가에 고인 눈물은 백마디 말을 대신했다. 어느새 긴긴 시간의 더께가 짙게 내려앉아, 우숙은 모국어를 기억해내지 못했다. 자매들 사이에서 흘러나오는 호북성 사투리만이 이규준의 세 딸이 헤쳐온 험난했던 세월을 역설적으로 말해주고 있었다.

제18장

역사의
뒤안길

　1945년 8월 15일, 대한민국은 일본의 항복으로 해방을 맞았다. 머나먼 이역에서 항일투쟁을 벌여온 수많은 독립운동가가 고국으로 발걸음을 재촉했다. 그해 11월 23일 상해임시정부 요인 제1진이 상해를 거쳐 국내로 들어왔다. 임시정부 주석 김구를 비롯해 부주석 김규식, 문화부장 김상덕, 선전부장 엄항섭 등 15명이었다. 일행 중에는 이규준의 셋째 숙부 이시영(국무위원)도 함께 자리하고 있었다. 42세, 중년의 나이에 고국을 떠났는데, 77세의 노공老公이 되어 돌아온 것이다.
　당시 이들 일행은 환국還國 직전에 상해 강남비행장에서 역사적인 기념촬영을 했다. 그런데 중절모를 눌러 쓴 이시영이 홀로

1945년 11월 5일 상해 공항에 도착한 임시정부 요인들. 사진 오른쪽의 중절모를 눌러 쓰고 눈물을 훔치는 사람이 이시영이고, 사진 중앙의 화환을 두른 사람이 백범 김구다.

눈물을 훔치는 모습이 사진에 고스란히 담겼다. 저동 육형제가 구국의 일념으로 서간도로 망명을 떠난 지 어언 35년, 그중에 살아서 해방된 조국 땅을 밟은 이는 이시영이 유일했다(제사 봉양 등을 위해 국내로 일찍 들어왔던 맏형 이건영도 해방 전에 별세했다). 아마도 풍찬노숙 끝에 숨져간 형제들의 얼굴이 아스라이 떠올라 격정과 회한의 뜨거운 눈물을 흘렸던 것인지도 모르겠다.

상해임시정부 요인들은 한동안 서울 종로구 평동에 있는 죽첨장竹添莊에 머물렀다. 수십 년 만에 그리던 고국에 돌아왔지만, 정작 자신들이 돌아갈 집이 없었기 때문이다. 이시영도 한때 죽첨장

신세를 지기도 했다.[1]

이시영의 사저 '무교장'

죽첨장에 이어 이시영이 지낸 곳은 서울 무교동 10번지 한옥이었다. 이곳에서 장남 이규봉李圭鳳 부부와 함께 지내게 된다. 1948년 7월 이시영이 제헌국회에서 부통령으로 당선되었을 때 기자들이 가족을 인터뷰하러 찾아간 곳도 무교동 한옥이었다.[2] 당시 언론에서는 부통령 시절 이시영이 머물던 공관이 혜화동에 있어 '혜화장'이라 칭했고, 이시영의 사저는 '무교장'이라고 부르기도 했다.[3]

죽첨장은 일제강점기 때 금광으로 돈을 번 최창학崔昌學이 지은 2층 건물이었다. 최창학은 상해임시정부 요인들이 환국하자 이 건물을 주석 백범 김구에게 거처로 제공했다. 일본식 이름이 못마땅했던 백범 김구는 근처에 있던 다리 경교京橋(경구교京口橋의 약칭)의 이름을 따서 건물명을 '경교장京橋莊'이라고 개명했다. 이후 경교장은 백범 김구가 1949년 6월 26일 안두희安斗熙의 흉탄에 서거할 때까지 3년 8개월간 집무실 겸 숙소로 사용되었다(경교장은 훗날 강북삼성병원 본관으로 쓰이다 2005년 사적史跡으로 지정되었다).

경교장에서 이어진 인연

이곳 '서대문 경교장'에서 김구와 이석영·이규준 부자의 혈손 간 인연이 다시 이어진다. 김구의 귀국 소식을 듣고 이규준의 둘째 딸 이숙온이 자신의 맏딸 김용애를 데리고 안부 인사를 하러 찾아간 게 계기가 되었다. 이숙온에게 백범은 그 누구보다도 고마운 어른이었다. 아마도 이숙온은 혹독했던 어린 시절에 자매들을 살펴주었던 백범에게 감사의 마음을 전하고, 모질고 힘들었던 세월을 살아낸 증거이기도 한 자신의 딸 김용애를 인사시키고 싶었을 것이다.

이즈음 이숙온 가족의 처지는 이역만리에서 귀환한 다른 독립운동가들의 신세와 다를 바 없었다. 선조들의 터전이 수백 년간 이어져온 곳이었지만, 이숙온에게 서울은 낯선 타향과도 같았다. 좀처럼 거처를 구하지 못해 사남매와 함께 이곳저곳을 전전해야 했다. 남편 김현수가 동성중학교 동창이자 막역한 친구이던 이종응을 만나게 된 게 그나마 다행이었다. 이숙온 가족은 몇 개월간 그 집에 의탁해 지내며 겨우 숨을 돌릴 수 있었다.

이숙온은 힘든 가운데서도 자녀들이 못다 한 학업을 이어가도록 했다. 김용애도 미동국민학교(현재 미동초등학교) 5학년에 편입해 다시 공부를 시작했다. 하지만 자기 가족도 건사하기 어렵던 시절에, 언제까지나 남편의 친구집에 얹혀살 수는 없는 노릇이었다.

오래전 상해에서와 마찬가지로, 이번에도 백범은 도움의 손길을 조용히 보냈다. 이숙온 가족의 딱한 사정을 듣고 안중근의 친척이 거주하던 중구 쌍림동의 한 적산가옥敵產家屋(일제나 일본인 소유의 집을 광복 후에 지칭하던 말)에서 함께 살 수 있도록 주선해주었던 것이다. 조국에 돌아온 백범이 중요하게 생각했던 것 중 하나는 바로 독립운동가의 후손을 찾아 보살피는 일이었다.

예의 적산가옥에 머물고 있던 안중근의 친척은 다름 아닌 안중근의 바로 아래 여동생 독립운동가 안성녀安姓女와 그 가족(아들 부부와 손녀), 안중근의 사촌 동생인 독립운동가 안홍근安洪根의 유가족(아들 부부와 자녀)이었다. 안성녀를 비롯해 아들 권헌權憲과 며느리 오항선吳恒善(건국훈장 애국장[1990년])은 물론, 안홍근(건국훈장 애족장[2010년])의 아들 안덕생安德生 부부 역시 조국 광복을 위해 헌신한 독립운동가였다. 이숙온 가족은 1946년부터 6·25전쟁 때까지 4년여 동안 이 집에서 안성녀 가족, 안홍근 유가족과 함께 한 지붕 아래 생활을 했다. 독립운동가 가족이라는 동질성 하나만으로도 세 집은 이웃사촌보다 더 가까운 사이가 될 수 있었다.

75년 만에 해후한 '쌍림동 아이들'

이숙온 가족이 들어가게 된 쌍림동 적산가옥은 1층에 점포가 있는 2층집이었다. 2층 한쪽 방에는 안홍근의 아들 안덕생 부부와 자녀들이 먼저 입주해 살고 있었다. 안홍근은 독립군에 투신해 일제에 맞서 싸우다 1928년 별세했다. 아들 안덕생은 만주 석목천에 이주해 독립운동 자금을 수합收合하고 전달하는 역할 등을 하다가 해방 뒤 남한으로 내려왔다. 오갈 데 없던 안덕생 가족의 딱한 처지를 듣고 김구가 주선해준 집이 바로 쌍림동 적산가옥이었다.[4]

그 뒤에는 안성녀 가족이 2층에 들어왔다. 남편과 함께 양복점을 운영하면서 수많은 독립군 제복을 짓고 독립운동 자금과 비밀문서를 전달하는 역할을 은밀히 해왔다. 며느리 오항선은 독립군에 가담해 무기 운반과 외부 연락 등의 임무를 수행했고 일제 경찰에 체포되어 고초를 겪기도 했다.

안성녀 가족은 해방 이후 중국에서 배편으로 부산에 들어온 뒤 서울로 올라왔다. 당시 임시 수용소에 머무르다 일가친척 집에 잠시 의탁하게 되었는데, 이 소식을 전해 들은 백범이 안덕생 가족이 살던 쌍림동 적산가옥에 들어와 살도록 주선했다.[5] 그 후 백범은 이규준의 둘째 딸 이숙온 가족도 쌍림동 적산가옥에 머무를 수 있도록 도왔으니, 입주 순으로 따지면 막내 격이었다. 이로써 쌍림동 '적산가옥'은 독립운동가 가족 세 가구가 함께 둥지를 튼 '광복 가옥'으로 탈바꿈하게 되었다.

이숙온 가족의 거처는 쌍림동 적산가옥 2층의 방 한 칸이었다. 2층 한쪽에는 장독대가 마련되어 있었는데, 세 가족의 부녀자들이 빨래를 널며 크고 작은 인생사를 이야기하는 집합 장소이기도 했다. 세 가정의 부군들이 해방 후 새 역할을 찾느라 분주히 바깥일을 보던 때라 부녀자들 간의 정리情理는 더욱 두터워질 수밖에 없었다.

이숙온의 맏딸 김용애도 한 지붕 아래의 또래들과 어울렸다. 당시 미동국민학교를 거쳐 이화여자중학교를 다닐 때였으니, 다른 두 집의 맏손주들보다 연배로는 대여섯 살 위인 언니이자 누나였다.

김용애에게는 쌍림동 적산가옥의 장독대에 얽힌 가슴 아픈 사연이 있다. 거의 매일 새벽녘이면 어머니 이숙온은 정화수井華水를 담은 물그릇을 장독대 위에 놓고 두 손을 비비며 무언가를 간절히 빌었다. 김용애에게도 절하고 빌도록 했는데, 김용애는 어린 마음에 겁도 나고 미신이라 여겨 이를 거부했다고 한다.

> 어머니에게 그만 좀 하시라고 울며 대들었어요. 한편으론 무섭고 창피하고 또 한편으론 전혀 이해할 수도 없었거든요. 훗날에야 어머니께서 하셨던 의식이 무엇을 뜻하는지 알게 되었지요. 그토록 바라시던 광복을 맞이했는데, 정작 고국 땅을 밟지 못하는 신세가 되신 할아버님과 아버님, 두 분의 명복을 빌고 넋을 위로하려 기도를 올리신 것이었어요. 초라한 제사상도 자주 차릴 형편이 안 되니 매일 물이라도 떠놓고 간절히 비셨던 거죠. 이역만리 타향에서 얼마나 외롭고 또 얼마나 원통하셨을까, 우리 모녀라도 위로해드려야겠다, 그렇게 생각하셨을 거예요. 돌이켜보면 어머니께 죄송스럽고 또 마음이 아픈 추억입니다.

쌍림동 적산가옥의 한 지붕 세 가족은 6·25전쟁으로 뿔뿔이

2024년 2월 2일, 김용애와 권혜영·권혁우는 무려 75년 만에 만나게 되었다. 사진 왼쪽 앞에 권혜영이 있고 그 뒤에 권혁우, 사진 오른쪽 앞에 김용애와 그 뒤에 김용애의 아들인 김창희가 있다.

흩어져 '이산가족'이 되었다. 그 후 서로 소식을 모르고 지내다 최근에야 운명처럼 연락이 닿았다. 2024년 2월 2일 부산에서 김현수·이숙온 부부의 맏딸 김용애와 안성녀의 손주이자 권헌·오항선 부부의 자녀인 권혜영과 권혁우의 극적인 만남이 이루어졌다. 무려 75년 만의 해후였다.

당시 9세와 15세였던 옛된 소녀들(권혜영과 김용애)은 어느새 구순의 문턱에 선 노인이 되었지만, 놀랄 만큼 또렷이 '쌍림동 시절'을 기억했다. 두 사람이 타임머신이라도 타고 그 시절로 돌아간 듯했다. 제 짝을 찾은 퍼즐 조각처럼 두 사람의 회고담도 정확히 일치했다. 독립운동가 두 집안의 장녀들이 공유한 기억들은 이제 기록으로 남을 것이고, 그렇게 모인 기록들은 역사의 뒤안길에 새겨지는 또 하나의 역사가 될 것이다. 그리고 우리 후대로 하여금 '독립운동가 이석영·이규준 부자'와 '독립운동가 안성녀·오항선 고부'를 더 가까이에서 추모하도록 이끌어줄 것이다.

답설踏雪

이숙온의 맏딸 김용애는 경교장에서도 알아주는 단골 방문객이었다. 이화여자중학교에 진학한 뒤에는 더욱 그랬다. 학교가 경교장 지척에 있으니 '김구 할아버지'가 생각날 때마다 찾아와 문을 두드렸다.

2층에서 하얀 한복을 입고 책상에 앉으셔서 항상 무엇을 쓰고 계셨던 걸로 기억해요. 별 할 이야기도 없으면서 '할아버지, 저 왔어요' 하면 '오냐' 하시면서 언제나 똑같은 말씀을 하셨지요. '너희 엄마, 고생 많이 했다. 엄마한테 잘해드려라. 열심히 공부하는 게 보답하는 길이다', 그런 말씀이셨어요.

1948년 이숙온·김용애 모녀는 백범 김구에게서 특별한 선물을 받았다. 새해 인사를 하러 경교장으로 찾아갔을 때였다. 백범이 세뱃돈이라면서 어머니 이숙온에게는 친필 서명을 한 자서전

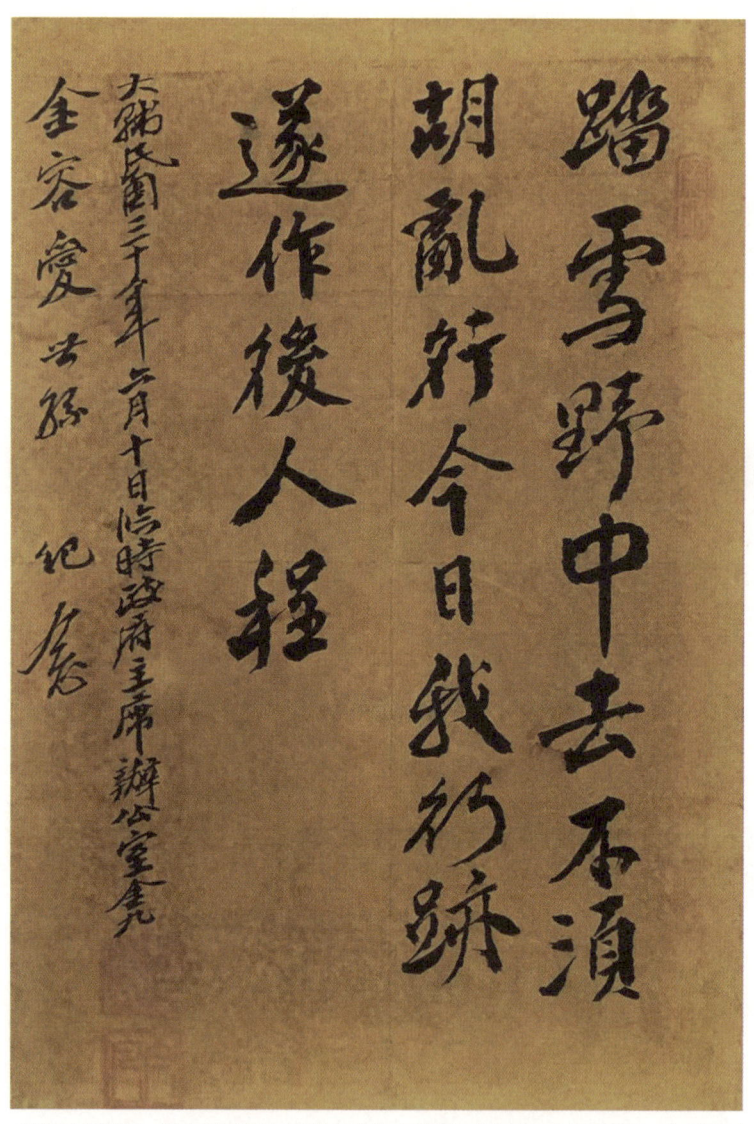

1948년 김용애는 백범 김구에게서 '답설'이라는 제목의 친필 휘호를 선물받았는데, 백범이 '김용애 세손'이라고 쓴 것은 손녀딸처럼 여겼다는 방증이다.

『백범일지』를, 딸 김용애에게는 '답설踏雪'이라는 제목의 친필 휘호를 써서 준 것이다.

踏雪野中去
눈 덮인 들판을 걸어갈 때
不須胡亂行
함부로 걷지 말아라
今日我行跡
오늘 내가 걸어간 발자국은
遂作後人程
뒷사람의 길이 되리니.

원래 '답설'은 조선 후기의 문장가인 산운山雲 이양연李亮淵이 지은 한시로 평소 백범이 애송하던 시이기도 했다. 백범은 답설 휘호에 "대한민국 30년 2월 10일 임시정부 주석 판공실(집무실) 김구, 김용애金容愛 세손世孫 기념"이라는 글씨를 손수 써주었다.

예부터 '세손'이란 왕세자의 아들을 일컫는 말이지만, 일반적으로 족보에서도 몇 대손, 몇 세손으로 칭하는 경우가 적지 않다. 백범이 김용애를 세손이라 칭한 것은 한 가족, 즉 손녀딸처럼 여겼다는 방증이라고 할 수 있을 것이다.

'답설'의 후반부 '오늘 내가 걸어간 발자국은 뒷사람의 길이 되리니'라는 대목도 의미심장하게 다가온다. 돌아보면, 이석영·이규준 부자의 생애는 후대에 길이 될 만한 삶의 편린들로 채워져 있었기 때문이다.

도난당한 추억

백범이 선물한 『백범일지』는 이숙온에게 가보이자 보물 1호였다. 백범이 친필로 써준 '세질世姪 이숙온李淑溫 기념'이라는 글자를 훈장처럼 여겼다. 혹시 손이라도 탈까봐 쌍림동 적산가옥의 다다미를 들어올려 그 밑에 보관했을 정도였다. 이숙온은 6·25전쟁 통에 피난을 다니는 동안에도 『백범일지』와 친필 휘호를 소중히 품에 챙기고 다녔다.

그런데 6·25전쟁이 끝날 무렵, 사달이 나고 말았다. 서울로 돌아가는 길에 친지와 시댁 가족들이 있는 청주에 잠시 머물 때였다. 송재원이라는 사돈 친척 아이가 『백범일지』를 훔쳐 헌책방에 팔아치우고 만 것이다. 돈을 주어 다시 찾아오도록 시켰지만, 책은 이미 팔려나간 뒤였다. 이숙온으로서는 펄쩍 뛸 노릇이었다. 『백범일지』를 되찾기 위해 백방으로 수소문했지만 모두 헛수고였다.

이숙온에게 『백범일지』는 단순히 책이 아니었다. 이석영·이규준 부자의 혈손으로서 힘들었던 시절을 견뎌낸 데 대한 인정과 보상과도 같은 선물이었다. 또한 '고마운 아저씨' 백범 김구를 추억할 수 있는 유일한 물건이기도 했다. 그나마 다행인 것은 백범의 친필 휘호만큼은 탈없이 건사할 수 있었다는 사실이다.

백범의 친필 휘호 '답설'은 김용애에 이어 아들 김창희가 현재 소장하고 있다. 2022년 백범김구기념관에서 열린 특별전시 '김구, 마음을 전하다'에 '답설'이 처음으로 세상에 공개되어 감동과 울림을 전해준 바 있다. 이숙온·김용애 모녀와 백범 김구의 친필 휘호 '답설'에 얽힌 사연, 이석영·이규준의 후손으로 인정받기까지의 극적인 이야기는 『백범회보』에 「독립운동가의 후손으로 산다는 것: 김용애 씨를 만나다」라는 기사로도 소개되었다.[6]

김용애가 기억하는 두 할아버지 이시영과 정인보

김용애는 해방 후 설날과 추석 같은 명절 때면 어머니 이숙온과 함께 찾아뵙던 두 분의 할아버지가 있었다. 한 분은 외증조부인 이석영의 동생인 이시영 할아버지이고, 또 한 분은 '사돈 집안 할아버지' 정인보였다.

김용애에게 이시영 할아버지의 서울 무교동 한옥에 가는 날은 '절하러 가는 날'이기도 했다. 늘 많은 일가친척이 집에 찾아왔는데, 그때마다 어른들이 "어서 인사드려라"고 하면 큰절을 올리기도 했다. 어린 나이라 호칭도 익숙하지 않고 누가 누구인지 구별도 잘 안 되었다. 하지만 일가 어른들을 한자리에서 볼 수 있다는 것 자체가 생경하면서도 신기한 경험이었다.

김용애는 정인보 할아버지를 '책 할아버지'로 기억하고 있다. 서울 남산동 집에 인사드리러 가면 방 안이 온통 책으로 가득 차

앉을 자리가 별로 없을 정도였다고 한다.

어머니가 '숙온이 왔어요'라며 집에 들어서면, 정인보 할아버지는 늘 '오냐' 하며 맞아주셨어요. 이런저런 말씀을 해주셨지만, 눈으로는 책 구경을 하느라 정신이 없었지요. 바닥에서 천장까지 책들이 사방으로 쌓여 있었는데, 세상에 그렇게 많은 책은 처음 보았어요. 어머니와 정인보 할아버지께서 말씀을 나누시는 동안, 밑에 있는 책을 빼낼 땐 어떻게 하실까, 이 많은 책을 다 보신 걸까, 어린 마음에 그런 생각만 떠올랐죠. 지금도 벽마다 쌓여 있던 엄청난 책들이 눈에 선합니다.

정인보의 집은 누가 봐도 학자의 집이었다. 엄청난 독서량이 한학자이자 역사학자인 그의 학문적 성취를 말해주고 있었다. 어쩌면 그때 그 책에 대한 강렬한 인상이 김용애로 하여금 어려운 여건 속에서도 대학(이화여자대학교)까지 학업을 이어가도록 이끌어준 자극제가 되었는지도 모르겠다.

그런데 이숙온과 김용애의 남산동 집 방문은 그 후 더는 이어지지 못했다. 안타깝게도 정인보가 1950년 6·25전쟁 때 북한으로 피랍되어 소식이 끊겼기 때문이다. 그때 정인보의 나이 58세였다.

저동 육형제의 명동 땅 그 후

이석영을 비롯한 육형제는 서울 저동(명동과 을지로 입구) 일대에 집과 토지를 소유하고 있었다. 그리고 그중 상당 부분은 미처 처분하지 못한 채 서간도 집단 이주에 나설 수밖에 없었다. 자칫해서 매각 사실이 일제에 들통나면 망명 계획을 망칠 우려가 있었기 때문이다. 그렇다면 저동 형제들이 처분하지 못했던 저동 일대의 부동산은 그 후 어떻게 되었을까?

역사학자 이덕일은 이석영과 형제들이 명동과 을지로 입구 일대의 토지(현재 명동 로얄호텔과 은행회관 일대) 8,000여 평(2만 6,446제곱미터)을 제대로 처분하지 못한 채 망명한 것으로 추정했다.[7] 전 행정자치부 장관 허성관은 이 땅의 가치가 2015년 당시 공시지가로 대략 1조 원에 이를 것으로 추산하기도 했다.[8]

조선총독부는 1912년부터 대대적인 토지조사사업을 진행했다. 이 과정에서 저동 육형제가 처분하지 못한 저동 일대의 토지 중 상당 부분이 국유지, 즉 조선총독부가 관장하는 땅으로 편입된 것으로 보인다. 당시 토지 소유권을 인정받으려면 까다롭고 복잡한 과정을 거쳐야 했고, 확인과 이의신청 기간도 짧아 바뀐 제도에 대처하기 어려웠다.[9] 그러니 '망명한 부재지주'가 소유권을 인정받는 방법은 사실상 없었다 해도 과언이 아닐 것이다.

조선총독부는 이러한 방식으로 수용한 조선인들의 토지를 일본인이나 일본 기업에 싼값에 매각하거나 불하拂下해 부를 쌓고

자본을 축척하도록 했다. 망명 전 이석영이 소유했던 것으로 추정되는 서울 중구 저동1가(당시 영락정 1정목) 대지 약 298평(985제곱미터, 중앙극장 자리)도 비슷한 과정을 거쳐 일한와사전기주식회사 日韓瓦斯電氣株式會社가 소유하게 된 것으로 여겨진다.[10] 일한와사전기주식회사는 일본의 유명 기업가 시부사와 에이이치澁澤榮一가 조선의 전기와 가스 공급을 장악하기 위해 세운 회사였다.

일찍이 월남月南 이상재는 이석영 형제의 헌신을 칭송하며 "나라를 다시 찾으면 그 집안의 재산은 나라에서 다 돌려주어야 한다"고 말했다. 그런가 하면 저동 육형제 중 다섯째인 이시영은 해방 후 이승만 대통령 측에게서 명동 땅을 돌려주겠다는 제안을 받기도 했다고 한다. 하지만 이시영은 '우리 형제들이 대가를 바라고 독립운동을 한 게 아니다'면서 이를 일언지하에 거절했다고 전해진다.

춘래불사춘

말 그대로 춘래불사춘春來不似春(봄이 왔지만 봄 같지 않다)이었다. 조국은 광복을 맞이했지만, 상당수 독립운동가와 그 가족들은 '광복'을 실감하지 못할 정도로 힘겨운 역경을 겪어야 했다. 독립과 새로운 조국을 꿈꾸며 희생하고 헌신했던 독립운동가들에게 정작 조국은 그다지 '헌신적'이지 않았다.

세상에 대가를 바라고 독립운동에 일생을 바친 독립운동가는 아마 한 사람도 없을 것이다. 하지만 많은 독립운동가 가족이 해방된 조국에서 겪었던 고초를 돌이켜보면, 일제가 독립운동의 의지를 꺾기 위해 퍼뜨렸다는 "독립운동을 하면 3대가 망한다"는 이야기가 허황되게 들리지만은 않는 듯하다.

이건영·이규훈 부자의 삶

저동 육형제 중 맏형 이건영의 후손들이 광복 후 조국에서 겪었던 일도 이와 크게 다르지 않았다. 이건영은 예순을 앞둔 나이에 이석영을 비롯한 동생들과 서간도로 망명해 독립운동에 뛰어들었다. 경학사와 신흥무관학교 설립을 지원했고, 또 서당을 열어 한인 자제들에게 민족의식을 고취시키는 교육가의 삶을 살았다. 다른 형제들과 달리 선산을 지키고 제사를 봉양하기 위해 고향으로 일찍 귀환하기는 했지만, 국내에서도 일제 경찰이 계속 감시하는 '요시찰 인물'로 생을 마감했다.

이건영의 아들들도 광복을 위해 헌신했다. 둘째 아들 이규면은 신흥무관학교를 졸업한 뒤 중국 상해에서 독립운동을 하다 병사했다. 셋째 아들 이규훈은 신흥무관학교를 졸업한 뒤 상해 등지에서 숙부 이시영을 도와 독립운동을 했다.[11] 그는 해방 이후 귀국했으나 6·25전쟁 때 자원입대해 참전했다가 실종되고 말았다. 이규훈의 장남도 자원입대해 참전했다가 옹진 작전 때 전사했다. 독립을 이루고 나라를 지키기 위해 목숨까지 바친 이들 3대의 삶은 후대의 지표라고 할 수 있다.

장생전을 집 삼아

그런데 이규훈 부자가 세상을 뜬 이후 남겨진 가족들은 말로 형용하기 어려운 고초를 겪게 된다. 당시 이규훈의 아내인 조완순 趙完順과 네 자녀는 구황실 재산인 '장생전長生殿(서울 이화동 27번지)'이라는 6칸짜리 낡은 가옥에 살고 있었다. 장생전은 과거에 황실의 장례 때 쓸 관곽棺槨(관을 짜는 널)을 보관하던 곳이었다. 구황실 재산 중 가장 허름한 창고를 겨우 사람이 살 수 있는 정도로 손질해 거처로 삼았던 것이다.

조완순과 가족들이 그나마 장생전에라도 발을 붙일 수 있었던 것은 구황실과의 인연 때문이었다. 30여 년 만에 고국에 돌아온 조완순 가족은 해방 후 2년이 지나도록 살아갈 방 한 칸 구하지 못하고 어렵게 지내고 있었다. 구황실의 어른인 순정효황후 윤씨(순종의 계비)가 조카뻘 되는 조완순의 딱한 사정을 듣게 되었고, 황실 관례에 따라 장생전을 알선해주었던 것이다.[12]

그렇게 몇 년이 흐르던 어느 겨울날 시련이 시작되었다. 구황실 재산을 관리하기 위해 설립된 정부기관인 '구황실재산사무총국舊皇室財産事務總局'이 갑자기 집을 비우라며 압박을 해오기 시작한 것이다. 장생전을 다른 용도로 사용할 계획이라는 게 총국 측이 내건 명분이었다. 조완순 가족은 졸지에 엄동설한 속 길거리로

조완순 가족은 순정효황후 윤씨의 도움으로 장생전에 살게 되었지만, 구황실재산사무총국이 집을 비우라고 해서 길거리로 내쫓길 처지에 놓이게 되었다. (『동아일보』 1957년 10월 13일)

내쫓길 처지에 놓이게 되었다. 조완순의 시삼촌인 전 부통령 이시영이 서거한 지 3년 만에 벌어진 일이었다.[13]

오리발과 진상

그 뒤로 '총국' 관리들은 가옥을 명도하라며 기왓장을 들어내거나 집 일부를 허는 등 갖은 횡포를 부렸다. 순정효황후 윤씨에게 하소연도 해보았지만, 국가에서 황실 재산을 관리하도록 법제가 바뀌어 구황실 어른조차 손을 쓸 수가 없었다. 이 사연이 신문을 통해 알려지자 '총국' 국장인 윤우경尹宇景은 이렇게 오리발을 내밀었다.

집이 너무 낡아서 헐 방침이었다. 그러나 사람이 살고 있는데 기와를 벗겼다는 말은 처음 들었다. 사후 조처를 선처하겠다.[14]

그러나 윤우경의 말과 달리 선처는 없었다. 집을 비우라는 성화와 횡포는 이어졌고 결국 조완순 가족은 쫓겨나듯 장생전을 떠나야 했다. 수년 뒤에야 이 일의 진상이 세상에 알려졌다. 4·19혁명으로 이승만 정권이 물러난 뒤 벌어진 혁명재판에서였다.

장생전의 명도 횡포를 주도한 것은 윤우경이었다. 윤우경은 장생전을 비롯한 황실 부동산과 미술품 등 황실 재산을 임의로 부정 처분해 거액의 정치 자금을 마련한 혐의로 기소되었다.

더욱 기가 막힌 사실도 전해졌다. 혁명검찰의 발표를 통해 윤우경이 "일제강점기 때 고등계高等係 주임을 지낸 일본의 주구"(박창암 혁명검찰 부장 발표)였다는 전력이 밝혀진 것이다.[15]

'고등계'는 독립운동을 감시하고 탄압하는 일을 전담하던 일제 경찰 부서였다. 해방된 조국에서 결국 일제 경찰 출신 친일파 관료가 자신의 출세를 위해 독립운동가의 후손을 집에서 쫓아내는 아이러니한 사태가 벌어졌던 것이다. 그런데 이렇게 독립투사의 가족들이 고초를 겪는 상황은 비단 조완순 가족에게만 벌어진 것이 아니었다. 그야말로 '춘래불사춘'이었다.

든든한 후원자 이호영의 마지막 길

중국 북경에 거주하던 이규준의 막내숙부 이호영과 그 가족은 안타깝게도 1932년 무렵 갑자기 소식이 두절되었다. 이호영은 1925년 김달하 사건에 이어 1926년 일본 총영사관 폭탄 투척 사건 등으로 일제의 표적이 되어 집중 추적을 받고 있었다. 이호영이 일제 밀정의 함정에 빠져 가족과 함께 변고를 당한 것으로 알려져 있지만, 그가 어디에서 어떻게 최후를 맞이했으며, 어느 곳에 묻혀 있는지에 대해서는 전혀 밝혀진 바가 없다. 국가보훈부 독립유공자 공적조서에도 그의 사망 연월일이 '미상'으로 기록되어 있다.

저동 육형제 중 막내였던 이호영은 서간도 망명 이후 조국의 독립을 위해 묵묵히 헌신해왔다. 신흥무관학교 시절에는 둘째 형 이석영을 도와 재정 업무를 도맡았고, 봉천에 이어 북경으로 이주한 뒤에는 소경창 호동에서 한인 유학생을 위한 하숙집을 운영하며 많은 독립지사를 뒷바라지했다. 신채호가 『조선상고사』 초고를 쓴 곳도 바로 그의 하숙집이었다. 1924년에는 북경한교동지회에 발기인으로 참여하며 본격적으로 대외 활동에 나서기도 했다.

이호영은 조카 이규준에게도 밖으로 드러나지 않은 든든한 후원자 역할을 했던 것으로 보인다. 김달하 사건 등을 시작으로 다물단 활동을 적극 지원했고, 일본 총영사관 폭탄 투척 사건에서 보듯 이규준을 위해서는 위험한 일도 마다하지 않았다. 이제부터라도 이규준을 비롯해 이호영과 그 가족처럼 아직도 머나먼 이역에서 타향살이를 하고 있을 수많은 독립운동가의 넋이라도 위로할 수 있도록 '유혼 찾기 사업'이 시작되었으면 하는 바람이다.

80년 만의 서훈

광복 이후 이석영·이규준 부자는 세상에 존재하지 않았던 사람처럼 세상 사람들의 기억 너머로 사라져갔다. 세간에 이름이 전혀 알려지지 않았던 이규준은 두말할 필요가 없겠지만, 독립운동가들 사이에서 신흥무관학교를 설립한 공로자이자 많은 독립지사를 조용히 도운 후원자로서 존경을 받았던 이석영마저 '잊힌 존재'가 된 것은 의외였다.

최고의 자산가로서 서간도에서 구국의 뜻을 펴던 시기에 이석영의 곁에는 많은 이가 자리해 있었다. 반면 훗날 헐벗고 굶주리며 늙어가던 그의 곁에는 아내만이 남아 있었을 뿐이다. 일찍이 『한민』에는 '이석영 씨의 공'이라는 추모의 글에서 '야속한 세태'를 이렇게 지적한 바 있다.

> 서간도 이주의 선진자先進者, 그중에도 신흥학교의 유일한 공로자가 이석영 씨인 것을 아는 이가 매우 드문 듯하다. 그의 공功을 가히 알 만한 이들도 그의 공을 세상에 공포公布치 않는 것 같다.[16]

아마도 염량세태炎涼世態(세력 등이 있고 없음에 따라 변하는 세상인심)는 아니었을 것이다. 독립운동으로 명성을 얻은 이들이 있는가 하면, 독립운동에 헌신하다 이름 없는 존재로 역사의 뒤안길로 사라져간 이들 또한 숱하게 많았으니 말이다. 하기야, 그 시절 독립투사들에게 조국의 광복 이외에 이름을 얻고 말고가 무슨 의미가 있었을까?

하지만 역사의 그늘에 묻힌 '무명'의 독립운동가들에게 이름을 되찾아주는 것, 그리고 그 뜻을 후대와 함께 기리는 것은 그들이 그토록 헌신해 이루려 했던 '광복을 이룬 조국'이 마땅히 해야 할 책무이기도 했다.

저동 형제들 중 가장 먼저 국가에서 공훈을 인정받은 이는 이시영이었다. 이시영은 부통령 재임 시절인 1949년, 대통령 이승만과 함께 건국훈장 대한민국장(1등급)을 수훈했다. 그 뒤 독립유공자에 대한 훈포상은 10여 년간 중단되었다가 제3공화국이 수립되면서 1962년에 재개되었다. 이때 저동 육형제 중 두 번째로 이회영에게 건국훈장 국민장(현재 3등급인 독립장)이 추서되었다.

이석영은 1968년 제49회 3·1절 기념일을 맞아 시행된 독립유공자 훈포상에서 대통령표창이 추서되었다. 서거 후 34년 만의 일이었다. 그런데 당시 훈포상에서 이석영의 조카 이규창에게 '육삼정六三亭 의거(상해 주재 일본 공사 암살 시도 사건)' 계획 참여 등으로 건국훈장 국민장이 서훈되어 대조를 이루었다. 일반적으로 독립운동 서훈은 건국훈장, 건국포장, 대통령표창 순으로 격이 나뉘는데, 공교롭게도 이석영이 받은 대통령표창은 가장 훈격이 낮은 것이었다(건국훈장은 대한민국장[1등급], 대통령장[2등급], 독립장[3등급], 애국장[4등급], 애족장[5등급]으로 구분된다).

이석영에게는 대한민국이 건국한 지 거의 반세기가 지나가던 1991년에야 건국훈장 애국장이 추서되었다. 같은 해에 저동 육형제 중 셋째로 경학사 사장 등을 지낸 이철영도 예전 대통령표창(1982년)에 이어 건국훈장 애국장이 추서되었다.

저동 육형제의 맏형 이건영은 1999년 건국훈장 애족장을, 막내인 이호영도 2012년에 이르러 건국훈장 애족장이 추서되었다. 이로써 서간도로 집단 망명을 했던 저동 육형제는 모두 독립유공자로 이름을 올리는 진기록을 남기게 되었다.

저동 육형제의 아들들도 대부분 독립운동에 매진했지만, 그중 일부만 독립유공자로 서훈되었다. 1990년 이회영의 둘째 아들 이규학이 군자금 모집 활동 등으로 공훈을 인정받아 건국훈장 애족장이, 2008년에는 이시영의 아들 이규봉이 신흥무관학교 학감 활동 등의 공훈으로 건국포장이 추서되었다.

다물단을 이끌며 일제의 간담을 서늘케 했던 이규준은 어땠을까? 이규준은 독립운동 자금 모집 사건으로 옥고를 치른 공훈으로 2008년 건국훈장 애족장이 추서되었다. 1928년 중국 석가장에서 별세한 지 80년 만의 서훈이었다.

그런데 공교롭게도, 이규준의 주요 활동 내역이라고 할 다물단의 의열 투쟁은 '공훈록'에 한 글자도 올라 있지 않았다. 이는 이규준의 생애에 대한 사료 발굴 등 추가적인 연구가 필요하다는 것을 상징적으로 보여주는 사례라고 할 것이다.

제19장

절손에서
직계 후손으로

시간은 다시 유수처럼 흘러 이규준의 외손녀 김용애 또한 슬하에 2남 2녀를 둔 한 가정의 어머니가 되었다. 김용애는 이화여자대학교 사회생활학과(현재 사회과교육과)를 나왔는데, 당시 학위증을 수여한 당사자는 김활란 총장이었다. 그는 김용애의 외조부 이규준이 처단한 밀정 김달하의 처제이기도 했으니 참으로 공교로운 인연이었다.

김용애의 시댁은 독실한 천주교 집안이었다. 김용애는 성당에 다니게 되면서 죽은 이들을 위한 기도인 '위령慰靈 기도'를 알게 되었다. 친정 부모 이숙온과 김현수도 세례를 받고 천주교에 입교하면서 새로운 전통이 시작되었다. 양가가 함께 조상들에게 위령 미사를 드리고 위령 기도도 바치게 된 것이다. 이렇게 아버지 이규준, 할아버지 이석영을 위한 이숙온과 가족들의 기도가 '장독대 정화수'를 대신하게 되었다.

그런 가운데 많은 인연이 지고 또 움텄다. 세월의 수레바퀴는 오래전 곁을 내주었던 이들을 세상 저편으로 이끌었다. 아버지 김현수(1981년)에 이어 두 이모 이온숙(1984년)과 이우숙(1987년), 그리고 어머니 이숙온(1994년)이 차례로 그 수레에 올랐다. 김용애가 올리는 위령 기도도 점점 길어졌다. 이제 외증조부 이석영, 외조부 이규준을 김용애 가족과 함께 추모할 수 있는 이들은 이종사촌 최광희(이온숙의 딸)를 비롯한 몇몇 이종姨從(이모의 자녀) 가족뿐이었다.

가슴에 못이 된 단어

불과 수년 전까지만 해도 외증조부 이석영의 이름은 세상에 거의 알려지지 않았다. 묵묵히 누군가에게 등을 내주었던 그의 생애가 그러했던 것처럼, 두 동생 이회영과 이시영의 이름 뒤에 머물러 있었기 때문이다.

김용애와 자녀들은 외증조부 이석영과 외조부 이규준에게 훈장이 추서되었다는 사실도 훗날에야 알았다. 후손으로서 긍지와 자부심이 컸지만, 유족으로 등록해 예우보상을 받는 것은 아예 생각조차 하지 않았다. 행여 외증조부와 외조부의 오롯한 희생과 헌신에 누를 끼치는 게 아닐까 염려되었기 때문이다. 그저 가풍대로 "존재하되 드러내지 않는 삶"을 추구하는 것이 후손으로서 옳은 도리라고 여겼다. 이석영·이규준 부자의 직계 혈손이 딸이라는 점도 이온숙·이숙온·이우숙이 평생 자신들을 내세우지 않았던 또 하나의 배경으로 작용했을 것이다. 그 시절만 해도 결혼한 딸을 '출가외인'으로 간주하는 풍조가 팽배했기 때문이다. 그러나 자신을 내세우지 않는 것과 두 분의 후손임을 부인당하는 것은 전혀 다른 문제였다.

2021년 2월 어느 날 경기도 남양주시에서 외증조부 이석영의 추모식 겸 장례식이 열렸다는 소식이 들려왔다. 순국 87년 만에 처음으로 이석영을 기리는 공식 행사라고 했다. 경기도 남양주시 화도읍은 이석영의 가오곡 집이 자리했던 곳이다.

추모식은 이석영의 후손이 최소한 유족이나 주빈 자격으로 참석해야 하는 행사였다. 하지만 이석영·이규준 부자의 직계 후손인 이온숙·이숙온·이우숙의 자녀들 중 누구도 공식적으로 그 자리에 초대받지 못했다.

2021년 2월 뉴스를 보다 보니 '독립운동가 이석영 선생 순국 87주기 추모식'이 열렸다는 거예요. 그런데 직계 후손이 없어 그동안 장례를 치르지도 못했다고 하더라고요. 가족은 1927년에 모두 몰살당했다고. 내가 이렇게 살아 있는데, 너무 속상하고 기가 막혔죠. 내가 굳이 나서지 않아도 알 만한 사람은 다 알겠거니 했는데, 이제 이 사

실을 아는 사람은 다 돌아가셨더라고요.[1]

물론 이규준의 세 딸에 대한 공식적인 기록이 없던 상황이라 불가피한 측면도 있었을 것이다. 하지만 후손의 유무를 단정할 수 없었다면 적어도 '절손'이라는 마침표 대신 '미확인'이라는 물음표를 남겨야 했다.

신문에서 '절손'이라는 단어를 접하는 순간, 혈손들은 가슴이 무너져 내렸다. 자손으로서 존재를 부정당했기 때문이다. 이규준의 세 딸 온숙, 숙온, 우숙은 그럼 대체 누구의 후손이고, 그 세 딸이 자녀들과 함께 오랜 기간 묵묵히 이어왔던 '조용한 추모 의식'은 과연 누구를 위한 것이었다는 말인가? 절손이라는 단어는 날카로운 못이 되어 김용애의 가슴에 깊이 박혔다.

망망대해에 띄운 일엽편주

김용애는 자신이 뭔가 잘못해 이런 기막힌 일이 벌어진 게 아닐까 해서 어머니 이숙온과 두 이모 이온숙·이우숙에게 죄스럽기만 했다. 어머니와 두 이모, 그 자녀들은 외증조부 이석영과 외조부 이규준이 험난한 시대를 살아낸 흔적이자 증거였다. 절손을 기정사실화하는 행위는 두 분 할아버지가 남긴 삶의 자취를 부정하는 것과 다를 바 없었다. 왜곡과 오류를 바로잡아야 했다. 이석영과 이규준에게는 세 딸과 세 손녀가 있었으며, 그 후손들이 현재 여러 명 생존해 있다는 사실을 밝혀야 했다.

이석영·이규준 부자가 모두 독립유공자이기에, 두 분의 후손임을 공식적으로 인정받는 길은 하나뿐이었다. 바로 국가보훈부에 '독립유공자 유족'으로 등록 신청을 하고 가족관계를 공인받는 것이었다. 김용애는 이온숙의 딸인 이종사촌 최광희와 함께 유족 등록 신청을 하기로 마음먹고 준비 작업에 나섰다. 이때만 해도 김용애는 후손으로 인정받는 과정이 그토록 가슴 아프고 험난한 길이 되리라고 생각조차 하지 못했다.

거대한 벽

일반적으로 가족관계를 검증하는 기본 절차는 제적등본(옛 호적등본)과 당사자 집안의 족보 등 관련 서류를 대조해 확인하는 과정으로 시작된다. 그런데 김용애의 시도는 첫걸음부터 거대한 벽에 가로막히고 말았다. 가족관계 서류로는 어머니 이숙온이 이규준의 딸이라는 사실을 확인할 수 없었기 때문이다. 이숙온의 옛 호적부, 즉 일제강점기에 작성된 민적부에는 아버지의 이름이 본관이 경주인 '이종각李鍾珏'으로, 어머니는 한씨韓氏로 기재되어 있었다.

일제강점기에 이숙온은 중국에서 20여 년간 호적이 없는 '무적' 상태로 지내다가 1934년 김현수와 결혼한 뒤 출산을 앞두고 국내로 들어왔다. 이때 곧 태어날 아기를 위해 최초로 민적 신고를 했

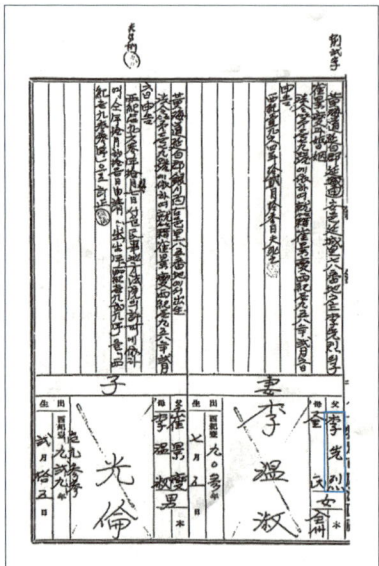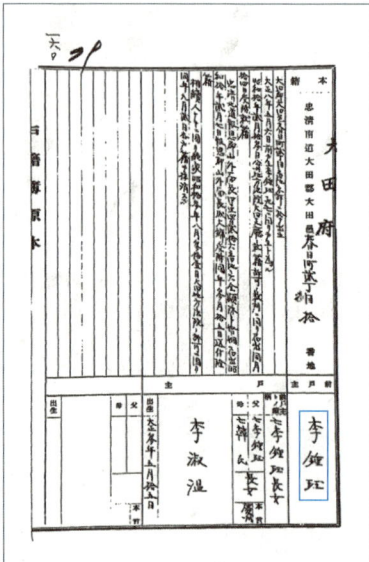

이온숙의 옛 호적에는 아버지 이름이 '이선열李先烈'로 적혀 있었고(왼쪽), 이숙온의 민적부에는 아버지 이름이 본관이 경주인 '이종각李鍾珏'으로 되어 있었다(오른쪽).

는데, 아버지의 이름을 이명인 '이종각'으로 기입했던 것이다. 일제의 서슬이 퍼렇던 그 시절에, '다물단' 의열 투쟁으로 일제 경찰의 지명수배를 받았던 아버지의 본명을 그대로 적을 수는 없었을 것이다. 엄혹했던 시대 상황이 빚어낸 서글픈 과거사였다.

이종사촌 최광희도 상황은 비슷했다. 그의 어머니 이온숙의 옛 호적에는 아버지 이름이 이규준이 아닌 '이선열李先烈'로 적혀 있었다.

이대로라면 희망이 없어 보였다. 난관을 뚫을 뾰족한 방안도 보이지 않았다. 노구를 이끌고 심력心力을 쏟아온 김용애의 한숨

이 나날이 깊어졌다. 주위에서 "안됐지만 그만 포기하라"는 충고 아닌 충고도 이어졌다. 하지만 결코 주저앉아 있을 수는 없었다. 어머니 이숙온에게 '당신의 아버지 이규준, 할아버지 이석영'을 꼭 되찾아 드리고 싶었다. 그것이 이번 생에서 자신이 해내야 할 마지막 사명이라고 여겼다.

고군분투하는 김용애의 모습을 보다 못해 아들 부부가 소매를 걷어붙였다. 제적 서류와 경주이씨 족보에서 이규준과 딸 이숙온의 연결고리가 발견되지 않았으니, 접근 방식을 바꿔야 했다. 우선, 정황 증거가 될 만한 자료와 사진들을 다시 모았다. '조국의 혈연을 찾아달라'는 제목으로 이규준의 셋째 딸 이우숙의 애타는 심정과 기구한 가족사를 전한 『동아일보』(1967년 10월 14일) 기사, 도산 안창호가 주례를 선 이규준의 맏딸 이온숙의 1929년 상해 결혼식 사진, 백범 김구가 해방 후 1948년 새해 선물로 '세손' 김용애에게 써준 '답설' 친필 휘호, 이석영의 맏며느리이자 이규준의 아내인 한평우가 1977년 대만의 셋째 딸 우숙과의 재회 때 찍은 가족 사진, 온숙·숙온·우숙 세 자매가 함께 찍은 사진 등 결정적인 물증과 여러 후손의 일관된 주장은 모두 한 방향을 가리키고 있었다. 이들이 한 가족이며 독립운동가 이규준의 아내와 딸들이라는 사실을.

하지만 공문서보다 더 구체적인 정황과 정보가 담긴 자료와 사진으로도 현실 제도의 벽을 넘을 수는 없었다. 공식적인 독립유공자 유족 검증 과정에서 이러한 자료나 사진은 검토 대상이 아니었다. 오직 호적부나 당사자 집안의 족보 등 가족관계 증명 서류가 후손 검증의 기본이기 때문이었다. 결국 다시 원위치로 돌아온 셈이었다.

어려운 가운데서도 희망의 끈을 끝까지 놓지 않았던 것은 진심으로 격려와 응원을 보내준 이들 덕분이었다. 특히 백범김구기념관 관계자들의 조언은 큰 도움이 되었다. 그들은 수많은 독립운동가가 여러 이명으로 활동할 수밖에 없었던 시대 상황 등을 설명해주면서 끝까지 포기하지 말라고 용기를 북돋아주었다. 『한겨레21』은 김용애와 최광희 일가의 사연에 귀기울이고 기사로 여론의 물꼬를 틔워주었다.

극적 반전

마침내 결정적인 공문서가 대만에서 나왔다. 김용애와 가족들은 대만에서 휴대전화 메신저로 전달받은 한 장의 사진을 보고 벅차오르는 감격과 흥분을 감추지 못했다. 사진에 담긴 막내 이모 이우숙의 호적등본에는 '부父 이규준李圭駿, 모母 한씨韓氏'의 3녀三女라는 글자가 또렷이 기입되어 있었다. 이석영, 이규준, 이온숙·이숙온·이우숙으로 이어지는 직계가족이 공문서를 통해 최초로 확인되는 순간이었다.

두 언니와 달리, 이우숙은 중국인 장교 장황권과 결혼해 전쟁터를 전전하다 대만으로 건너와 정착했다. 아버지가 '독립운동가 이규준'이라는 사실을 감출 필요도, 이유도 없기에 호적 신고를 할 때 본명을 그대로 기입했던 것이다. 호적등본에는 이우숙의 성명이 '장이우숙張李又淑'으로 기재되어 있는데, 이는 대만이 '복성주의複姓主義'를 채택하고 있기 때문이다. 복성주의란 여성이 결혼하면 본래 자기 성씨에 남편의 성씨를 덧붙여 쓰는 것을 말한다.

이우숙의 호적등본을 떼어 사진으로 보내준 사람은 2~3대 대만한인회장을 지낸 임병옥(당시 대한민국재향군인회 대만지회장)이었다. 1977년 가족 재회 후 한동안 편지 왕래를 했던 온숙·숙온·우숙 자매들은 1980년대 이후 서로 소식이 끊긴 상태였지만, 김용애와 아들 부부는 이우숙의 대만 호적 서류에서 이규준과 관련된 단서를 찾을 수 있지 않을까 하는 한 가닥 기대를 갖고 있었다.

그간 국내에 있는 이규준의 혈손들은 소장하고 있던 몇몇 자료를 이용해 이우숙의 가족을 찾기 위해 노력했지만, 별다른 진전이 없었다. 게다가 2019년 말 발생한 코로나19로 전 세계의 하늘길이 막혀 한국의 자손들이 직접 대만을 방문해 가족을 찾아보기도 어려웠다. 그러던 차에 독립운동가 이석영·이규준과 그 후손에 얽힌 사연을 들은 임병옥이 자기 일처럼 발 벗고 나섰던 것이다.

과거 이우숙이 김용애 가족에게 보낸 편지의 봉투에 적힌 주소와 장씨 성을 가진 이우숙의 자녀 이름이 유일한 단서였다. 임병옥은 대만 북단의 대북시에서 이우숙이 거주했던 최남단의 병동屛東시까지 300킬로미터가 넘는 거리를 자동차를 몰고 달려가 수소문을 시작했다. 그리고 기적처럼 이우숙의 두 아들과 만나게 되

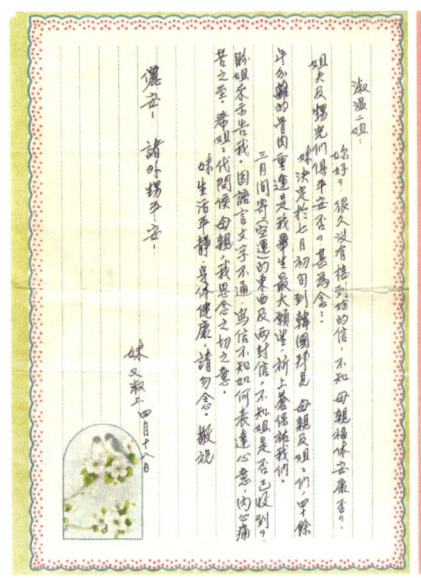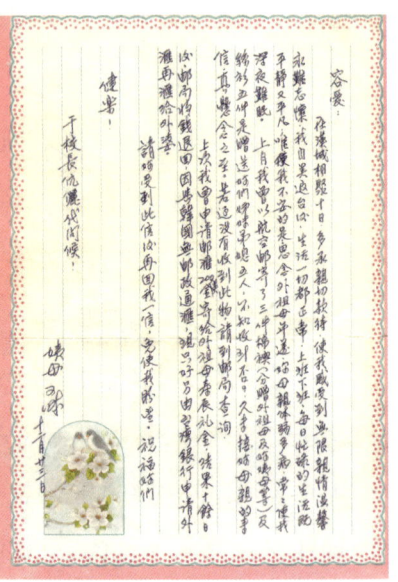

이우숙이 언니 이숙온과 조카 김용애에게 보낸 편지. 이 편지의 봉투에 적힌 주소가 대만의 이우숙 가족을 찾는 데 결정적인 단서가 되었다.

었고, 이후 호정戶政사무소에서 발급한 이우숙의 호적등본에서 '부 이규준, 모 한씨'라는 이름을 확인하게 되었던 것이다.

일본에 침탈당한 조국을 구하기 위해 전 가족과 모든 재산을 희생시킨 훌륭한 독립유공자가 계셨고, 그 후손이 대만에 살고 있다고 합니다. 그런데 우리 조국은 그들에게 해준 것이 없다는 안타까운 생각에, 대한민국 국민으로서 어떻게든 이들이 후손임을 증명하는 서류를 찾아야 하겠다는 사명감이 생겼어요. 이런 일을 할 기회를 준 한국의 김용애 가족에게 고마운 생각이 들었습니다.[2]

후손으로 공인받다

대만의 호적등본으로 이우숙이 이규준의 딸이라는 사실은 확인되었지만, 가족관계를 입증하는 절차가 모두 끝난 것은 아니었다. 이우숙의 호적등본 부모란에 '부 이규준'과 함께 '모 한씨'라고 성씨만 기재된 인물이 온숙·숙온·우숙의 친모 '한평우'와 동일인이라는 사실을 입증해야 했던 것이다.

이미 100여 년 전에 태어난 사람의 신원을 확인하는 일은 불가능해 보였다. 더욱이 남성 중심 가부장제 질서가 확고했던 당시에 '출가외인'인 여성의 본명은 제적부와 족보 등 어느 공문서에서도 찾아볼 수 없었다. 또다시 뜻밖의 높은 벽과 마주친 것이었다.

그때 하늘이 도와준 것처럼 다시 길이 열렸다. 경주이씨 족보에 기재된 "이규준의 배配 청주한씨淸州韓氏 부父 기동耆東"이라는 이름이 결정적 단서가 되었다. 일가가 모두 집단 이주를 해서 족보를 제대로 정리하지 못했던 이석영 집안과 달리, 국내에 남아 있던 이규준의 처가인 청주한씨 집안에서는 한평우의 혼인 사실을 족보에 담았다.

청주한씨 족보에는 '29세손 한기동'의 1남 3녀 중 셋째 딸 자리에 "경주인慶州人 이규준李圭駿"이라는 배우자 이름이 분명하게 명기되어 있었다. 결혼한 여식은 족보에 자신의 이름이 아니라 사위의 이름을 올리는 것이 당시 관행이었다.

청주한씨 종친회의 도움으로 한평우의 아버지 한기동의 종손

청주한씨 족보에는 한기동의 셋째 딸 한평우의 배우자로 경주인 이규준이라는 이름이 명기되어 있다. 당시 족보에는 사위의 이름을 올리는 것이 관행이었다. 1967년 이우숙의 『동아일보』 기사에 언급된 한기준·한기봉의 이름도 보인다.

이자 1967년 『동아일보』 기사에 나온 '세 자매의 외사촌' 한기준의 손자인 한태구 가족과 어렵사리 연락이 닿았고, 한평우를 기억하는 웃어른들을 만나 생생하고 구체적인 증언까지 들을 수 있었다.

국가보훈부 역시 한씨 종손의 증언과 한평우의 제적등본, 재가 후 자식들의 증언 등을 통해 이온숙·이숙온·이우숙의 어머니 한평우가 이규준의 부인 '한씨'와 동일인이라는 사실을 확인할 수 있었다.

최종적으로 대만에 거주 중인 후손(이우숙의 자녀)과 독립유공자 유족 등록 신청을 한 김용애와 최광희의 관계를 규명하기 위한 조사가 진행되었다. 국립과학수사연구원에 유전자 검사를 의뢰한 결과 양측이 동일 모계혈족이라는 사실이 밝혀졌다. 김용애·최광희의 유족 등록 신청 건은 '독립유공자 후손 확인위원회' 회의에 부쳐졌고, 마침내 김용애·최광희를 비롯해 대만 거주 이우숙의 자녀 등 총 10명이 이석영의 외증손과 장남 이규준의 외손으로 공식 인정을 받기에 이르렀다.

국가보훈부는 2022년 2월 23일 '독립유공자 이석영 선생, 사후 88년 만에 직계 후손 확인하다'라는 제목으로 이 사실을 공개했다. "독립유공자 이석영의 장남인 이규준 선생은 온숙·숙온·우숙 세 딸을 두었고, 그 세 딸의 자녀 중 10명이 생존해 있음을 확인했다"는 내용이었다.

이 소식을 전해 들은 이석영·이규준의 후손들은 벅차오르는 감격에 눈물을 감추지 못했다. 드디어 후손이 끊겼다던 세간의 잘못된 인식을 바로잡고, 이규준의 세 딸들이 자기 자리를 되찾는 순간이었다. 훗날 하늘나라에서 이온숙, 이숙온, 이우숙 세 분을 만나더라도 해드릴 말이 생긴 듯했다. 이숙온의 맏딸 김용애는 이렇게 말했다.

어머니와 이모들의 한을 풀어드린 것 같아서 여한이 없어요. 이제 세 분에게 아버지와 할아버지를 돌려드렸으니까요. 돌아보면 모든 게 꿈만 같습니다. 여기까지 올 수 있었던 것도 하늘의 보살핌 덕분이라고 생각합니다.

공식적으로 직계 후손임을 인정받은 이후 모든 후손은 다시 집안의 가풍대로 "존재하되 드러내지 않는 삶"으로 돌아갔다. 그들에게는 이번 일을 겪으면서 더욱 또렷이 마음에 새긴 교훈이 있었다. 선조들의 버티고 이겨낸 삶이 있었기에 그 결과로 오늘날 후손들이 존재한다는 사실이다. 우리의 하루하루가 소중한 또 하나의 이유이기도 하다.

2024년 6월 24일,

이규준의 위패가 국립서울현충원에 봉안되었다.

2019년 4월 봉안된 아버지 이석영과

막내숙부 이호영의 위패와 나란히 함께 모셔졌다.

우리 후대들이 이분들의 고귀한 뜻을 가슴에 새기는

또 하나의 계기가 되었으면 하는 바람이다.

주

제1장 아무도 기억하지 못하는 마지막
1 「소비자물가지수: 화폐 가치 계산」, 『통계청』(https://www.kostat.go.kr/mondyValueCalc.es?mid=b70302000000)
2 「이규준」, '독립유공자 공적조서', 공훈전자사료관.
3 「이우민 신문조서」(제2회), '한민족독립운동사자료집: 의열 투쟁 3', 한국사데이터베이스, 국사편찬위원회.

제2장 아버지 이석영
1 이정규·이관직, 『우당 이회영 약전』(을유문화사, 1985년), 144~145쪽.
2 「이유원의 토지」, '한국사료총서: 매천야록 제1권', 한국사데이터베이스, 국사편찬위원회.
3 「이석영(未) 재중국독립운동」, '한국사료총서: 기려수필 제2집', 한국사데이터베이스, 국사편찬위원회.
4 「시국에 관한 상소자 체포의 건: 대소위 신조약 변명서」, '주한일본공사관기록·통감부문서: 주한일본공사관기록 24권', 한국사데이터베이스, 국사편찬위원회.
5 왕현종, 「이석영 선생의 재산과 독립운동」, 『독립전쟁 전승 100주년의 의미와 신흥무관학교의 역할』(우당이회영선생기념사업회, 2020년 5월), 122쪽에서 재인용.
6 「임하필기 제27권: 춘명일사(春明逸史)-홍엽정(紅葉亭)의 석각(石刻)」, 한국고전번역원, 참고.

7 「학교 확장」,『황성신문』, 1899년 5월 3일.
8 「대한제국인공양잠합자회사 광고」,『황성신문』, 1900년 2월 20일~3월 17일.
9 「공물사탁(公物私橐)」,『해조신문』, 1908년 4월 8일.
10 「공물사탁(公物私橐)」,『대한매일신보』, 1908년 3월 22일.
11 「벽해상전 같이 격변한 서울의 옛날집과 지금 집」, '근현대잡지자료: 별건곤 제23호', 한국사데이터베이스, 국사편찬위원회.
12 노항래,『그 뜻 누가 알리오!』(은빛, 2020년), 48쪽.
13 「일령관치함(日領館致函)」,『황성신문』, 1901년 11월 14일.
14 「유방집(遺芳集) 독립운동가 82인의 열전 9: 이회영전」, 한국고전번역원.
15 김구,『백범일지』(돌베개, 2005년), 194쪽.
16 이은숙,『서간도 시종기』, 이회영기념관 아카이브, 6쪽.
17 이은숙, 앞의 책, 6쪽.
18 한규무, 「상동청년학원 연구(1904~1913)」,『서강인문논총』제42호(2015년), 서강대학교 인문과학연구소.

제3장 반생의 반려를 만나다
1 「조선 정황 보고에 관한 건」, '주한일본공사관기록·통감부문서: 주한일본공사관기록 5권', 한국사데이터베이스, 국사편찬위원회.
2 「박영효와 서광범 등의 기용」, '한국사료총서: 매천야록 제2권', 한국사데이터베이스, 국사편찬위원회.
3 「초토신 한기동 찬정 사직소」, '조선·대한제국 관보: 1898년 12월 21일 호외 1', 한국사데이터베이스, 국사편찬위원회.
4 「한기동의 사망」, '한국사료총서: 매천야록 제3권', 한국사데이터베이스, 국사편찬위원회.

제4장 원대한 꿈을 향해
1 「『한민』제3호(1936. 5. 25): 서간도 초기 이주와 신흥학교시대 회고기」, '대한민국임시정부자료집: 한국국민당 I', 한국사데이터베이스, 국사편찬위원회.
2 「전 참판 이석영 씨의 재령 천일촌 국화촌 구량촌」,『대한매일신보』, 1907년 4월 30일.
3 왕현종, 「이석영 선생의 재산과 독립운동」,『독립전쟁 전승 100주년의 의미와 신흥무관학교의 역할』(우당이회영선생기념사업회, 2020년 5월), 130쪽.

4   「가옥 소송에 관한 건」·「가옥 반환 청구에 관한 건」, '한국 근대 민사 판결문의 DB화 및 국역 (II)', 한국학진흥사업 성과포털, 한국학중앙연구원.
5   이은숙, 『서간도 시종기』, 이회영기념관 아카이브, 9쪽.
6   박창화, 『성재 이시영 소전』(을유문화사, 1984년); 「이시영」, '한국독립운동인명사전'(독립기념관 한국독립운동사연구소)에서 재인용.
7   이은숙, 앞의 책, 10쪽.
8   박창화, 『성재 이시영 소전』(을유문화사, 1984년); 「이시영」, '한국독립운동인명사전'(독립기념관 한국독립운동사연구소), 42쪽에서 재인용.
9   구자훈, 「조선조의 장서인·장서가 연구: 고려대학교 소장본을 대상으로」, 고려대학교 박사학위논문, 2011년, 743, 744, 767쪽.

제5장 또 다른 천명

1   「명치 44년 2월 25일: 조선총독부 관보 제0150호」, '조선총독부 관보', 한국사데이터베이스, 국사편찬위원회.
2   이은숙, 『서간도 시종기』, 이회영기념관 아카이브, 11쪽.
3   이은숙, 앞의 책, 12~13쪽.
4   김태국, 「신흥무관학교와 서간도 한인 사회의 지원과 역할」, 『한국독립운동사연구』 제40집(2011년), 독립기념관 한국독립운동사연구소.
5   「불령 조선인에 관한 건」, '국외항일운동자료: 일본 외무성 기록', 한국사데이터베이스, 국사편찬위원회.
6   이은숙, 앞의 책, 13~14쪽.
7   유영혜, 「『가오고략(嘉梧藁略)』 연구의 동향과 전망」, 『한국문화연구』 제17권(2009년), 이화여자대학교 한국문화연구원, 302쪽.
8   「2. 고종 초기의 외교」, '한민족독립운동사: 국권수호운동 1', 한국사데이터베이스, 국사편찬위원회.
9   『『한민』 제3호(1936. 5. 25): 서간도 초기 이주와 신흥학교시대 회고기」, '대한민국임시정부자료집: 한국국민당 I', 한국사데이터베이스, 국사편찬위원회.
10   원병상, 『신흥무관학교』 13쪽, '독립운동사자료집 10: 독립군전투사자료집', 공훈전자사료관.

제6장 신흥무관학교를 세우다

1   서중석, 「왜 지금 신흥무관학교를 기억해야 하나」, 『신흥무관학교 100주년

기념사업회 창립대회 자료집』(신흥무관학교기념사업회, 2011년), 4쪽.
2   원병상, 『신흥무관학교』 14쪽, '독립운동사자료집 10: 독립군전투사자료집', 공훈전자사료관.
3   이은숙, 『서간도 시종기』, 이회영기념관 아카이브, 14쪽.
4   원병상, 앞의 책, 14쪽.
5   이관직, 『우당 이회영 선생 실기』, 이회영기념관 아카이브, 104쪽.
6   원병상, 앞의 책, 19~23쪽.
7   원병상, 앞의 책, 20쪽.
8   『『한민』 제3호(1936. 5. 25): 서간도 초기 이주와 신흥학교시대 회고기』, '대한민국임시정부자료집: 한국국민당 Ⅰ', 한국사데이터베이스, 국사편찬위원회.
9   「월남 동포도 입적된다」, 『경향신문』, 1948년 4월 11일.
10 조동걸, 『선열의 자유 정의 통일의 유산』(역사공간, 2017년), 288쪽.
11 조동걸, 앞의 책, 289~299쪽.
12 이은숙, 앞의 책, 19쪽.
13 이은숙, 앞의 책, 19~20쪽.
14 이은숙, 앞의 책, 23쪽.
15 이관직, 앞의 책, 103쪽.
16 '민족의 혼으로 살다, 만해 한용운', 선학원.
17 이은숙, 앞의 책, 16쪽.
18 「만해가 남긴 일화: 방성대곡」, 만해기념관.
19 「이왕직 인사 관계 서류(李王職 人事 關係 書類)」, 디지털장서각.
20 「만해가 남긴 일화: 마취하지 않은 채 받은 수술」, 만해기념관.
21 이은숙, 앞의 책, 16쪽.

제7장 신흥교우단, 그 초석을 놓다
1   장세윤, 「신흥교우단의 기관지 『신흥교우보』」, 『한국독립운동사연구』 제36집(2010년), 독립기념관 한국독립운동사연구소.
2   김주용, 「『신흥교우보』를 통해 본 신흥무관학교」, 『한국독립운동사연구』 제40집(2011년), 독립기념관 한국독립운동사연구소.
3   김주용, 앞의 글.
4   원병상, 『신흥무관학교』 21쪽, '독립운동사자료집 10: 독립군전투사자료집', 공훈전자사료관.

5 「류하현 지방 조선인에 관한 조사 진달의 건」, '국외항일운동자료: 일본 외무성 기록', 한국사데이터베이스, 국사편찬위원회.
6 채근식, 『무장독립운동비사』(대한민국공보처, 1948년), 53~54쪽.
7 「신흥무관학교 약사(略史)」, 신흥무관학교기념사업회.
8 서중석, 「왜 지금 신흥무관학교를 기억해야 하나」, 『신흥무관학교 100주년 기념사업회 창립대회 자료집』(신흥무관학교기념사업회, 2011년), 7쪽.

제8장 신흥무관학교 생도에서 독립투사로
1 이은숙, 『서간도 시종기』, 이회영기념관 아카이브, 20쪽.
2 이은숙, 앞의 책, 66쪽.
3 「지방민정휘보」, '국외항일운동자료: 일본 외무성 기록', 한국사데이터베이스, 국사편찬위원회.
4 이은숙, 앞의 책, 25쪽.

제9장 2대가 불령선인 명단에 오르다
1 「불령자의 처분」, '국외항일운동자료: 일본 외무성 기록', 한국사데이터베이스, 국사편찬위원회.
2 「배일선인의 상황 등 보고의 건」, '국외항일운동자료: 일본 외무성 기록', 한국사데이터베이스, 국사편찬위원회.
3 「윤길 등(김창식 외 10인) 강도, 보안법 위반 사건 예심 판결문」, '독립운동 관련 판결문', 국가기록원.
4 「북경 재류(在留) 조선인의 개황」, '일본의 한국침략사료총서', 공훈전자사료관.
5 「불령한 도당의 예심 종결」, 『매일신보』, 1915년 4월 6일.
6 「『천고(天鼓)』의 새해 새 출간을 축하함」, '독립운동가 자료', 한국독립운동정보시스템, 독립기념관.

제10장 상해임시정부 독립운동 자금 모집 사건
1 「군자금으로 2만 원을 청구한 두 명, 경성에 공소」, 『동아일보』, 1921년 6월 30일.
2 「이규준 등 4인 예심 종결 결정」, '공주지방법원 판결문', 공훈전자사료관.
3 「정진우 공훈록 및 공적 개요」, '독립유공자공훈록 제9권', 공훈전자사료관.
4 「최명용 공훈록 및 공적 개요」, '독립유공자공훈록 제8권', 공훈전자사료관.

5 이은숙, 『서간도 시종기』, 이회영기념관 아카이브, 32쪽.
6 김정아, 「독립운동가 형사공소사건부」, 『기록인 2013 SPRING+Vol. 22』(국가기록원, 2013년).

제11장 은밀하게 위대하게
1 이규창, 『운명의 여신』(보련각, 1992년), 68쪽.
2 이규창, 앞의 책, 74쪽.
3 이규창, 앞의 책, 75쪽.
4 「단재 연보」, '독립운동가 자료', 한국독립운동정보시스템, 독립기념관.
5 「이달의 독립운동가: 신채호(1996년 2월)」, 독립기념관.
6 「서동일에 대한 제령 제7호 위반 등 사건 판결」(대구지방법원 형사부), '독립운동 관련 판결문', 국가기록원.
7 「조선 치안 유지법 위반 조사(1)」, '한국민족해방운동사자료집', 공훈전자사료관.

제12장 일파만파 '민정식 망명 사건'
1 「민정식 씨는 임시정부에 헌신?」, 『시대일보』, 1924년 6월 17일.
2 「이시영·김영기 서신」, '해외의 한국독립운동사료(XXII): 미주편(4) 미주 한인 민족운동자료', 공훈전자사료관.
3 「민정식의 내호(來滬)와 불령선인의 동정에 관한 건」, '국외항일운동자료: 일본 외무성 기록', 한국사데이터베이스, 국사편찬위원회.
4 「민정식과 재호(在滬) 불령선인과의 관계」, '국외항일운동자료: 일본 외무성 기록', 한국사데이터베이스, 국사편찬위원회.
5 「상해 귀래자(歸來者)의 언동에 관한 건」, '국외항일운동자료: 일본 외무성 기록', 한국사데이터베이스, 국사편찬위원회.
6 「민정식 부처(夫妻) 구출에 관한 건」, '국외항일운동자료: 일본 외무성 기록', 한국사데이터베이스, 국사편찬위원회.
7 「선인(鮮人) 민정식 보호에 관한 건」, '국외항일운동자료: 일본 외무성 기록', 한국사데이터베이스, 국사편찬위원회.
8 김성민, 「나석주의 생애와 독립운동」, 『한국학논총』 51권 1호(2019년), 국민대학교 한국학연구소.
9 「민정식에 관한 문건 II」, '한국독립운동사자료: 상해 불조계 공무국 문서(낭

트 소장 사료)', 한국사데이터베이스, 국사편찬위원회.
10 「제등(齋藤) 총독이 민정식과 회견」, 『조선일보』, 1925년 1월 13일.
11 「조소앙이 이승만에게 보낸 서한」, '대한민국임시정부자료집 서한집 1: 1920년 대', 한국사데이터베이스, 국사편찬위원회.
12 「재상해 한인 독립운동자의 근정」, '한국민족운동사료 중국편 II, 독립운동가 자료', 독립기념관.
13 「조상섭이 안창호에게 보낸 편지」, '대한민국임시정부자료집 서한집 1: 1920년 대', 한국사데이터베이스, 국사편찬위원회.

제13장 다물단, 일어서다
1 「불령선인의 행동」, '국외항일운동자료: 일본 외무성 기록', 한국사데이터베이스, 국사편찬위원회.
2 「이우민 신문조서」(제3회), '한민족독립운동사자료집: 의열 투쟁 3', 한국사데이터베이스, 국사편찬위원회.
3 「서동일에 대한 제령 제7호 위반 등 사건 판결」(대구지방법원 형사부), '독립운동 관련 판결문', 국가기록원.
4 「3월 1일을 기한 소요 야기설에 관한 건」, '국외항일운동자료: 일본 외무성 기록', 한국사데이터베이스, 국사편찬위원회.
5 「조선 독립기념일에서의 불령선인의 행동에 관한 건」, '국외항일운동자료: 일본 외무성 기록', 한국사데이터베이스, 국사편찬위원회.
6 「세계의 동포 천진 일본 총영사의 불법 정책을 보라」, '국외항일운동자료: 일본 외무성 기록', 한국사데이터베이스, 국사편찬위원회.
7 「국외에서의 소위 독립선언기념일의 상황에 관한 건 1」, '국외항일운동자료: 일본 외무성 기록', 한국사데이터베이스, 국사편찬위원회.

제14장 거물 밀정 김달하
1 「베이징 김달하 처단지」, '국외독립운동사적지', 독립기념관.
2 김갑봉, 「[인터뷰] 이원규 '민족혁명가 김원봉' 저자: "이념 갈등 떠나 김원봉의 진면목과 진실 알리고 싶었다"」, 『인천투데이』, 2019년 11월 18일.
3 「가정부원(假政府員) 귀순, 24명이 총독부에 귀순을 했다」, 『매일신보』, 1922년 6월 3일.
4 「베이징 김달하 처단지」, '국외독립운동사적지', 독립기념관.

5 「(이우민 신문조서) 의견서」, '한민족독립운동사자료집: 의열 투쟁 3', 한국사데이터베이스, 국사편찬위원회.
6 「이달의 독립운동가: 이종희(2009년 9월)」, 공훈전자사료관.
7 「밀정, 필경 피살…북경에서 암살당해」, 『동아일보』, 1925년 4월 4일.
8 「심방 왔던 괴청년 일기 후에 유혈 참시」, 『동아일보』, 1925년 8월 6일.
9 「밀정 암살 용의로 북경 검찰청에, 검거된 리경숙 양」, 『시대일보』, 1925년 6월 18일.
10 「불령선인의 선언서에 관한 건」, '국외항일운동자료: 일본 외무성 기록', 한국사데이터베이스, 국사편찬위원회.
11 「재북경 불령선인의 근정에 관한 건」, '국외항일운동자료: 일본 외무성 기록', 한국사데이터베이스, 국사편찬위원회.
12 「북경 재류(在留) 조선인의 개황」, '일본의 한국침략사료총서', 공훈전자사료관.
13 「이우민의 소행 조사의 건」, '한민족독립운동사자료집: 의열 투쟁 3', 한국사데이터베이스, 국사편찬위원회.
14 원병상, 『신흥무관학교』, 31~32쪽, '독립운동사자료집 10: 독립군전투사자료집', 공훈전자사료관.
15 「국제 위체 사건으로 법정에 선 신채호」, 『동아일보』, 1928년 7월 20일.
16 「지방민정휘보」, '국외항일운동자료: 일본 외무성 기록', 한국사데이터베이스, 국사편찬위원회.
17 「재외 요주의 선인 별명 변명 아호 조사에 관한 건」, '국외항일운동자료: 일본 외무성 기록', 한국사데이터베이스, 국사편찬위원회.

제15장 그 불꽃, 재가 되도록
1 「상해 한인 사회의 일반 정보에 관한 건」, '한국독립운동사자료: 상해 불조계 공무국 문서(낭트 소장 사료)', 한국사데이터베이스, 국사편찬위원회.
2 김성민, 「나석주의 생애와 독립운동」, 『한국학논총』 51권 1호(2019년), 국민대학교 한국학연구소.
3 이규창, 『운명의 여신』(보련각, 1992년), 85쪽.
4 이규창, 앞의 책, 87쪽.
5 이규창, 앞의 책, 117쪽.
6 「북경 재류(在留) 조선인의 개황」, '일본의 한국침략사료총서', 공훈전자사료관.
7 「『적권』 창간호」, '국내항일운동자료: 경성지방법원 검사국 문서', 한국사데이

터베이스, 국사편찬위원회.
8 「이우민 신문조서」(제2회), '한민족독립운동사자료집: 의열 투쟁 3', 한국사데이터베이스, 국사편찬위원회.
9 이종찬, 「"독립운동가 이석영 선생은 손녀 셋을 두었다"」, 『한겨레21』, 제1373호(2021년 7월 26일).
10 「이우민 신문조서」(제2회), '한민족독립운동사자료집: 의열 투쟁 3', 한국사데이터베이스, 국사편찬위원회.
11 「대한민국 9년(1927) 주요 사건: 재만(在滿) 동포 구축(驅逐)에 즈음하여 재(在)상해 교민에게 호소함」, '대한민국임시정부자료집: 조선민족운동연감', 한국사데이터베이스, 국사편찬위원회.
12 「장작림(張作霖) 재만 선인 구축 문제로 인하여 고함」, '국내항일운동자료: 경성지방법원 검사국 문서', 한국사데이터베이스, 국사편찬위원회.
13 「한국에서 벌어진 화교 배척 사건에 관한 한국혁명당 영수 안창호 씨의 담화」, '대한민국임시정부자료집: 중국 보도기사 I', 한국사데이터베이스, 국사편찬위원회.
14 「석가장 재주(在住) 조선인 50여 명이 행위불명」, 『매일신보』, 1928년 5월 31일.
15 「경한선 일부 개통」, 『경성일보』, 1928년 5월 19일.

제16장 만점 운동가, 영점 아버지
1 「불령선인의 행동」, '국외항일운동자료: 일본 외무성 기록', 한국사데이터베이스, 국사편찬위원회.
2 이규창, 『운명의 여신』(보련각, 1992년), 85쪽.
3 이은숙, 『서간도 시종기』, 이회영기념관 아카이브, 37쪽.
4 김구, 『백범일지』(돌베개, 2005년), 317쪽.
5 「1926년(丙寅): 한인 청년 3명, 상해 일본 총영사관에 폭탄 투척 후 불조계로 피신」, '한민족독립운동사: 한민족독립운동사 연표', 한국사데이터베이스, 국사편찬위원회.
6 「조선인이 소지한 폭탄 권총의 출처에 관한 건」, '대한민국임시정부자료집: 관련 단체 II', 한국사데이터베이스, 국사편찬위원회.
7 「중국 베이징 주재 프랑스 공사관 문서」·「프랑스와 일본이 상호 정보 제공과 감시에 합의」, '프랑스 외무부 문서보관소 소장: 한국독립운동사료 1', 공훈전자사료관.

8   「이우민 신문조서」(제5회), '한민족독립운동사자료집: 의열 투쟁 3', 한국사데이터베이스, 국사편찬위원회.
9   조덕천, 「1920년대 중한호조사의 결성과 한중연대」, 단국대학교 박사학위논문, 2021년.
10 「장강 일대 근년(近年) 회유(稀有) 홍수」, 『조선일보』, 1926년 7월 20일.
11 이종찬, 「"독립운동가 이석영 선생은 손녀 셋을 두었다"」, 『한겨레21』, 제1373호(2021년 7월 26일).
12 이규창, 앞의 책, 117쪽.
13 「단재 연보」, '독립운동가 자료', 한국독립운동정보시스템, 독립기념관.

제17장 남겨진 이들의 삶

1   이관직, 『우당 이회영 선생 실기』, 이회영기념관 아카이브, 106~108쪽.
2   이관직, 앞의 책, 107쪽.
3   「김구 일파의 군사 훈련생의 검거에 관한 건」, '대한민국임시정부자료집: 군무부', 한국사데이터베이스, 국사편찬위원회.
4   「재상해 조선인 각종 단체 일람표」, '한국독립운동사자료: 임정편 Ⅲ', 한국사데이터베이스, 국사편찬위원회.
5   이규창, 『운명의 여신』(보련각, 1992년), 182~183, 186~187, 208쪽.
6   「상해 및 동관계(同關係) 불령선인 단체의 건」, '한국독립운동사자료: 임정편 Ⅲ', 한국사데이터베이스, 국사편찬위원회.
7   「사상에 광분한 살인마 오면식 상고 기각」, 『매일신보』, 1937년 11월 9일.
8   이관직, 앞의 책, 109쪽.
9   「영석 이석영 씨 상해 객창에서 영면」, 『동아일보』, 1934년 2월 28일.
10 이관직, 앞의 책, 109쪽.
11 『한민』 제3호(1936. 5. 25): 서간도 초기 이주와 신흥학교시대 회고기」, '대한민국임시정부자료집: 한국국민당 Ⅰ', 한국사데이터베이스, 국사편찬위원회.
12 「조국의 혈연을 찾아달라」, 『동아일보』, 1967년 10월 14일.
13 「배재중학교의 동정에 관한 건」, '국내항일운동자료: 경성지방법원 검사국 문서', 한국사데이터베이스, 국사편찬위원회.
14 앞의 기사, 『동아일보』, 1967년 10월 14일.
15 앞의 기사, 『동아일보』, 1967년 10월 14일.

제18장 역사의 뒤안길

1. 「김구 주석을 방문」, 『조선일보』, 1945년 12월 3일.
2. 「이시영 씨 영식 이규봉 씨 담(談)」, 『경향신문』, 1948년 7월 22일.
3. 「정부 육성 요망」, 『조선일보』, 1948년 8월 11일.
4. 선애경, 「안중근 의사 후손 안기분 여사, "훌륭한 선조의 후손으로 사는 것 감사할 따름입니다"」, 『경북신문』, 2023년 3월 23일.
5. 「오항선」, '독립유공자증언자료집 1권', 공훈전자사료관.
6. 「독립운동가의 후손으로 산다는 것: 김용애 씨를 만나다」, 『백범회보』 제67호(2022년 下), 백범김구기념관.
7. 이덕일, 「이덕일의 명견만리(明見萬里): 이석영과 노블레스 오블리주」, '남양주시청 명사 특강', 2020년 2월 21일.
8. 허성관, 「노블레스 오블리주의 표상 이석영 선생」, 『코리아 히스토리 타임스』, 2015년 10월 13일.
9. 「수탈을 위한 토대 구축, 토지조사사업」, 민족문제연구소, 2018년 7월 16일.
10. 왕현종, 「이석영 선생의 재산과 독립운동」, 『독립전쟁 전승 100주년의 의미와 신흥무관학교의 역할』(우당이회영선생기념사업회, 2020년 5월), 132쪽.
11. 「이건영」, '근현대인물자료', 한국사데이터베이스, 국사편찬위원회.
12. 「망명가의 후손: 이시영 옹 돌아가자 집 명도 요구」, 『동아일보』, 1957년 10월 13일.
13. 「명도하라고 집 헐어: 딱한 형편에 빠진 이시영 옹 유족」, 『동아일보』, 1956년 11월 5일.
14. 앞의 기사, 『동아일보』, 1956년 11월 5일.
15. 「이억대 미술품 해외 유출 기도」, 『동아일보』, 1961년 12월 27일.
16. 『『한민』 제3호(1936. 5. 25): 서간도 초기 이주와 신흥학교시대 회고기」, '대한민국임시정부자료집: 한국국민당 I', 한국사데이터베이스, 국사편찬위원회.

제19장 절손에서 직계 후손으로

1. 「독립운동가의 후손으로 산다는 것: 김용애 씨를 만나다」, 『백범회보』 제67호(2022년 下), 백범김구기념관.
2. 조일준, 「독립운동가 이석영 후손 증명 공문 대만서 나왔다」, 『한겨레21』, 제1377호(2021년 8월 22일).

이규준 평전
ⓒ 김창희, 2024

초판 1쇄	2024년 8월 1일 찍음
초판 1쇄	2024년 8월 14일 펴냄

지은이	김창희
편집	박상문
디자인	강동원
독자 모니터링	박우주

인쇄	프린팅허브
제본	대신문화사
종이	올댓페이퍼
물류	해피데이

펴낸곳	이글루
출판등록	제2024-000100호 (2024년 5월 16일)
이메일	igloobooks@naver.com

ISBN	979-11-987884-1-2 03910

- 책값은 뒤표지에 있습니다.
- 파본은 구입하신 서점에서 교환해드립니다.
- 이 책은 저작권법에 의해 보호받는 저작물이므로 무단 전재와 무단 복제를 금합니다. 이 책의 내용을 전부 또는 일부를 이용하려면 반드시 저작권자와 출판사의 서면 동의를 받아야 합니다.